THE EVERYTHING® WORD SEARCH BOOK

Over 250 puzzles to keep
you entertained for hours!

Charles Timmerman

Adams Media
New York London Toronto Sydney New Delhi

For my parents, Mary and Dave Timmerman.

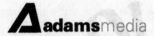

Adams Media
An Imprint of Simon & Schuster, Inc.
100 Technology Center Drive
Stoughton, MA 02072

For information about special discounts for bulk purchases, please contact Simon & Schuster Special Sales at 1-866-506-1949 or business@simonandschuster.com.

The Simon & Schuster Speakers Bureau can bring authors to your live event. For more information or to book an event contact the Simon & Schuster Speakers Bureau at 1-866-248-3049 or visit our website at www.simonspeakers.com.

Manufactured in the United States of America

24 2022

Library of Congress Cataloging-in-Publication Data has been applied for.

ISBN 978-1-59337-431-0

INTRODUCTION

Word search puzzles just might be the most relaxing word game ever invented. They focus your mind on a task that is challenging but never insurmountable. For word lovers, this kind of word hide-and-seek is refreshing and fun for the mind.

You can bring these puzzles with you everywhere. They do not require batteries, they cannot break, and the fun can be shared with just about everyone (as long as they know all twenty-six letters). From the bathroom to the boardroom, these puzzles can be tackled anywhere.

All of the puzzles in this book are in the traditional word search format. Words are hidden in a grid of letters in any direction: horizontal, vertical, diagonal, forward, or backward. Words can overlap. For example, the letters at the end of the word "MAST" could be used as the start of the word "STERN." Only the letters A to Z are used, and any spaces in an entry are removed. For example, "TROPICAL FISH" would be found in the grid as "TROPICALFISH."

Enjoy!

The EVERYTHING® Series

Editorial

Publishing Director	Gary M. Krebs
Associate Managing Editor	Laura M. Daly
Associate Copy Chief	Brett Palana-Shanahan
Acquisitions Editor	Gina Chaimanis
Development Editor	Jessica LaPointe
Associate Production Editor	Casey Ebert

Production

Director of Manufacturing	Susan Beale
Associate Director of Production	Michelle Roy Kelly
Cover Design	Paul Beatrice
	Erick DaCosta
	Matt LeBlanc
Design and Layout	Colleen Cunningham
	Holly Curtis
	Erin Dawson
	Sorae Lee
Series Cover Artist	Barry Littmann

CONTENTS

CHAPTER 1

Word

Searches

on

Main

Street

Restaurant

```
T Y H N F E J I Y Z H X O N M U H J H R
B L X U B B W A M E S T X Y P A H X E I
U S O M O S I A O W R K X H F L L T G L
O S C B G R N N I K P A N T A M I M X L
D E E E U A D O E H E X T O G A E T P P
A R N V G X O E Z J Y K I L W N V L I Y
L T C E Z U V A R S K C T C U M A X S P
A I R C U P G L P O I E O E Q T B I L L
S A X X K D S D O P B H Y L E E H T B H
O W F G E N V C Q K E C J B O H I E I I
L I T O O E F I N K B T N A K J G E R P
C N W R O Y F G Y A A O I T P C H F Z B
H R T I M D L O R D O F D Z A G C F M X
Y A I Z N A T T R P I J E S E T H O L T
P T A A S E E L S K M S H H R R A C E R
O A G S H N S U G A R I H E C T I Q E H
R B L D D C V Q I R E C S Y L I R P L T
O L E E Y X S T R R H S H A G Y P W R O
R E R K Z U A M K M E M S X M E O B V O
M U S F H F K M P D Z X V R P B I Y A B
```

NAPKIN

ORDER

PATRONS

PEPPER

PLATE

SALAD

SALT

SPOON

			SUGAR
APPETIZER	CHECK	FOOD	
BARTENDER	CHEF	FORK	TABLE
BILL	COFFEE	GLASS	TABLECLOTH
BOOTH	COOK	HIGHCHAIR	TIP
BOWL	CUP	KNIFE	WAITER
CASHIER	DESSERT	MANAGER	WAITRESS
CHAIR	DISH	MENU	WINE

Bowling Alley

```
G B T H I R Q O G G B H D M G B Z Z V C
E A N H K W Z H N E K I R T S A C Y W P
M G E H A T H N Q I S E H W Z L W E X O
A J M Y C T P M R P P R M F B L P U S I
R R A B L A C S A U E G S Z V R O L V N
F E N B N A O R E U T T N O L A H F N T
Z T R P E X E R K O O E I I K C S U P S
V T U R G N K Y P G H W R L K K O L M A
U E O C A N I A W P J S Y L P M R W L G
N S T P Y B I L N G A I M T L S P L O J
G N V C P Y K W L J H H W D G A E A I H
L I K E N H R C S U X F R Y V V Y B P H D
O P C A N N O P A M O S C O R E C A R D
V K S A K A A O H N R F A V F Y G T I J
E N W A S C L E K K S A Z X Y B U O H B
X Z Z L I H A D N A H R E D N U T W D S
V F Q D W D I U Y R W W D N P T T E G L
Z B N I P W C E K A L J C I O O E L L R
F A R I X G O B R Q H H N A R R R A A L
H J N U H C V I T P S S K G J N B U L C
```

ALLEY

APPROACH

ARM SWING

BAG

BALL

BALL RACK

BALL RETURN

CASHIER

FOUL LINE

FRAME

GLOVE

GUTTER

HANDICAP

HEADPIN

HOOK

KINGPIN

LANE

PINS

PINSETTER

POINTS

PRO SHOP

SCORECARD

SHOES

SNACK BAR

SPARE

SPLIT

STRIKE

TOURNAMENT

TOWEL

UNDERHAND

Shopping Mall

```
D S T E N A N T S K N O I H S A F S A G
B H P K S D S J Y W J T O Y S D E X Z X
D O R O I Y M H R Q L I H K E O X L D K
G O N K R B G O O O T A Y P H P P U I D
Q X F E O T T A L P D I A S A F G M R S
X G V O R A I B M O P R X R K O O R E C
D S K C V O A N E E T E K E A O X H C X
X S E E O Z T B G M N I R E E D X K T U
O J L M Y N X S E G N I R S L C T J O L
N E A E A M S N T G O Y C E E O N Y R K
L C N G M G T U S E A O A N C U A R Y I
O G H V A S M P M P P J D I T R R L M O
O S L E T R A P P E L F R S R T U E O S
M U T O C C A G I R P B D O M A W N K
I U R F E K R A A V X S J Q N H T E E G
H E S Y I E O T D C L E R K I J S J Y P
G U T I L G E U F E Q Q N S C C E Z C U
C G S L C R P M T A E C Q E S E R W V J
N Q L N Z S T A T I O N E R Y D R P K X
C E N G C A S H R E G I S T E R R M H R
```

APPAREL	CONSUMERS	FASHION	MUSIC
ARCADE	DEPARTMENT STORE	FOOD COURT	PARKING SPACE
BOOKS	DIRECTORY	GAMES	PET STORE
CASH REGISTER	ELECTRONICS	GIFTS	RESTAURANT
CHECKOUT	ELEVATOR	JEWELRY	RETAIL
CINEMA	EXIT	KIOSK	SHOES
CLERK		MONEY	SHOPPERS
			SPORTING GOODS
			STATIONERY
			TENANT
			TOYS

Grocery

```
J A M R M U O L K T S N A C K S S O A P
D N C D I E D L C U C S P I C E T L S E
O Q H Z L D Y O H O P H A R M A C Y C S
F F Q I B I O R U K Y R I A D M J U E Z
Y M R V C K A D H C H S B E E R D A K D
V A L O I E F Z B E C E Z G O O F M R O
Z G R E Z B C L G H R G U L R O C A R T
P A S T R E I R O C I A N P O Y D N A C
R Z P T B L N N E U U R R D J C S E E W
P I C X R X Q F F A R E A W R V E G Y I
L N Y O V W O Q O E M V E V J L L G S N
O E T J U B V H K O R E A M A S B S H E
Q S O P O P J F U R D B V L R B A X O E
Z B A U O Q O N D B D S A E F T T H P D
H P F F Y S Y N F A P O N G I K E A P N
B A B Y C A R E K A E A O U G U G V E N
W Z W E M Y G R S R E R R F D A E I R P
H U L H E P C T O L E F B F T E V T S B
P U H E C R A T C B A K E R Y A L I J D
N X O Q Q K A U R E I H S A C E C I J A
```

BABY CARE

BAKERY

BEER

BEVERAGES	CLEANERS	FROZEN FOODS	SEAFOOD
BREAD	COOKIES	FRUIT	SHOPPERS
CANDY	COUPON	ICE CREAM	SNACKS
CART	DAIRY	MAGAZINES	SOAP
CASHIER	DELI	PASTA	SPICE
CAT FOOD	EGGS	PHARMACY	VEGETABLES
CHECKOUT	FLOUR	PRODUCE	WINE

Library

```
H I T E E B B S C M T J R M M C A R D K
O F Z A O S D F A U K U P N U T N R D D
G M I O B R T P I C F Z Y I K E G Q W Z
J O K I O L S U N E W B O O K S N Z W W
I S Q C R Y E S D O M U U P S K O I I V
C F E X J O Y V Q Y F U X O H U I S Y V
L R X R D M L X T V A F O I E K T L A S
G N I T A L U C R I C R I A L G C A C S
C M F W X K I P M N D R E C F Q E C D R
Y A S E Z G Y B D I M K G A E R L I I E
P R R A J R G V O M C B Y N S Z L D C T
O E D D L O S T A N D F O U N D O O T T
C F E C C S L A N R U O J B J V C I I E
O E V H S A N A I R A R B I L R R R O L
T R R A D K T R E T U P M O C H W E N S
O E E I N E C A M A G A Z I N E K P A W
H N S R L K S A L M K M T X W H R W R E
P C E S T L X K T O L O A N I M D D Y N
M E R K R E L C S S G N E W S P A P E R
F Q V V U P F N V G U I N T E R N E T Q
```

PERIODICALS

PHOTOCOPY

BOOKS	COMPUTER	LOST AND FOUND	RECORDS
CARD	DESKS	MAGAZINE	REFERENCE
CARD CATALOG	DICTIONARY	MAPS	RESERVED
CHAIRS	INTERNET	NEW BOOKS	SHELF
CIRCULATING	JOURNALS	NEWSLETTERS	STACKS
CLERK	LIBRARIAN	NEWSPAPER	STUDY AREA
COLLECTION	LOAN	OFFICE	TABLE

Places Around Town

```
B S P P E L I L S T O R E S C H O O L E
K W H C R U H C A D A O R L I A R H R A
P L A Z A K O P D R B F E I N N I A E X
L A U N D R O M A T D C O K S G U C G D
M C S V G P Z H Z F I E X O H Q H P Y Y
E D C U L Y O F E F A T H W S M L O T R
U B U N V H D H F M W C A T D T B L I E
E L R B F M P O S W B Y T N A O L I S K
S H D E R M M O L K G A O O A C Z C R A
V K Z A T A Y R H M O I S R R P J E E B
S T F S R A E R U S T O D S C Y J S V W
Z T A K Y T L S A A S I B H Y L D T I Z
V O E V A N E U T R N R K M E H M A N V
O T F E O U G S S G B H E L K O F T U Y
Y H H S M R E K H N X I O H A I U I L U
Q T I C O R N O W U O Y L T C W A O S V
K R Y A I A U H I R L C Y K E T E N G M
P M D F B S E G D I R B R I V L U D Y V
D R J A E L E L C H O S P I T A L B I D
C Y G S T R E E T R E S T A U R A N T S
```

BAKERY

BANK

BOARDING HOUSE

BOOKSHOP

BRIDGE

BUTCHERS SHOP

CATHEDRAL

CHURCH

CONSULATE	HOTEL	PLAZA	SIDEWALK
EMBASSY	INN	POLICE STATION	SQUARE
FACTORY	LAUNDROMAT	PRISON	STORE
FARM	LIBRARY	RAILROAD	STREET
FIRE STATION	MARKET	RESTAURANT	THEATER
HIGHWAY	MUSEUM	ROAD	UNIVERSITY
HOSPITAL	OFFICE	SCHOOL	

Service Station

```
F Y F J Y T Q Q O Q U C A S H I E R H B
V E Q R Y O E P D M K R E G U L A R K J
V R G W R L M O O R T S E R O I L W U A
Y O B S V T B F N G Y E U R Q V O Q A P
A L K I A P S T N E M H S E R F E R M P
J I Y V D X W G S X M M Z N A Q L U A U
X L A Q Y D N A U I E R I T H U P G B N
S A O L H N G S N U E M E C H A N I C L
R X Q W O J T I C X B G P K S W K W T E
W E P A G L M M N O Y T T J N A U D X A
D Y R C S A O F D S M N U J O T I Y A D
P C S B R O A S U U B K N N I E O G T E
U A T T R E K I F E Z C E O T R Y B T D
B Q Y H Y C L F R H L U U L C Z B V E H
X C T P A U L Z M R S R P L E U N A N U
J A C N H E P D Z W M T D A R Q F U D B
B O S A R O S B P O R W T G I D E A A F
C L G Q X H N K M Q N O P V D D R L N F
D D E U I O W E I B I T Z C F K N Z T G
V O O D C Q O E C A R W A S H Z M X Q V
```

AIR	GALLON	PAYPHONE	TOW TRUCK
ATTENDANT	GAS	PUMP	TUNE UP
BATHROOM	MECHANIC	REFRESHMENTS	UNLEADED
CAR WASH	MINIMART	REGULAR	WATER
CASHIER	MUFFLER	RESTROOM	
DIRECTIONS	NOZZLE	SNACKS	
FUEL	OIL	TIRE	

Car Wash

```
U B F W M A B T W Z Q C Y X G F G I R V
C Z M S S N Y C N J D M F K S D B Q Y Q
E E O T Q M G I Y A L V B R E D G Z D I
P A S N E K J X B Z T E Y T E G U G L K
P V R M U Y K G A Y C C E M R F R S H V
Z Q A W M S U F E B F R E I X G F N K N
D O A W C P F P T Q G T M T N M C U T Q
F X A S Y N T S H E L E Q I O M K X B W
E G W A T E R E N O M S L S U R D I R T
Z A H K I H K T B A L I S U C H P E G S
M V E B B U T Z B U A S C D O P N M N I
R S M P E B B K D T R A T S E J O O J G
F W J C C C J K E C V C E E A M Z R B A
K Z S L M A S D S U D K S V R A Z H D S
E A E L A P S H M U M H W Q V Y L C D K
T A X T R R I P S N X C R G H T E V T W
N G K E G N D T R S G A R E R F J I D E
K J Y R Y E T Y C A D E L C I H E V U C
Q R O Z R I N S E C Y P T M Y Y A V M Z
D K G E H H E L E P U J D E J P R X E Q
```

BUFFER	DUST	PROTECTANT	SUDS
CHROME	FOAM	RAGS	UPHOLSTERY
CLEAN	GRIME	RINSE	VACUUM
DETAILING	HOSE	SCRUB	VEHICLE
DETERGENT	HUBCAP	SHINY	WATER
DIRT	MUD	SOAP	WAX
DRYER	NOZZLE	SPRAY	

Hospital

```
C Q C U X A P H Y S I C I A N U L Y F V
U Y E U D V N K B V T N E I T A P F C Z
F M P B N I I T L T T S U R G E R Y L S
H X W Z N M R T I Y X N R O T C O D I K
Y N P J S G Z O A B T E E P F W Y L N M
A D U F T X Y A K L I I D M Z X H W I R
J R S I E D C B D X S O N R T U S V C W
Y P V N G D K A H D G I T R U A G U O H
A T R A N S F U S I O N G I E G E W J A
U M O T Q Y T M S A O W N N C T N R T R
C I B L B R C U E B D O A O S O A T T M
R O A U A Y R N E D I M R R I Q E M E C
E F R U L G J D E T I D I T D N E D D H
C B M O E A P Q A G E C U S D I I K N A
O A L O N A N R V R R T I A S C L C U P
R C N O N A E C L M I E N N A I C I R L
D H H C O P R Y E T Q T M L E U O S S A
S A O N O D Y Y S T O H S E N H Z N E I
D R T P M Q B N R I A H C L E E H W S N
O T M B X L I I N F I R M A R Y G F Y I
```

ORDERLY

PATIENT

PHYSICIAN

RECORDS

SHOT

SICK

SURGEON

ADMISSIONS	CHART	INJURY	SURGERY
AMBULANCE	CLINIC	INSTITUTION	TRANSFUSION
ANTIBIOTIC	CORONARY	MATERNITY	TRAUMA
ATTENDANT	DOCTOR	MEDICAL	TREATMENT
BEDPAN	DRUG	MEDICINE	VITAL SIGNS
BLOOD	EMERGENCY	NURSE	WARD
CHAPLAIN	INFIRMARY	OPERATION	WHEELCHAIR

School

```
C P T Y P Y V I T P T R E A D I N G W P
L U R N W U D A E A J I W E E A S C R H
D I R I E D P U R D R Q R R S R S Z I Y
J O C R N D C I T S A D B U R I E H T S
P X L N I C U A L S I R Y T U T C E I E
H Z Q Q E C I T M K P T G A O H E S N D
W J A T I P U P S P T J Y R C M R H G B
S E P X C P F L A U U B D E M E U B O I
A C A D E M I A U L G S K T A T H O U S
K X V D E N U L I M T H B I X I K L W S
R K I N D E R G A R T E N L E C G P A U
Y I H D H N X N O I T A C U D E W J N H
E K S E D D R A C T R O P E R V S I O T
G G Y M E V S Q T E A C H E R C V M H C
E M X E T I S I U Q E R E R P E E C S U
L L E A R N P A P E R D F X R W M L I R
L G R D Y R H N Q T X K N S O V A A L T
O L E C T U R E U E D B I R O C T S G S
C P L G J D I L I S M T K O A T H S N N
Q J X B Y Y J R Z T Y H I S T O R Y E I
```

ACADEMIA

ARITHMETIC

BOOK

BUS

CAMPUS

CLASS

COLLEGE

COURSE

CURRICULUM

DESK

EDUCATION

ENGLISH

EXAM

GPA

GRADE	LECTURE	PRINCIPAL	STUDY
GYM	LITERATURE	PUPIL	TARDY
HISTORY	MATH	QUIZ	TEACHER
HOMEWORK	PAPER	READING	TEST
INSTRUCT	PENCIL	RECESS	UNIVERSITY
KINDERGARTEN	PHYS ED	REPORT CARD	VARSITY
LEARN	PREREQUISITE	STUDENT	WRITING

Bookstore

```
G Z P R M T P C H A I R Q F X S I F T G
Z T J Q N N E W S P A P E R S G G K R S
F O Z U Y R O T S I H Z M Y L K F G A S
S B E S T S E L L E R S G X U X U C V E
X R R E O K X H L C V Z O D P E A A E N
D O B H N X H M O F C G T F F S L X L I
T F P R W A Y O F D G A R J H A X F B S
D P D B D J K X T S F Z L R R M F P M U
Y S G U G I S R N X K F E E A F S A B B
S H G S N P O M J S C G L G N P E R A H
A E I G O M Z H E S I A A V A D E O R J
T L U R A S J D O S P Z F R B F A N G C
N F T N M M P N T E I I E E E A E R A O
A S C W T L P E O N C N R R W R H R I M
F E O L E C R S E V T N E I D A O Z N P
S K K H A V D S J I E N E L T M V S S U
N S C I M O C L N P C L I I U U A X U T
E I I J X M G G S E N H S H C L A S R E
E M E Q X R Q C L C C U N J E S E L H R
T R W B C O A I S L E T R Z U D T V X W
```

ROMANCE

SALE

AISLE	CHAIR	HISTORY	SCIENCE
BARGAINS	CHILDREN	HUMOR	SHELF
BESTSELLERS	COMICS	MAGAZINES	SPIRITUAL
BUSINESS	COMPUTER	NEWSPAPERS	SPORTS
CAFE	COOKING	NOVELS	TEENS
CALENDAR	FANTASY	PARENTING	TRAVEL
CASH REGISTER	HELP DESK	REFERENCE	USED

City Hall

```
U F E E J R P D K L R T X U I T Z Y E R
E C U K T N E W G L B I P N J I T S C E
E T G Y S A W C R A M M N T R O N O I C
C I Z M S G C X E H R R I H N E T B T O
I H X J I N K I E P O E B N C X U C Y R
V I C U S V M O F L T P T I M R U O C D
R F R U Q L Q S Q I S I L K E C E R O S
E S E C U C J H C E T E O A B G P R U G
S N Y C A L R I C R G R U N C M V I N O
L X A I R D V I Y A R C E Y A N V D C V
A N P L E I F J I B R E I C P R W O I E
P R X B C F I R R A B C B C H D E R L R
I E A U O E R S C X E O C M S T O A V N
C K T P P A J Y M I J Y L E A M R O Z M
I A V X M L E G I S L A T O R H T I C E
N M R O T U N D A Y F C A Z Q E C M B N
U W F E T A C I F I T R E C H T A E D T
M A L P A R K I N G T I C K E T U Z L V
F L A P A R C H I V E S R O Y A M D X E
D D G L H A D M I N I S T R A T I V E O
```

ADMINISTRATIVE

ARCHIVES	DEATH CERTIFICATE	MARRIAGE LICENSE	RECEPTION AREA
BIRTH CERTIFICATE	FLAG	MAYOR	RECORDS
BUREAUCRACY	GOVERNMENT	MUNICIPAL	ROTUNDA
CHAMBER	HALL	OFFICES	SERVICE
CITY COUNCIL	LAWMAKER	PARKING TICKET	SQUARE
CIVIC	LEGISLATOR	PERMIT	TAXPAYER
CORRIDOR	LOBBY	PUBLIC	VOTE

Park

```
W S Q Y E Z R E E E L B A T B Y J N X E
R A E T M E F C G S L J H A A F M V D G
F H I E T R A I N R F K W P S G I I L G
D K D L S L M W N E W V K L K H L E N X
K C E N P A A Z Y W F B J A E S W I L V
J H K E O L W L T O S H I N T S W U A D
S W R F F M Q Z M L T Y I T B S U E W J
V I A W L O A T Q F P G N S A X B T V K
F Y J L O I O I C I N C I P L S A R A K
F N I L B O M T D G I I X H L W L U I W
L R O G N E D S B L R T Y P C I L O S K
G O D R E P E S V A L A E I O M T C Y U
P E U C E B R A B A L A S T U M R S L X
D E U T R A S H C A N L B S R I E I B S
F T D G G T X B P Z R E F E T N E N E B
S E R T A E H T I H P M A I S G S N N H
V E Y X P L A Y G R O U N D E A B E C A
Y P S O H G L A N D S C A P E L B T H U
H O S O U N O I T A E R C E R N D Y B R
F X U U R S Q V H N E D R A G G A M E S
```

PLAYGROUND

POOL

RECREATION

ROSES

SEESAW

SHELTER

SLIDE

SWIMMING

SWING

TABLE

TENNIS COURT

TRASH CAN

TREES

WOODS

AMPHITHEATRE

BALL

BARBECUE

BASEBALL
    DIAMOND

BASKETBALL
    COURT

BENCH

FIELD

FIREPLACE

FLOWERS

FOOTBALL FIELD

GAMES

GARDEN

GRASS

GRILL

KITE

LANDSCAPE

LAWN

PICNIC

PLANTS

Hotel

```
A O B K E M C S N J H R O T A V E L E X
Y A T T Y T E Q P X N N O W I R Y Y Q O
R P C C D L P M U X D Z K O N J H T N T
B E D A N D B R E A K F A S T O N O U U
F R O N T D E S K D L G X R S A N O I U
Y Z H W U S U U O O N F E P R O K P Z O
R L C M H W M V B T G L I U I C W G E T
U M W J Y I F B X M E T A T E N X X E H
X F R M P M Y C Z V A T A H N T L G I T
U A E A S M W C A L S V C L E I S U R E
L B S N U I S R I E R G I F T S H O P R
F C O A I N T T R E L U G G A G E G E D
N G R G T G Y O S G P O H L L E B P Q O
G O T E E P L E L N T A B L C R E Q C O
S N I R L O R J E I O D D H Z E M E V R
R T I T U O U G T G U I H M K X O E A M
O O S K A L V O O D R M Q N V L T I J A
H L O E O C R E M O I N N B U D G E T N
X V Y M U O A V K L S I C H E C K I N L
L N M D S G B V J I T B J Q U D U H G E
```

BAR

BED AND
    BREAKFAST

BELLHOP	FRONT DESK	LODGING	RESTAURANT
BOOKING	GIFT SHOP	LUGGAGE	ROOMS
BUDGET	GUESTS	LUXURY	SUITE
CHECK IN	HOSPITALITY	MANAGER	SWIMMING POOL
CHECK OUT	INNKEEPER	MOTEL	TOURIST
DOORMAN	LEISURE	RESERVATION	TRAVELER
ELEVATOR	LOBBY	RESORT	VACATION

			BAR
			BED AND BREAKFAST
BELLHOP	FRONT DESK	LODGING	RESTAURANT
LODGING	GIFT SHOP	LUGGAGE	ROOMS
BUDGET	GUESTS	LUXURY	SUITE
CHECK IN	HOSPITALITY	MANAGER	SWIMMING POOL
CHECK OUT	INNKEEPER	MOTEL	TOURIST
DOORMAN	LEISURE	RESERVATION	TRAVELER
ELEVATOR	LOBBY	RESORT	VACATION

CHAPTER 2

Global
Word
Searches

U.S. Capitals

```
T R E N T O N C H E Y E N N E U S G X B
E N L O C N I L D N O M H C I R A N B O
G K V B K P H O E N I X B Y D N T I M I
U S C H G I E L A R L Q M F E O L S O S
O A Q R Y T I C N O S R A C N S A N N E
R L J A A W U E K Y P N K G V I N A T C
N E E A N M Y Y T C N R A N E D T L G O
O M F A I N S T T A O O O S R A A R O N
T D F L U B A I I I L R T V H M K T M C
A R E U N G M P B C C L E S I V M N E O
B O R A I U U U O J E A A L E D I T R R
N F S P T P D S L L E K M H T L E L Y D
O T O T S K S L T O I W A O A T R N L L
S R N S U O H P M A C S Q L H S I A C E
K A C A A S E N I O M S E D T A S L H E
C H I S I L O P A N A I D N I L L E C C
A A T G V V J C O L U M B U S L A K E K
J K Y Z Z O D L E I F G N I R P S S O M
J E F A T N A S F R A N K F O R T A V X
N O T S O B U L U L O N O H Y N A B L A
```

JACKSON

JEFFERSON CITY

LANSING

LINCOLN

LITTLE ROCK

MADISON

MONTGOMERY

NASHVILLE

OKLAHOMA CITY

PHOENIX

PROVIDENCE

RALEIGH

RICHMOND

ALBANY	BOISE	CONCORD	SALEM
ANNAPOLIS	BOSTON	DENVER	SALT LAKE CITY
ATLANTA	CARSON CITY	DES MOINES	SANTA FE
AUGUSTA	CHARLESTON	FRANKFORT	SPRINGFIELD
AUSTIN	CHEYENNE	HARTFORD	ST PAUL
BATON ROUGE	COLUMBIA	HONOLULU	TALLAHASSEE
BISMARCK	COLUMBUS	INDIANAPOLIS	TRENTON

U.S. States

```
S I E N A N O T G N I H S A W A K E S C
T N D A T A I N A V L Y S N N E P O Y A
T D O U O N L E R A W A L E D D U I E L
E I A R K E O K O V B O O H A T L T S I
S A I H A W U R H R F H A N H L I E R F
U N N O D M I O A I I W I D I G O X E O
H A I D H E S Y D O A L A N M Q W A J R
C N G E T X I W I I O K O X O Q A S W N
A E R I R I A E I R O I A K S A L A E I
S W I S O C N N A T S A N O Z I R A N A
S H V L N O A C A I P P I S S I S S I M
A A T A Z N H A N I L O R A C H T U O S
M M S N X T M I N N E S O T A H P S M A
F P E D R N S D M A R Y L A N D V A I M
L S W O U U A K S A R B E N I T H S S O
O H N Y K C U T N E K K A N S A S N S H
R I A H P T C O N N E C T I C U T A O A
I R R T E N N E S S E E U T A H S K U L
D E C O L O R A D O A L A B A M A R R K
A A D A V E N M I C H I G A N F D A I O
```

ALABAMA

ALASKA

ARIZONA

ARKANSAS

CALIFORNIA

COLORADO

CONNECTICUT

DELAWARE

FLORIDA

HAWAII

IDAHO

ILLINOIS

INDIANA

IOWA

KANSAS	MISSISSIPPI	NEW YORK	SOUTH CAROLINA
KENTUCKY	MISSOURI	NORTH CAROLINA	SOUTH DAKOTA
LOUISIANA	NEBRASKA	NORTH DAKOTA	TENNESSEE
MARYLAND	NEVADA	OHIO	TEXAS
MASSACHUSETTS	NEW HAMPSHIRE	OKLAHOMA	UTAH
MICHIGAN	NEW JERSEY	PENNSYLVANIA	WASHINGTON
MINNESOTA	NEW MEXICO	RHODE ISLAND	WEST VIRGINIA

Islands

```
Y T D P U E R T O R I C O A N T I G U A
A A T O A B U C N E C B K A G G G M U K
I S E C M H O A A E G A A A R R U H V G
S M R D Q I W E A L I R L R E U A A T N
L A E Q N I N S S D E A E N B O B I M O
E N V R A A T I O E P U A E O A E A N K
O I U T A E L K C A N D T K N R D V H G
F A O A R C B A G A A I I I R L F O M N
M T C D L A S O E Y N N P A A A A K S O
A R N B L A S A A Z A R D I L N A N A H
N N A I S W N W G W W E E K L I O S D A
A A V A J E D A A A L E L P R L C I A N
C N H Z D I L J C F D A N O U E I D P I
I T A F M M A L U L N A T I N B U H C L
A U I B I V I E E D A C M S I M L A P A
M C T K A J G R S H I D I S R A N I M T
A K I Y Y O I M A V C O A E A A W A C A
J E A C I S R O C L N Y B U R M U A K C
C T Z D N A L E C I T Q E Y G I O K H W
J J R S S A M A H A B Y F S H Q B A A T
```

JAVA

KODIAK

MADAGASCAR

MAUI

MIDWAY

NANTUCKET

NEW ZEALAND

OAHU

OKINAWA

PHILLIPINES

PUERTO RICO

SAMOA

SEYCHELLES

TAIWAN

TASMANIA

TIERRA DEL
FUEGO

VANCOUVER

VICTORIA

ADMIRALTY	BARBADOS	EASTER	GUAM
ALEUTIAN	BERMUDA	FALKLANDS	HAITI
ANTIGUA	CANARY	FIJI	HAWAII
ARUBA	CATALINA	GALAPAGOS	HONG KONG
ASCENSION	CORSICA	GREENLAND	ICELAND
BAHAMAS	CUBA	GRENADA	ISLE OF MAN
BALI	DOMINICAN REPUBLIC	GUADALCANAL	JAMAICA

African Nations

```
L W L K A C I R F A H T U O S W A A S A
T L S L E S O T H O I L A M S I L U U Y
G K W E C M S E N E G A L K N O Q S D B
W H A I U O A D A L R I Q A G S M G A I
T F Z D W Q N D L I E B Z N E I A H N L
G E I L S A I G A Y L N A W L E Q A A E
A F L I M R L B O G A A B I E R T N A A
B R A R E E S A M T A A M T D R H A I D
O O N O P I P E M A B S H O C A E I R N
N M D W K R V N Y M Z I C A S L G D E A
M O R O C C O O I C O O P A A E A N B G
A E N I U G F Z R P H E M I R O M U I U
A N A W S T O B I Y V E R E A N B R L U
A A I B M A Z A A E C E L Y R E I U V A
D Q Y W U M D U R I G O N L J I A B I D
N Z L W Q G X D G I B E A B E A T R S A
A F I V A V E K N X K I L S A S E R R H
W M A U R I T A N I A J M W T G B P E C
R O T U N I S I A E T S U A L T O G O A
I O Y V N O O R E M A C C A N T P Y G E
```

ALGERIA

ANGOLA

BOTSWANA

BURUNDI

CAMEROON

CAPE VERDE

CHAD

CONGO

EGYPT

ERITREA

ETHIOPIA

GABON

GHANA

GUINEA

IVORY COAST	MALI	SENEGAL	TANZANIA
KENYA	MAURITANIA	SEYCHELLES	THE GAMBIA
LESOTHO	MOROCCO	SIERRA LEONE	TOGO
LIBERIA	MOZAMBIQUE	SOMALIA	TUNISIA
LIBYA	NAMIBIA	SOUTH AFRICA	UGANDA
MADAGASCAR	NIGERIA	SUDAN	ZAMBIA
MALAWI	RWANDA	SWAZILAND	ZIMBABWE

Small Towns

```
A U D N O T N E B T R O F W A B A N R Y
L N U Y R E P P O Y Z E N E M R C E U A
L I R R E R E I A T N I O S U I E E T R
O O A O V E T T T I O N T T L S N R A W
R N N K O D E T E C T O E P A T E G C E
Y H G C N I R S N E G M C O T O S G E L
W R O I A V S F O S N O N I E L E N D L
I B U H H L B I K R I N I N P L Y I L I
L R E B U E U E A E H E R T L T K L P V
M O F K E B R L P V S M P I I E S W L N
I O F O D L G D A A A V V C E E U O A E
N K I S R A D M W R W S Y S O A T B T E
G I N C O I F D B T E A W A R R E N T R
T N G I F V S J I R B E U Q U B U D S G
O G H U T A W F O M C A L I E N T E B E
N S A S R T L O B R O N X V I L L E U S
Z C M K A A M D N A L R E B M U C S R I
B J J O H B D N W O T S I R R O M X G O
C A R R I N G T O N E L L I V N A D H B
X D R E D W O O D F A L L S Y A W N O C
```

HICKORY

KOSCIUSKO

MENOMONIE

MIDDLEBURY

MOORESVILLE

MORRISTOWN

PETALUMA

PETERSBURG

PITTSFIELD

PLATTSBURGH

PRINCETON

REDWOOD FALLS

ROLLA

SENECA

TAOS

TRAVERSE CITY

UNION

WAPAKONETA

WARREN

WASHINGTON

WEST POINT

WILMINGTON

WRAY

BATAVIA

BAY CITY

BELVIDERE

BOISE

BOWLING GREEN

BRISTOL

BRONXVILLE

BROOKINGS

CALIENTE

CARRINGTON

CONWAY

CUMBERLAND

DANVILLE

DECATUR

DUBUQUE

DURANGO

EFFINGHAM

FORT BENTON

GREENVILLE

HANOVER

HARTFORD

Canadian Cities

```
N O F D V W R A Z I D D N O D N O L H Y
O T I E W X Q F I N H O J T N I A S R O
T N S A S K A T O O N T Q L U K R A O M
C O Z L L M M X A F I L A H F Q G E N H
N R M K O K I N G S O N N L M L C P S L
O O U E I R R A B W V F H Z A K F E M J
M T Q G G Z C G W R N O T C E F N A I E
U Y R U B D U S R E T A E R G I B A S K
C E B E U Q V T P U G B W A R B N K S O
B R R J W C I Z E F K I W A O I P R I O
Y A B R E D N U H T N A H T G L E N S R
A J P Q Q N J R W D H T S E C N L O S B
Q W U F U L H U S S A F R T E K A T A R
U S A J E V H O O C O L E H E E E N U E
E I C T V Y R M T R N M C G M L R O G H
P C S D T Z G S D S T T N O S O T M A S
K J S L Y O I P K D I G F K K W N D Y I
R E V U O C N A V K S L I E P N O E L G
P A A V I C T O R I A G P T X A M M U G
N L K Z D J P J A R G E P I N N I W U Z
```

ABBOTSFORD	KINGSON	OTTAWA	THUNDER BAY
BARRIE	KITCHENER	QUEBEC	TORONTO
CALGARY	LONDON	REGINA	VANCOUVER
EDMONTON	MISSISSAUGA	SAINT JOHN	VICTORIA
GREATER SUDBURY	MONCTON	SASKATOON	WINDSOR
HALIFAX	MONTREAL	SHERBROOKE	WINNIPEG
KELOWNA	OSHAWA	ST CATHARINES	

South American Cities

```
U A H V Z R V T O R E P M R U W R F D Q
C P S A L F K M M R O N A S O M M Z U L
E O R U P Q E W G J R W R T C K H I B I
E V C K N N Z E K X I O A B A X T H S M
C T D H D C L W N O E T C P R O Z V A A
A D N O A A I I D M N E A P T H A W C N
N S Z O O B L O O V A G R U A I A Z A P
G A E T Z L A N N C J R I N G A M C R A
F U R R E I T M A P E O B T E I E N A X
R O A D I E R Y B S D E O A N L S O C U
P E E Y V A E O O A O G W D A I A G O B
K M C I A N S I H C I I J E R S L A L D
H V D I N Q Z O A O R F Z L K A V I U S
L E Y E F U U L N L L E I E G R A T A D
O Z L B B E I I O E D E K S O B D N P P
H D N Z A P A L L T U U B T L D O A O P
Y I X R A T O G O B R B M E C C R S A R
K N W A G E A L L I U Q N A R R A B S J
H G Y O G U S H U A I A T Z O C Z U C O
K I V O B I R A M A R A P B A T L A S T
```

PARAMARIBO

PORTO ALEGRE

PUNTA DEL ESTE

QUITO

ASUNCION	CALI	GUAYAQUIL	RECIFE
BARRANQUILLA	CARACAS	LA PAZ	RIO DE JANEIRO
BELO HORIZONTE	CARTAGENA	LIMA	SALTA
BOGOTA	CAYENNE	MARACAIBO	SALVADOR
BRASILIA	COCHABAMBA	MEDELLIN	SANTIAGO
BUENOS AIRES	CUZCO	MENDOZA	SAO PAULO
BUZIOS	GEORGETOWN	MONTEVIDEO	USHUAIA

U.S. Cities

```
E D E T R O I T E R M D N A L E V E L C
S N O T S O B L E I F A S Q C A H A M O
O A S L U T L V N R L I S O N I T S U A
J P M W C I N N E B U I L A T N A L T A
N F J O V E E S U O L U H O G A C I H C
A R A H D A N Q L O M C A M O H A L K O
S E S H P O U T P B A D N A L T R O P Z
P A L O O E S A U E I T A N N I C N I C
N H L L R N N S B P I T T S B U R G H X
B I I Q I A O A O C S I C N A R F N A S
S A U L I V I L E S H K O M W A H O L S
C E L D A N N E U T N T R A I C P O G A
H H N T I D K O R L N A S O A A S K O N
B I A G I U E O S E U H E E Y A M G S A
Q U R R A M W L M K I C B L N W E I A N
Q I F W L T O A P N C G D G R I E H L T
V C L F R O R R G H N A E P D O C N L O
E I D O A C T T E O I L J N E Z W P A N
M P F C A L O T L G E A A D K T V E D I
H S S S N N O T E S W S O S A P L E N O
```

ALBUQUERQUE

ATLANTA

AUSTIN

BALTIMORE

BOSTON

BUFFALO

CHARLOTTE

CHICAGO

CINCINNATI

CLEVELAND

COLUMBUS

DALLAS

DENVER

DETROIT

EL PASO	LOS ANGELES	OKLAHOMA	SAN DIEGO
FORT WORTH	MIAMI	OMAHA	SAN FRANCISCO
FRESNO	MILWAUKEE	PHILADELPHIA	SAN JOSE
HONOLULU CDP	MINNEAPOLIS	PITTSBURGH	ST LOUIS
INDIANAPOLIS	NASHVILLE	PORTLAND	TULSA
JACKSONVILLE	NEW ORLEANS	SACRAMENTO	VIRGINIA BEACH
LONG BEACH	NEW YORK	SAN ANTONIO	WASHINGTON

European Nations

```
B B U E I A L R A L O F O N B S I S V U
A F E S C N I U F C A N W U K W R X D K
T I S L P E S N I A S G L T R E E L U R
U N N X G T E C A U I G U V Q D L L Q A
R E Z O R I N R R U A N A T C E A I D I
K T Z I T W U A G R H I A A R N N E N N
E H A N Y S L M I S V T C B F O D C A E
Y E W P F E E A A A G C I I L O P H L A
P R G C B H Y N L U G M G L N A Y T N N
F L N H Z L M S A I K A V O L S R E I D
K A E N A A O Y N O R W A Y K M A N F O
R N T T R G N D N A L O P C I A G S S R
A D I I U A O E P O X Y K P U L N T P R
M S N Y M E P W G I P D F S Q T U E A A
N O A R A G R U O B M E X U L A H I I E
E K E V M O D G N I K D E T I N U N N C
D G Q V S X P B C Z D S L O V E N I A N
D N A L R E Z T I W S C R O A T I A Z A
G G A A H N A M M O Y O N R Z I G B S R
F W H N D N S D Q U G W V V O W L F L F
```

			NORWAY
			POLAND
			PORTUGAL
			SAN MARINO
			SLOVAKIA
			SLOVENIA
ALBANIA	DENMARK	IRELAND	SPAIN
ANDORRA	ESTONIA	ITALY	SWEDEN
AUSTRIA	FINLAND	LIECHTENSTEIN	SWITZERLAND
BELARUS	FRANCE	LITHUANIA	TURKEY
BELGIUM	GERMANY	LUXEMBOURG	UKRAINE
BULGARIA	GREECE	MALTA	UNITED KINGDOM
CROATIA	HUNGARY	NETHERLANDS	YUGOSLAVIA

Asian Nations

```
B N N B P T C M P S N A F H B A F D A R
N Q L U A R O C E H E A G C I S N X I A
C T K I N L L V Q R I C T S H A C A D M
V A W M D C I V O E A L E S L I M M O N
U A C O B D S K Y K U N I I I R N N B A
N Z V M L H H N A S O R A P U K C A M Y
A A B A Y T S Z U D M H B B P L I C A M
U I M E U Z A B N J T O K O J I A J C H
K C L O K K B I A I S Y A L A M N O A U
G W S O H I J N O R T H K O R E A E S T
F L Z S G H S A G T K S S B M M O S S I
N H T O M N Z T P G G F I R A L T A H N
N A Z Q U Z O G A A D L P N I H H T H D
N B H U T A N M N N N K I B G L R O T I
N A T S I N E M K R U T U U R A A A C A
C Z M I W N A T S I N A H G F A P N I C
N I D P A K I S T A N L A P E N C O K N
Y N D F H Z I E N I A R K U A W V Q R A
E E E V H S E D A L G N A B G N J U H E
U V G M M S G T E P A D M A N T E I V Q
```

AFGHANISTAN

BAHRAIN

BANGLADESH

BHUTAN

BURMA

CAMBODIA

CHINA

INDIA

INDONESIA

JAPAN

KAZAKHSTAN

LAOS

MALAYSIA

MALDIVES

MOLDOVA

MONGOLIA

MYANMAR

NEPAL

NORTH KOREA

PAKISTAN

PHILIPPINES

SINGAPORE

SOUTH KOREA

SRI LANKA

TAIWAN

TAJIKISTAN

THAILAND

TURKMENISTAN

UKRAINE

UZBEKISTAN

VIETNAM

California Counties

```
K I N G S A I N R O F I L A C S T I F D
A O T N E M A R C A S Y A O Y T D M R E
R M A R I P O S A S O T P N O A L P E C
A A R O D A M A A S L R A I W N O E S R
B W R S L K D N Y A O E N D S I B R N E
R N A U E A T K E N Y N Y R A S M I O M
A R E R T A K D S L S M E A R L U A H E
B O N S C N I E A U A U R N E A H L T C
A C R R S S E S N I N L E R V U N T O O
T C U A R A I V J S B O T E A S U D C L
N Z O E N S L S O O E U N B L B O S S O
A D V N K G A O A B N T O N A M I O A S
S I E I T N E O Q I I A M A C C O N N A
R A Y L D R D G U S T V A S N T E I T N
G O L I N A A I I P O R Z A C R T C A G
U L E A R O N C N O E H R N O I A O C E
S G E O M Y R M O D K F O I L N M D L L
O P D N O E X T A S N P N R U I N N A E
E L F N N Y D M E A T I O A S T A E R S
E E N I P L A A S C C A M M A Y S M A Y
```

NAPA

ORANGE

RIVERSIDE

SACRAMENTO

SAN BENITO

SAN BERNARDINO

SAN DIEGO

SAN FRANCISCO

SAN JOAQUIN

SAN LUIS OBISPO

SAN MATEO

SANTA BARBARA

SANTA CLARA

SANTA CRUZ

SISKIYOU

STANISLAUS

TRINITY

TUOLUMNE

VENTURA

YOLO

ALAMEDA	CONTRA COSTA	INYO	MARIN	
ALPINE	DEL NORTE	KERN	MARIPOSA	
AMADOR	EL DORADO	KINGS	MENDOCINO	
BUTTE	FRESNO	LAKE	MERCED	
CALAVERAS	GLENN	LASSEN	MODOC	
CALIFORNIA	HUMBOLDT	LOS ANGELES	MONO	
COLUSA	IMPERIAL	MADERA	MONTEREY	

Florida Counties

```
F C O T O S E D B R A D F O R D Y E Z W
H Y A P R K L O P N I L K N A R F T M A
N A H L A L O D N A N R E H L E E T A K
L E M D H L A T O S A R A S D A L O D U
G I D I R O M W A S H I N G T O N L I L
L L B S L A U B S A L L E N I P P R S L
Y A A E D T V N E S U W A N N E E A O A
L A V D R A O E R A B R O W A R D H N R
E A L U E T G N R R C S U R T I C C E O
E A F C D S Y G S B R H O C S A P V S K
T A I A H I L L S B O R O U G H I A N E
A L E B Y O K A L O O S A I A R N A O E
N O L A M E R E I L L O C U N T R I S C
A E O I H A T N O I N U H A A R E B R H
M C N S A E C T L O I C I R E G L M E O
L S I U R I E S E Y A D O K Y U G U F B
E O M L D X K K E L N S A A Z L A L F E
O R E O E I A H A I A B B X P F L O E E
N L S V E D L T S I R H C L I G F C J M
J A C K S O N H I G H L A N D S Y V E L
```

ALACHUA

BAKER

BAY

BRADFORD

BREVARD

BROWARD

CALHOUN

CHARLOTTE

CITRUS

CLAY

COLLIER

COLUMBIA

DESOTO

DIXIE	GULF	JEFFERSON	MANATEE	SANTA ROSA
DUVAL	HAMILTON	LAFAYETTE	OKALOOSA	SARASOTA
ESCAMBIA	HARDEE	LAKE	OKEECHOBEE	SEMINOLE
FLAGLER	HERNANDO	LEE	OSCEOLA	SUWANNEE
FRANKLIN	HIGHLANDS	LEON	PALM BEACH	UNION
GADSDEN	HILLSBOROUGH	LEVY	PASCO	VOLUSIA
GILCHRIST	INDIAN RIVER	LIBERTY	PINELLAS	WAKULLA
GLADES	JACKSON	MADISON	POLK	WASHINGTON

FIND-A-WORD

```
R C O T O S E D B R A D P O R D Y E Z W
H Y A P R K C O P N I L K N A R B T M A
N A H L A I O D N A N R E H L U E E T A K
L E M D H I A T Q S A R A S D A L C D U
G I D I R O M W A S H I N G T O N L I L
L I B S L A U B G A L L E N I P P R S L
Y A E O T V N E S U W A N N E E A O A
L A V D R A O E R A D R O W A R D H N R
E A L U E T G N H R O S U R T I C O E O
E A R O D S Y G S B R H O O S A P V S K
T A I A H I L L S B O R O U G H L A N E
A L E B Y O K A L O O S A I A R N A O E
N O L A M E R E I L L O C O U N T R I S O
A E O I H A T N O I N U H A A R E B R H
M O N S A L E C T L O I C I R E G L M E O
U S T U R I E S E Y A O O K Y U G U E B
E O M L D X K K E L N G A A Z L A L E E
O R E O E I A H A I A B B X P R L O E E
N L B V E D I T S I R H C L I G R O J M
J A C K S O N H I G H L A N D S Y V E L
```

ALACHUA
BAKER
BAY
BRADFORD
BREVARD
BROWARD
CALHOUN
CHARLOTTE
CITRUS
CLAY
COLLIER
COLUMBIA
DESOTO

DIXIE	GULF	JEFFERSON	MANATEE	SANTA ROSA
DUVAL	HAMILTON	LAFAYETTE	OKALOOSA	SARASOTA
ESCAMBIA	HARDEE	LAKE	OKEECHOBEE	SEMINOLE
FLAGLER	HERNANDO	LEE	OSCEOLA	SUWANNEE
FRANKLIN	HIGHLANDS	LEON	PALM BEACH	UNION
GADSDEN	HILLSBOROUGH	LEVY	PASCO	VOLUSIA
GILCHRIST	INDIAN RIVER	LIBERTY	PINELLAS	WAKULLA
GLADES	JACKSON	MADISON	POLK	WASHINGTON

CHAPTER 3

Word

Searches

on

the

Job

Careers

```
P R P B E N Z C B Q I H D T H M R R Q R
H O O P C A P X I M T W L D S O E P E N
X T G N P M J N W A I T E R T K O Y U R
P C G A M K C I W M T S D C A S W R F O
N O I W R R G A N E H Q A B T A S E K H
A D P S I O D T G C A L B M L E H R R T
I Y T O H W F P U H P R A U N C E V E U
C O S E L O Q A K A R N E O T T M Z E A
I U I M G I E C P N P E D G N L V E N X
S M C W A D C M Z I T F H I A F E N I F
U P A N A I U E A C Z N A C J N I R G I
M E M M O I D J M K A P E D T H A J N R
A N R K F E T L N A E T Y Y E U Q M E E
A D A N R R G R G I N R E P F N B S R M
J Z H Q W E M R E R E I H S A C T P H A
T I P C E K L Q U S R E G N I S I I I N
B Q V O N L P C V S S T E A C H E R S B
C H E M I S T R N U R O L I A T D N J T
F U J R T M N U Q U X B G V A D I T O E
Y W W J M L V G X L V F M O B X Q C K R
```

			PAINTER
ACTOR	CHEF	JUDGE	PHARMACIST
AUTHOR	CHEMIST	LAWYER	POLICEMAN
BAKER	CLERK	MAID	POSTMAN
BUTCHER	DENTIST	MANAGER	SHOEMAKER
BUTLER	DOCTOR	MECHANIC	SINGER
CAPTAIN	ENGINEER	MUSICIAN	SURGEON
CASHIER	FIREMAN	NURSE	TAILOR
			TEACHER
			WAITER
			WAITRESS
			WORKMAN

Know the Ropes

```
T T N S Q U A R E Z K Z R Z U B P H X C
O O J S R E J S K T S N N D O L C V L I
N N Z L Z B K N H D I Y A W L N P O Q M
K K T I N U P Y C T B M L H I O V P A O
R L H P Z O G Q T E A I B L S E O R S Z
O L G K A D C R I D N C C E H P L P J N
S A I N B S C X H E R Y K I R I E X Y N
D W E O I T H V E E O A T B N H R E O G
N Y E T G T A T L Z D C Y E E E I O H M
I X R Q H E W Y B Y H I S L B N S T S S
W H U I T I A Z U D U P L I A E D W C M
L R G I N R W X O O I T F S F H W Q U H
Y I I E N J T X D K G R A N N Y K N O T
R J F Q G B K D E N E T T I N G K N O T
G E D I A M O N D K N O T C O R D L N D
E Y P G F Y R N S T O N K E L G N I S U
P H J P Q B Q A H C T I H F L A H J V O
S G Y N O F O L A N Y A R D S X N A V R
U I H Y B T B G M A V H C K I Q U M M H
N P O S M T S Z O Q N A B H U V X Q I S
```

BIGHT

BOWLINE

CLINCH

CLOVE HITCH	HALF HITCH	NOOSE	STOPPER
CORD	HALYARD	SHEEPSHANK	TACK BEND
DIAMOND KNOT	JAM	SHROUD	TIMBER HITCH
DOUBLE HITCH	LANYARD	SINGLE KNOT	TWINE
FIBER	LOOP	SLIDE	WALL KNOT
FIGURE EIGHT	MARLINESPIKE	SLIPKNOT	WINDSOR KNOT
GRANNY KNOT	NETTING KNOT	SQUARE	YARN

Lawyers

```
F F G Q W J Y R D I R S M L I V I C E Z
N P V R E N I A T E R E L A A D V I C E
P O G W E I W C T T F V V I C E T I C U
W M B R N G L K I I I B Z I T C V I B F
W K G D I I D U C W U Z W T D I U R Z E
A L I V E E S U C R Q Q E W N E G S A E
W C K N J G V L J L Q H C J H W N A E S
T B T J H H A A F Q D L I A J L C C T X
G D W I P W G T N E T U C E S O R P E E
P D B Y B J Z A Q C H R A E W S S R C E
E V Q K B K I J F B E C Z S O M E A A L
X X L A N I M I R C W G N C T C G B S I
A M A Z J M L Q J L P A Y E T M R E E F
U W R O B B D R T Y T M Z U B C A D E J
A B R X I P Y E N R O T T A O L H I U U
T W A D S N B T E Z T V L U D E C S S R
Y Z I P Y R X S K N K A N N O I T C A Y
V W G K I L A G E L I S N O M M U S B A
P K N E O S Q F D R E L O U M W D Y F Z
N F F P D Y I C T L V V T G B I P I O S
```

JURY

LAW

LEGAL

LITIGATE

PROSECUTE

ACCUSE	BRIEF	CRIMINAL	RETAINER
ACQUIT	CASE	EVIDENCE	SIDEBAR
ACTION	CHARGES	FEES	SUE
ADVICE	CITE	FILE	SUIT
ARRAIGN	CIVIL	GRIEVANCE	SUMMON
ATTORNEY	CLIENT	INDICT	SWEAR
BENCH	COUNSEL	JUDGE	TRIAL

Firefighters

```
A D M I W H E D I A T S R I F B T A K Q
O Y Z Y E Z F H F L A M E K X I F Z H O
F C B L A O E O Y X T P M F W Q D W E T
A J M X N W N M E D L A D D E R A F T S
O E Q M O K A U E X R C T L X T B E R S
T I R E Z C I C O R T A H O E Z L E O P
X E A X O L T H P C G I N R P M B O B R
W N V I B U A I Q A T E N T A M R C G A
J B D W O X M E U Q N N N G E O A L A Y
E A B G J L L F F O U R H C U Z E L M T
R R L T Q B A Q I Q E N B X Y I G E B R
W H I L N Y D T C S S O I M F U S B U U
E H I F K R A K C T A E H F R F W H L C
U F P V D T U U H O S E A A O A E P A K
X X M R S L E B W E K O M S X R L K N Z
A O O X A F I S P R I N K L E R M A C N
O R R D X A J W S Q V Z P O L E O I E X
L S H S O J F D P B H A F B S I R E N Q
T Y Z S P C Q A R J I D S F V T M G X Q
F E Y O H O H A T N E M T R A P E D J V
```

ALARM

AMBULANCE

AX

BELL	EXTINGUISH	HYDRANT	SPRAY
BURN	FIRST AID	LADDER	SPRINKLER
CHIEF	FLAME	POLE	STATION
DALMATIAN	GEAR	RADIO	TRUCK
DEPARTMENT	HEAT	RESCUE	UNIFORM
EMBERS	HELMET	SIREN	WATER
EMERGENCY	HOSE	SMOKE	WILDFIRE

Artists

```
E S M C D K I M A G I N A T I O N D L U
Y X X F Y A L C H F P O V L A C N B B G
E P B Q Y Y S M A N X K H S N L I X H W
T B N U U N P I W L J Y T B E Y K Q P P
T S Y W S D J X V B A I T S S Q C A A C
E S A C I C F U G P L O A U V X I Y S O
L V A D I D U O U L V E C Q S R A K T M
A O K A U L D L L G E N I R W J S P E P
P C K M R M Y I P P A P E R A E O O L O
A N K S M K F R M T I S C R T H M R L S
C T R Z A E T A C R U K W C C O C T A I
U G S R Y L D Z H A L R H K O I V R E T
C C R E A T I V I T Y I E N L D A A S I
R F L V B H X P T W N J Y I O U I I T O
A H L A C L P W N G Q C N R R T U T H N
Y Y N T U A S E E R W G P K E S V M E C
O V E O I S S G M C A N V A S L R Q T F
N K B N I O I R G H B R U S H O L N I B
S W T O P B I V I D M A D Y F Q W A C X
U V P E N C I L P G N I W A R D Z Z G B
```

PASTEL
PENCIL
PIGMENT

ACRYLIC	COMPOSITION	GALLERY	PORTRAIT
AESTHETIC	CRAYON	IMAGINATION	POSE
BRUSH	CREATIVITY	INK	SCULPTURE
CANVAS	DRAWING	MOSAIC	SKETCH
CHARCOAL	EASEL	PAINT	STILL LIFE
CLAY	ETCHING	PALETTE	STUDIO
COLOR	FORM	PAPER	VISUAL

Doctors

```
Q X O E U N D X W J T R O K L U M F T R
A V V W P H A T N W E F J M E M E R N Z
W I U O O M E Y T V F K X U T I D H E W
S Y A A E G E O E I N C G Y M T I V M S
E T E N N A J F C L B R R E J O C R T P
H M E R I H L E Y D E M E R G U I E A D
M E E T N O I T P I R C S E R P N T E I
P Q A R H C Z T A Y O U T R G T E E R S
U T T L G O E C I T C A R P N L N M T E
E B X T T E S S G U R D N E X R C O E A
S X S S L H N C O K A W I U E F P M M S
L I A O O P Y C O A F T A T R K Y R N E
A S S M T K G U Y P A H N F U S L E S G
C P S O I R K I V P E I G K N S E H H N
I B A E N N A P P O I N T M E N T T D I
D P T I N G A P R E P H Y S I C I A N L
E Y P S N L A T T A I I L L N E S S B A
M U I O G Q L I I H N E E D L E S M O E
Y C E O X Q Y E D O L A T I P S O H D H
K K H E M Y G U W P N N O E G R U S Y S
```

APPOINTMENT

BODY

DIAGNOSIS

DISEASE

DRUGS

EMERGENCY

EXAMINATION

FEVER

HEALING

HEALTHY

HOSPITAL

ILLNESS

INTERN

MEDICAL

MEDICINE

NEEDLE

NURSE

OFFICE

PAIN

PATIENT

PHYSICIAN

PRACTICE

PRESCRIPTION

REMEDY

SICK

STETHOSCOPE

SURGEON

THERMOMETER

TREATMENT

WELLNESS

Engineers

```
A E R O S P A C E R A E L C U N C B Z E
Y A C L A C I M E H C C C L O O Y E T F
T S M H T I R O G L A T A G M F E V F C
C I R C U I T S P R Y N N P B R L A F W
M U R T C E P S I U G L O I A U O W I P
S A L U M R O F Q I J N K W R S I R B Z
S D E S I G N L S O E T T K L P E L Z P
A C V L G P M W R N N F J C A C E P D L
N X H G A D R E T E O C R I C U I U Z A
L O M E E I T O M S F M E C I C J V L N
T R I V M U R E T H W W T E R T N U I B
W V I T P A R T Y A Y H L D T C D X B L
E C Q M A U T F S C L A I Q C F X M H M
E X O O S U A I F U N U F J E K T O J K
Z C E A K O Q X C W D E C J L Q Y F G Z
E S E B D S Y E O S O N U L E Z C N D A
T M T N E M U R T S N I I Q A O C R I C
E L E C T R O N I C X J R A E C Z Z P L
F L T E C M E C H A N I C A L R O K M G
P T B S L I D E R U L E D C Q G F H V A
```

AEROSPACE

ALGORITHM

BLUEPRINT

BUILD

CALCULATOR

CHEMICAL

CIRCUITS

CIVIL

COMPONENT

COMPUTER

DESIGN

DEVICE

ELECTRICAL

ELECTRONIC

EQUATION

FILTER

FORMULAS

FREQUENCY

INDUSTRIAL

INSTRUMENT

MEASUREMENT

MECHANICAL

NUCLEAR

PLAN

SCHEMATICS

SIGNAL

SLIDE RULE

SOFTWARE

SPECTRUM

WAVE

WIRE

Fashion

```
R B H O T E K C A J T W L E F S Q H X U
G L A W O C I Q E D O T L H L I R R C D
I A S Y L T Y E Z R P R Z Y L Y Q S B G
D J V T D T J E L A I R E T A M T D T A
Z C A L U U P P N U F N R E D O M S I R
O O S C L O T H E S N C B F J L A O N M
C K P E L E G A N C E J S C P I Y N K E
K U V K K Y M D Q Q R D E S I G N E R N
A C W X V D L H E M E C S J V Z R J H T
R A E W S T R O P S T T L U N A B X I I
H G D G U Y P B G N S W A A I G P G R P
D Q Y S F E A P O W E S U I S T J D O M
D F A B R I C L E R Y C E T L S E U L M
S V F T W M A U U O L O G W N O I L O G
K Q H G T S G P T G O S U H V F R C C K
I W B T O O U F S H P T U M D R E S S J
R N R G V W T S I I E U S T N A P K E E
T D M P B T N J N T L M D H M J L A W H
B G U W J Z A H W W O E E P L I N B V J
P E R S T I T C H X W M E W S S D C J T
```

CLASSIC

CLOTHES

COAT

COLOR

COSTUME

DESIGNER

DRESS

ELEGANCE

FABRIC

GARMENT

GOWN

HEM

JACKET

JEANS

KNIT

MATERIAL

MODERN

MOTIF

PANTS

POLYESTER

SALON

SEW

SILK

SKIRT

SPORTSWEAR

STITCH

STYLE

SUIT

TAILOR

TOP

VOGUE

Police Officers

```
B G H V J T S D T F K O I S S A F E T Y
O H N A S N G L E X P D C H Q K B D B U
W W C E N V U I P Z K I I E L U I U R J
I P R T G D H G F P S X F U Y O M T R J
Y R X I S C C O Z N U Q T K M F R Y Z V
A I U C L V R U E C I F F A R T E T X V
Q J W K X C R R F S I R E N O N D R A V
O A M E E W O W N F B J C Z F E Z E N P
R T H T F F C S B S S X J O P U W V T L
H E A D Q U A R T E R S R A I C P O P T
T F S Y T I R U C E S C R Y C N Q L T A
D N P E A C E F E P E T R N M O X V V C
Z E A S F L G Z N M M N B E O E P E V A
K K T N N A O L E E A E O R T I D R E D
L B J E E W N N N B A I M T E S T A P D
Z V Q G C T T T P T W J D B A D L A C Q
J A Z W I T U G U G F X J Y U B R O T A
Z W P U B Z I E Z S Q G L F S T G O H S
I Q X A Y W S V I T Q F P R O T E C T X
X P I M P W I J E L E V U N I F O R M E
```

PROTECT

REVOLVER

ACADEMY	DETECTIVE	HEADQUARTERS	SAFETY
ARREST	DUTY	HOLSTER	SECURITY
BATON	ENFORCEMENT	LAW	SIREN
BEAT	FORCE	LIEUTENANT	STATION
CHIEF	FORENSICS	ORDER	TICKET
COP	GUN	PATROL	TRAFFIC
DEPARTMENT	HANDCUFFS	PEACE	UNIFORM

Teachers

```
S C D K I B L D L K B J I L Y H C R K G
W C P O L E L O S M G S A R W U M E R G
H V H C C A U A D B F N Q X R N R P O S
H P F T D N H L C U O C G R Q E E O W U
L D U K G P E C H K S O I X L T D R E B
R R U E E A D V C P B C K E L A P T M A
E X B N R C E E A L U O S H C C E C O L
I O C N C Y Z Q S L A S A E D U N A H L
I I U I P E F F U K O S X R R D S R E Y
L A G Z S F R M X N L F S F D E C D C S
Q L B I A E X Q Q Y A P E G T A H P N S
E X H O K C D U O I S B B U P E O A A U
Z E Q O O L I A Z B T Z U P Q W L P D B
A M O U O Z E C R O H S L U Y E A E N J
B R R O T O K H A G V E R L I O R R E E
E S H B U L L E T I N B O A R D H S T C
E C V T T W A F R D A C K T A A H T T T
S C G E E Y V T N E M N G I S S A U A A
C K X T W S I U Z O S E W J Q I S D C Z
E T K F L K T W D G T M H R O L C Y W D
```

APPLE

ASSIGNMENT

ATTENDANCE

BLACKBOARD

BOOK

BULLETIN BOARD

CHALK

CLASS

COURSE

CURRICULUM

DESK

EDUCATE

GRADES

HOMEWORK

LEARN

LECTURE

LESSON

LOUNGE

PAPER

PENCIL

QUIZ

RED PEN

REPORT CARD

SCHOLAR

SCHOOL

STUDY

SUBJECT

SYLLABUS

TEST

TEXT

Waiters

```
W T S O W P L A T E K A G L S X I O E D
P R T K G F E C P S P H T G T T K E Q Z
N V Q R Q I V Q F P A P Y C G B S R B B
Y Z X L S R E P E B G E K N I Y S U A G
H C Z L E Z S T I B E K F S V A E N R A
A E U G J F I H U R T V T I N M T E C J
D K S P C Z P I T E R R E B N S S M D V
W P P I E P P F W A O E V R E K O K A P
S L E R L B E C F K N Q D R A S H H L K
T Q I G M V I Z O F A E V R U G V O A C
G N I G Z S E E O A M E U Z O M E M S E
L P A E L E K R D S R C E R E N N I D H
S K Q R T J Q N W T F C E H F E E F N C
M K Q Y U S U P I A F Q F C R V L O Y K
R R S J L A Q W U R R U F N V E O B R R
S M Q R W E T Q X O D E O U Y P T O A B
D A S V O S G S P C S U C L S G F A L T
V I D G B O F N E K T R A Y U Z S J W S
F R G V A B K N B R I I T F S T U G D U
A M T C G N S V D K Q W P E H U B K Z U
```

			SALAD
			SERVER
APPETIZER	CHECK	HOSTESS	SILVERWARE
BAR	COFFEE	KNIFE	SOUP
BEVERAGE	CUP	LUNCH	SPOON
BISTRO	DINNER	MENU	TABLE
BOWL	DRINKS	ORDER	TIP
BREAKFAST	FOOD	PLATE	TRAY
BUS	FORK	RESTAURANT	WATER

Chef

```
N T F Y D M V I D I C E N E V O G W L H
O W S U U A X T A Z P X H K D J B N S V
Q Y B A Y K C B U K H C U R Z O U C C X
I B L L I R G A U C G H M T Y N R K R Q
G J P J H C Z K W W O R Q F O T N J V R
C S D H X M O E Z N A C H O Q I E K V S
X B N C M P I O O W Y F P A O X R J Y H
O Y A Q N S A O K I N S E C I L S T U V
S R L H D F P N D Z E A U C E U I A B E
P F K F R S D K J L N Z E M L N S S R P
O O P D A T C A B E X N E S G I S T I I
O Q X E B Y U A P X V E L R H A O E U C
N H T N Q D T C H I L L E M U Y L R P E
Q C Z S C U O Q Y X C D I C F B F Q B R
G N H Q M N F O Z A I M E U Q L H I E Z
L I R I Q P M L F E L A S A U E K Z V T
V P X N C W Z M N Z N O G M B N K I O J
H T B X H O Q T G N I V R E S D H B T P
C G A D K N I F E E R U S A E M J Q S N
I F Q U G L J T N M K H E A T S T I R R
```

BAKE

BLEND

BROIL

BURNER

CHILL

COOK

CUT

DICE

FOOD

FRY

GRILL

HEAT

INGREDIENT

KNIFE

MEASURE

MIX

OVEN

PAN

PINCH

RECIPE

SAUCE

SERVING

SLICE

SPOON

STIR

STOVE

TABLESPOON

TASTE

TEASPOON

WARM

Postal Worker

```
X Q L U F L P M U D E I F I T R E C Y W
C U G M R E G I S T E R E D K A M R T N
I Y D S R C S Y E G A T S O P C X Y I E
N O O S A O B W T H W R Y P L D A K C T
S R Y R T L F B C I P A C K A G E S R A
T K D R B A R I T P R P M Z M Z G E P R
B S K C E O M W N Q S O I V F J B D O G
E V H O T V N P U U E P I Q O M S P S S
K U L Q E X I X H X V D B R U K S A T L
A D D R E S S L P R E O O N P B A R M A
M T D C M T W R E P X B E C U S L C A C
V E W K H X E Z Z D O S R S I D C E R I
E E B W T S J K N P U S N G W J T L K D
H R E A S B Q T G O G P T B B G S S I O
F T T Y H P R L H S X A G O H S R T O I
J S U Z H E L I C S W M R C F P I A K R
D G O D T K T A Z L W V N D N F F T D E
I H R T Z K L M C F O R W A R D I E W P
V M E Y B S S L P Y K M G Y U O T C D X
U L I C O L L E C T I O N B O X I Y E O
```

RATE

REGISTERED

ROUTE

ADDRESS	DELIVERY	PACKAGE	SACK
BOX	EXPRESS	PARCEL	SORT
CARDS	FIRST CLASS	PERIODICAL	STAMP
CERTIFIED	FORWARD	POST OFFICE	STATE
CITY	HOUSE NUMBER	POSTAGE	STREET
COD	LETTER	POSTMARK	UNIFORM
COLLECTION BOX	MAIL	PRIORITY	ZIP

CHAPTER 4

Word
Searches
Alive!

Mammals

```
H Z D E D I A R H C H E A G L D H N K J
G I T L D Y E T O E S D T C R Y H O N I
G C O L R E A Y L O D F O I B W S O U I
I J Y E D O O I O I T G E L G U A C K R
R Q F Z G T B G T H K Y E R P E M C S A
A G B A E R N B A D G E R H R H R A D T
F W M G E O H O R S E U S J O E I R O C
F T Y G M J A G U A R F O X R G T N X W
E C H I N C H I L L A G U I N E A P I G
G Z I N W P O F U J R C R N A M U H E P
I G S R X R G F Z I Z H H E L A E S L O
P W H A L E Q A N E Y H I E V B X H E R
K N U M P I H C C A M E L N E A A S P C
H L S U M A T O P O P P I H O T E T H U
A L E R R N I E S I O P R O P C A B A P
M L Z O R A B B I T S U R L A W E H N I
S A E V P F K R A V D R A A B H J R T N
T M B B A A L E S A E W R E T T O D O E
E A R L W Y R R K O A E X O H W O K T S
R Z A P Y V U D I E G X L E K G R L Y I
```

LLAMA

MONGOOSE

OTTER

PIG

PORCUPINE

PORPOISE

RABBIT

RACCOON

RAT

RHINOCEROS

AARDVARK	CHIPMUNK	FOX	HEDGEHOG	SEAL
BADGER	COYOTE	GAZELLE	HIPPOPOTAMUS	SKUNK
BAT	DEER	GERBIL	HORSE	TIGER
BEAVER	DOG	GIRAFFE	HUMAN	WALRUS
CAMEL	DOLPHIN	GOAT	HYENA	WEASEL
CHEETAH	ELEPHANT	GUINEA PIG	JAGUAR	WHALE
CHINCHILLA	FERRET	HAMSTER	LEOPARD	ZEBRA

Dogs and Cats

```
L P T N S H E E P D O G T E R R I E R L
A Y E A B R E N A R A M I E W O O V P E
B F S I L S I B E R I A N E I L L O C I
R G S N O G R E Y H O U N D Z N D G S N
A B A I O E S E N A V A J F Y O O M C A
D O B S D E N A D T A E R G B L A W O P
O R I S H O U D X K W D R E D I E E T S
R D R Y O T M N E O N E R E N B L L T R
R E I B U B A L H U L M N E K O G S I E
E R S A N M P C H I A R C E V X A H S K
T C H F D I W S E N E O P U G E E C H C
R O S W E O H W P T O Z A Z E R B O T O
I L E F H C T I R N P E R S I A N R E C
E L T C A T N I A U H A U H I H C G R G
V I T D O S E P E K I N G E S E L I R O
E E E R C V S A I N T B E R N A R D I D
R L R H E C W Y N D A L M A T I A N E L
K V E R T O N K I N E S E Y C I O Z R L
R R G E R M A N S H E P H E R D B A C U
J P O M E R A N I A N E S E N I L A B B
```

ABYSSINIAN

BALINESE

BASSET

BEAGLE

BLOODHOUND

BORDER COLLIE

BOXER

BULLDOG

CHIHUAHUA

CHOW CHOW

COCKER SPANIEL

COLLIE

DACHSHUND

DALMATIAN

DOBERMAN
    PINSCHER

GERMAN SHEPHERD

GOLDEN RETRIEVER

GREAT DANE

GREYHOUN

IRISH SETTER

JAVANESE

KELPIE

LABRADOR
    RETRIEVER

MAINE COON

MANX

PEKINGESE

PERSIAN

POMERANIAN

PUG

ROTTWEILER

SAINT BERNARD

SCOTTISH TERRIER

SHEEPDOG

SIBERIAN

TERRIER

TONKINESE

WEIMARANER

WELSH CORGI

Gardens

```
E O F V R L N T T R U K R S A G H U G R
H F R M E S Z C O D V O Z P W F C D O D
I A H E G W F C L M T Q L P W Y L Y Q Q
S O R L Z L V K Q O A A S U V O U B C O
N R O V O I L G T F N T S M L O M B H W
G R E W E S L I R T A E O P P A T C H O
L S E P Q S L I R E E Q W K G H X S C R
Y R P U P L T A T D E I I I R O L P H C
S Z A P E E I A S R U N M N O S E R L E
L S L R N N P S O M E N T S W E V I R R
H I B D C O M P O S T F A H X T O N E A
B E O W O R R A B L E E H W U C H K B C
R S X S N V E G E T A B L E S M S L M S
E O F D P H C M O X H K E W R Q B E U W
H R B I R O C A H Y E Y I L P E W R C E
F P F R T K T N Z T H G U O R D T S U E
U K K T W M U U W K T L S C E F E A C D
D S M E C S Z R Q R Q L R G O G O H W S
Q Y Q D R A R E T I B B A R U R H X V D
D R A H C R O X U H X C U D M B N V B E
```

RABBIT

RAIN

ROSE

ROTOTILLER

SCARECROW

SEEDS

SHOVEL

SPRINKLER

BUGS	FLOWERS	MANURE	SQUASH
COMPOST	GREEN THUMB	MULCH	TOMATO
CORN	GROW	ORCHARD	TOPSOIL
CUCUMBER	HARVEST	PATCH	VEGETABLES
DIRT	HERB	PEPPERS	WATER
DROUGHT	HOE	PLANT	WEEDS
FERTILIZER	HOSE	PUMPKINS	WHEELBARROW

Insects

```
L L E F X N K M F S U G R L Y C M U P T
O I S Z I K R X I D I H P A L O E R K E
C V U W T O B L E L T E E B F C A E S N
U E O H W E V N S B P F F Y T K L G G R
S E L W U E K H G E O G V W I R W G I O
T W O C R I S C O U E L E U U O O I W H
F L F F X I D I A R B B L R R A R H R J
G M I M B I T B T J S Y T W F C M C A S
S S O W D E G J P N W E D E E H J D E B
H T H Y R I U R B X A O F A K E O E Q U
H L T M A O G P A J Y M L L L C V Q B T
R A I W A S P O C S A L G L Y J I I V T
K T W A T E R B U G S D F N E O D R L E
E N Y L F E S U O H X H A D I Y A H C R
C V Q M L G U B L L I P O C A Y T N K F
K C I T S G N I K L A W K P I G A A T L
V H Q A T C O T I U Q S O M P C Q R N Y
A X E N S T I N K B U G C I X E T N P G
R L L Q Q D R A G O N F L Y F K R C F M
F F X Y L F E R I F G U B D E B V K D Q
```

ANT

APHID

BEDBUG

BEE

BEETLE

BOLL WEEVIL

BUTTERFLY

CHIGGER

CICADA

COCKROACH

CRICKET

DRAGONFLY

EARWIG	GRASSHOPPER	LOUSE	STINKBUG
FIREFLY	HORNET	MEALWORM	TERMITE
FLEA	HORSEFLY	MOSQUITO	WALKING STICK
FRUIT FLY	HOUSEFLY	MOTH	WASP
GADFLY	KATYDID	PILL BUG	WATER BUG
GLOWWORM	LADYBUG	PRAYING MANTIS	WEEVIL
GNAT	LOCUST	SILVERFISH	YELLOW JACKET

Birds

```
L P H E S M C J P Z X E A D P C R D N S
J E U S T R E N N U R D A O R A E U O D
T N M O W I J F P W O X O M C R L C O R
A G M V R A H V R S G O P T E D B K L I
P U I T M I N W T X O L X O R I R T B B
A I N E U C O R B T Z L Q S C N A Y L E
R N G K X R I L A O O U S U M A W N A V
T A B O W C K K E J B G C O T L I M C O
R V I M H A C E C G N K C E H G X K K L
I Z R E S O H H Y A O K R N H P T G B Z
D N D K C A I Q C O I G B T W O R C I R
G Y O P R C H I Z N E O I N O R E H R B
E D J C K R L Q G Y M N Y E R P S O D P
W Y R A L E S B R G G C O R M O R A N T
B O D A P A I P O A M A L L A R D Z I Y
D E L E Z R F O L N E K C I H C U M E R
E O V L D Z S E R E K C E P D O O W M A
Z O D Y A E U S P A R R O W H C N I F N
D Q A O W W S B C R A N E R O D N O C A
V J F M F S S T O R R A P K R O T S I C
```

MALLARD

MOCKINGBIRD

NIGHTINGALE

ORIOLE

OSPREY

OSTRICH

PARROT

PARTRIDGE

PELICAN

PENGUIN

ROADRUNNER

BLACKBIRD	COCKATOO	DOVE	GULL	SPARROW
BOBWHITE	CONDOR	DUCK	HAWK	STORK
BUZZARD	CORMORANT	EGRET	HERON	SWALLOW
CANARY	CRANE	EMU	HUMMINGBIRD	SWAN
CARDINAL	CROW	FALCON	JAY	TURKEY
CHICKADEE	CUCKOO	FINCH	LOON	WARBLER
CHICKEN	DODO	GOOSE	LOVEBIRD	WOODPECKER

Fish

```
Y M T G H O G Z K R T B H G U P P Y H N
T S Q C S R S L C E R L P S J G D A O I
K L W X O A H E R F O U E R I O O I T Q
T V Y U R S A C A F U E R D C F N B G V
P O P D I B X M P U T G C X O U D P Y N
T E I F A P A I P P W I H B R I F L T Z
R N T J G C G A I B D L D G E K I P O B
E A K S K N L L E U X L E Y E L L A W G
C D Q E I B O I D G U I T A R F I S H R
Z S R R A N S L F A A N O E G R U T S E
W E R C I B O R I L E D K D A S O L E P
L E O C F G U M R A O H U K A N T P U P
H R S H A R K H L G T U L C C R G I Q A
E A N U T L P B C A P W N L A O T E A N
M T J P B C R U G J S D O D U R D E L S
A O R A N G E R O U G H Y L E B R D R W
R X C C H I Q B A S S R X Q L R H A A T
L H M I N N O W T U B I L A H E F C B H
I B J A V M D S O Z Q F L U K E Y J B Y
N S D G F K F G C A R P A N C H O V Y Q
```

ALBACORE
ANCHOVY
ANGEL
BARRACUDA
BASS
BLUEGILL
BULLHEAD
CARP
CATFISH
CHUB
COD
CRAPPIE
DARTER

FLOUNDER	GUPPY	ORANGE ROUGHY	SNAPPER
FLUKE	HADDOCK	PERCH	SOLE
GOBY	HALIBUT	PIKE	STURGEON
GOLDFISH	HERRING	PUFFER	TROUT
GROUPER	MACKEREL	SALMON	TUNA
GRUNION	MARLIN	SARDINE	WALLEYE
GUITARFISH	MINNOW	SHARK	YELLOWTAIL

Flowers

```
L U Z E Y I A P Y D B C D A Z C A B L X
W I S I R L E I O B A Z I I L I V D O Y
G O D I N O I O S R A Q H L L J K Z T C
R Y S O N N W L N H X S C O E A A N U C
H B S Y F G I A D E C X R N B S I M S H
I H W I O F T A V A D U O G E M N U I R
B P A D A I A I H A N E F A U I E I M Y
I R T V O D O D I G D D L M L N D N P S
S I E N E L O N L P E B E W B E R A A A
C M R P E M O A O L D G U L E Q A R T N
U R L T A G D I K S K H O T I I G E I T
S O I Y E I N C P I L U T L T O S G E H
C S L B O S U P E T U N I A D E N S N E
A E Y L E S K C O H Y L L O H E R A S M
L W U T Y R E D N E V A L C C O N C D U
I S T E C N O R D N E D O D O H R R U M
L I N R E W O L F N U S C R O C U S O P
A O E L K N I W I R E P A N E M O N E D
H R M A R I G O L D H Y A C I N T H B C
G E X K B P A N S Y W C P Y P P O P A D
```

IMPATIENS

IRIS

JASMINE

LAVENDER

LILAC

LILY

LOTUS

MAGNOLIA

MARIGOLD

ORCHID

PANSY

PEONY

PERIWINKLE

PETUNIA

POINSETTIA

POPPY

PRIMROSE

RHODODENDRON

ROSE

SUNFLOWER

TULIP

VIOLET

WATER LILY

ZINNIA

ANEMONE

BEGONIA

BLUEBELL

BUTTERCUP

CARNATION

CHRYSANTHEMUM

CROCUS

DAFFODIL

DAISY

DANDELION

DOGWOOD

EDELWEISS

FUCHSIA

GARDENIA

GERANIUM

GLADIOLUS

GOLDENROD

HIBISCUS

HOLLYHOCK

HONEYSUCKLE

HYACINTH

Herbs

```
Z R M P A I Y G A V G E Y T M J T L Y U
E F O L W P Q R Y Y C C L O V E R A P K
K U M T B H E W H I M H A X D L W C M M
A H A F H D W P R G C W H L I A S H E O
N N D W T K N O P V L S C V R H P I H N
L N R M N A C A A E A X E A L O E C H K
G K A F U I R P W V R R C E M R A O A S
M Y C B L S X R O I W M N U I E R R U H
A N M K F Y T R A O N N I Y N H M Y M O
R N K T I R Y A R G E T L N T O I C A O
O E J G C A C T R F O B E X T U N I N D
J D N J T M H T Z D D N S R Y N T E D Y
R B I B U E A S O R R E L E G D E G R E
A T A L C S M B G I N S E N G R L A A L
M H Q S L O O C S M V D P H B G E S K S
X Y X H I R M T J Z U Z R V K V Z E E R
I M D M J L I D F R E D N A I R O C N A
P E N W Y Z L I J O R E G A N O E K M P
K Q A L W J E C A T N I P O P X Z N N O
P N Y V E S I N A H X Y Q X M S Q L I T
```

ANISE

BASIL

CARAWAY

CARDAMOM

CATNIP	GINSENG	MINT	SAGE
CHAMOMILE	HEMP	MONKSHOOD	SAVORY
CHICORY	HOREHOUND	MUSTARD	SORREL
CLOVER	LICORICE	OREGANO	SPEARMINT
CORIANDER	LIVERWORT	PARSLEY	TARRAGON
DILL	MANDRAKE	PEPPERMINT	THYME
FENNEL	MARJORAM	ROSEMARY	WINTERGREEN

Trees

```
H I Z Q I O F Q O I U O A Q H S A F I R
J A Z N B E A P D M F M Q N D P E Z Y Q
E A W J S U F K P R V L F V T B W O R S
W C U T R C C S M A G N O L I A G P R G
E A Y N H A G K A I R O N W O O D Y E C
C C P E E O L C E R D C E N I P Y N B H
U I P P M Z R P O Y F J H L P R J A L E
R A S S N L L N O T E A S E O B A G U S
P E S A M E A L L P T U S K R I D O M T
S D C Y M G M P B E T O C S O R T H S N
X K T O C L B P R P Y I N U A U Y A S U
E W N F E A U O Y E H L Q W N S E M E T
L S A C E E M L B A P E E O O L D D R B
D T S L G L A O S I S I C R P O V O P A
E D U N N C P L R V R O N P U F D O Y N
R Y A L U U A A K E C C A U I A P W C Y
Y R A E I B T A M Y Z S H G J H L G Z A
O C L B R P E J D O O W D E R W O O T N
D O I S N T O U V A F R E D L A F D E F
O Q P Q M J R Y I D O O W L A D N A S C
```

ACACIA	BAY	CYPRESS	HAWTHORN
ALDER	BIRCH	DOGWOOD	HICKORY
APPLE	BUCKEYE	ELDER	IRONWOOD
ASH	CHERRY	ELM	JUNIPER
ASPEN	CHESTNUT	EUCALYPTUS	LAUREL
BALSA	COCONUT	FIG	LEMON
BANYAN	COTTONWOOD	FIR	MAGNOLIA

MAHOGANY

MAPLE

MULBERRY

OAK

ORANGE

PALM

PINE

POPLAR

REDWOOD

SANDALWOOD

SASSAFRAS

SEQUOIA

SPRUCE

SYCAMORE

TEAK

TULIP

WALNUT

Snakes

```
B C O P P E R H E A D A V G F S R P B H
U L A O B R E B B U R U N X H U A U X Z
M M A K Z U A L C K O A D A M T T F E F
V I H C X A E D L O L Y R F Q Y T F K R
O S L D K A I H B S R P X J A B L A A E
X P Q K F S M F M F T A Q C O B E D N D
C Q Y N S T N O M A O C L A W A S D S N
Z D O T C N O A I R O K C A E R N E T I
O S G O H B A L K T W O T R K B A R A W
E W Y W J O B K T E N E A E A A K Y R E
B F D G O D N O E S R N C D N A E W A D
C T N N V K N R T M A O C D S M B V B I
B G H I W M E R O C B G K A P A Z I M S
J G R W O P I C O R S S K H I R B D A Y
O I R U I C C N A A J S X T H I D D M O
A G T V T A D G A R T E R A W L A S P W
P H Y O S A R O S Y B O A E N L S P N B
D M R I K I N G S N A K E D J A A K U K
F H N D I A M O N D B A C K R E C A R X
E V C C R E T S A M H S U B S D S K F P
```

ANACONDA

ASP

BARBA AMARILLA	CORAL	MAMBA	ROSY BOA
BLACK SNAKE	COTTONMOUTH	MILK SNAKE	RUBBER BOA
BOA CONSTRICTOR	DEATH ADDER	PUFF ADDER	SHARPTAIL
BOOMSLANG	DIAMONDBACK	PYTHON	SIDEWINDER
BUSHMASTER	GARTER	RACER	VIPER
COBRA	KINGSNAKE	RAT SNAKE	WATER MOCCASIN
COPPERHEAD	LEAFNOSE	RATTLESNAKE	WHIPSNAKE

Monsters

```
Q D D R A G O N O D A P P F G V N J H O
H R R Y Q V Z W U Z T E R O R S I C Y C
M G A A A Z H O B W Z A L S G R F P D V
L F Z B Z N O M E D N E N K I G F Z S K
N D F U O I Q X T K M A D F L C I R T C
D J E G F M W L E G M D L R U B R A M D
Z U F U S F I N H Y Q J W S D U G L J R
J S G N D A S N E G A R G O Y L E L W A
Z D K N G T S G A I P B Z U B S J I E C
A O G E E N O Q B B I G M B Z H C Z R U
Y B M I L O O M U G L W M K J A R D E L
E W N B B E Z K F A A E K J N D Y O W A
R I B E I C T O G O T T S I O O P G O P
I T D A Z E O O E N S C L N G W T F L H
P C E A V T Y D N O I M H S O V I K F A
M H V T B M Y I H H E K O M N W D D D N
A P I V M H D G E R L U O H G E M Y L T
V M L U R C U I G W A R L O C K I A D O
Y I M M K G N G O B L I N Z D X K L N M
G F R E I J T O I O L Q N E Q N H K A F
```

MR HYDE

MUMMY

PHANTOM

SASQUATCH

SHADOW

ABOMINABLE	DEVIL	GOBLIN	SKELETON
SNOWMAN	DRACULA	GODZILLA	VAMPIRE
ALIENS	DRAGON	GOLEM	WARLOCK
BIGFOOT	FRANKENSTEIN	GREMLIN	WEREWOLF
BOOGEY MAN	GARGOYLE	GRIFFIN	WITCH
CRYPTID	GHOST	IMP	WIZARD
DEMON	GHOUL	KING KONG	ZOMBIE

Shrubs

```
J D E Y X C C C F Q Y I J F O C W Z O Q
A W O Q R C A U X R U U T L A O E M Y F
F Q Z O Z R C L R R N W E M L A L D E R
M H D S W H E E I I J A U L N Q E M B N
A G E E S E B B P L N S I K T W H D W K
N W H I O N S E R D R W Z U D P J X T D
Z B A J A F R A E A Y Y R R E B E U L B
A A Z R Y O S R E S B C C C M S V Y R I
N Y C G R R G X S R O B U L Q B T Z G F
I B S A R S G U X F G R Y G L Y L L O H
T E U R E Y P K F Y R R O A J U T E M R
A R C D B T P E Q A A O C V M Z G W V N
M R S E E H E Q N M S K E T I U Q S E M
A Y I N L I M T E E B H S U R B E G A S
G A B I K A K S B E C H O K E B E R R Y
N Z I A C G O E R B P K D P K U L B J C
O A H C U R R R L Y R R E B E N U J A K
L L Z J H R Y Q G Z G J H F K N Q P I K
I E P Q Y Q N D C B U U M X C S E O H I
A A M N O R D N E D O D O H R R Y T X Q
```

ALDER

AZALEA

BARBERRY

BAYBERRY

BLACKBERRY

BLUEBERRY

CAPER

CHOKEBERRY

COFFEE

CRANBERRY

CURRANT

FORSYTHIA

FUCHSIA

GARDENIA

GOOSEBERRY

GREASEWOOD

HIBISCUS

HOLLY

HUCKLEBERRY

JUNEBERRY

JUNIPER

JUTE

LILAC

MAGNOLIA

MANZANITA

MESQUITE

OLEANDER

PUSSY WILLOW

RHODODENDRON

ROSEMARY

SAGEBRUSH

SUMAC

Weeds

```
N A X L H O L L Y A S U M G W Y T J D X
E X W H E S H E E P S O R R E L I W I M
T I X Y L N U F O R M G K R Q K O V A C
T Z P K F Q R J J H H D P D S H T E Y W
L T E R M B Y E E G A B B A C K N U K S
E F R S I Z E D P E L S R D D D R V E U
T E J A U C E M L M P I R R G P E C K F
G W P M G E K T P E I A A Q U L U B O M
E X V F W W S L E S T P M T V B V W P S
N Y H A G I E D Y S S T T E E D U A C Q
A D E S H N W E U L U A T E E S D O U N
L S B T Z E T M D M E L R E L E R A N O
S Z G A L A B Y B D E T W G E R C O B I
R W J L R W K L S A V N T W B K A J H L
U J T W O C E D F I O B K U G A J C L E
P O E R X W M Y E S A L Q R C C R D S D
C E R M E P I M M O I D A S B E Q C N N
D A R E G S O I M M U S Y R O C I H C A
Y L D J L Z J K D R S D E E W E R I F D
S T I N K W E E D P I G W E E D H J G B
```

SEAWEED

SHEEP SORREL

SKUNK CABBAGE

BURR	HORSETAIL	POKE	SPEEDWELL
CHICORY	IVY	PRICKLY LETTUCE	STINKWEED
CRAB GRASS	JIMSONWEED	PURSLANE	TARWEED
DAISY	MILKWEED	QUACK GRASS	THISTLE
DANDELION	MUSTARD	RAGWEED	TUMBLEWEED
FIREWEED	NETTLE	SCARLET PIMPERNEL	VELVETLEAF
HOLLY	PIGWEED		YARROW

Reptiles

```
W E S T E R N S K I N K T J L Q O S F K
D Q P L I Z A R D A K A H E B C T L D Z
A S V A I S C M L X L A A W O R O C A L
E Z P L I P N L B G C T E T O R B R E R
H Y T E C N I A R O H P T R I H R O H C
R V G D C G T E P E K O F D S T O C R N
E R S L A T E E R P N C A Q N Y W O E K
P G E T Y N A B D M I S E D A U N D G G
P E O T A A A C O T O N W G K M A I G R
O R S N O C L U L F U L G V E M N L O E
C P O I K O T L T E D R I T G Z O E L E
B L B M O H C S A S D O T A U S L O H N
E I O L U T H R R W C C O L T R E X Q T
T G X B H E R F E E K A A L E P T R O U
A U T B L N N O R V D C L I B W I L F R
Z A U L A K O K T J I I U E M D B H E T
L N R T E R R A P I N R L H S A L T W L
Z A T L L I B S K W A H Q S C R N O Z E
P B L R Z C G R O U N D S K I N K M C N
W P E K K G I L A M O N S T E R J O J T
```

ALLIGATOR

BOX TURTLE

BROWN ANOLE

CHUCKWALLA

COLD BLOOD

COPPERHEAD

COTTONMOUTH

CROCODILE

FLORIDA
SOFTSHELL

GECKO

GILA MONSTER

GREEN ANOLE

GREEN TURTLE

GROUND SKINK

HAWKSBILL

IGUANA

LEATHERBACK

LIZARD

LOGGERHEAD

PAINTED TURTLE

RIVER COOTER

SCALES

SLIDER

SNAKE

SNAPPING TURTLE

SPECTACLED
CAIMAN

TERRAPIN

TORTOISE

WESTERN SKINK

WHIPTAIL

Cats

```
K R X E R N O V E D Y A B M O B X D R N
B U K E W D S R A G D O L L A E P I O A
L S D L O F H S I T T O C S R J A R E M
R S T B M J L C E O V S W H A H W T S E
U I U A A A A I Y N U B S P T E U U E R
C A R L I V T T V X H I A R G N A R M I
N N K I N A N O C D N N O I W X M K R C
A B I N E N E X H R E H A O E A N I U A
C L S E C E I E O S S N R R B B A S B N
I U H S O S R C E T F B K Y U T I H N W
R E V E O E O B N O A R S R A M T A A I
E H A N N T O I R N I S M R B A P N E R
M E N S A B O E A K I E O T T N Y G P E
A R G C T P S V L N S K C Y W X G O O H
N R I A R T A E I E N A M R I B E R R A
D C I O C H S A X U E R T R A H C A U I
O L L A F W N S I N G A P U R A N B E R
C O T R I A H T R O H S N A C I R E M A
C L R I A H T R O H S H S I T I R B H O
E S E N I K N O T P E R S I A N C U E I
```

JAPANESE BOBTAIL

JAVANESE

KORAT

MAINE COON

MANX

NORWEGIAN
    FOREST CAT

OCICAT

ORIENTAL

PERSIAN

RAGDOLL

RUSSIAN BLUE

SCOTTISH FOLD

SELKIRK REX

SINGAPURA

TONKINESE

TURKISH ANGORA

TURKISH VAN

ABYSSINIAN

AMERICAN CURL

AMERICAN
    SHORTHAIR

AMERICAN
    WIREHAIR

BALINESE

BIRMAN

BOMBAY

BRITISH SHORTHAIR

BURMESE

CHARTREUX

COLORPOINT
    SHORTHAIR

CORNISH REX

DEVON REX

EGYPTIAN MAU

EUROPEAN
    BURMESE

EXOTIC

HAVANA BROWN

Horses

```
D D K L M I N I A T U R E H O R S E C B
O R G A T D E H A N O V E R I A N A O W
O O Z E H E S D A O F O N C W S A M N G
L J Q R O R R E P N R L A E E P P E N B
B F U R R B O R P I I D Z H L E E R E E
M N A E O E H B A F E E I B S R N I M L
R A R T U L G E L O S N P R H U A C A G
A I T L G D N L O S I B P E M V I A R I
W G E A H D I D O A A U I T O I S N A A
H E R C B A K D S P N R L O C A U P P N
C W H L R S C A A U G G A N A N L A O W
T R O Y E N A S B A R O M Y C P A I N A
U O R D D A R P A L O M I N O A D N Y R
D N S E C C E K E T L A H K A S N T P M
C Y E S X I P E R C H E R O N O A H I B
S Q N D Z R C I C E L A N D I C V O N L
V T M A F E T R A K E H N E R W L R T O
S C T L W M D Z D K N A I B A R A S O O
Y D S E U A N A G R O M E R I H S E D D
R Q L Y N O P E U G A E T O C N I H C J
```

AKHAL TEKE

ALTER REAL

AMERICAN PAINT
    HORSE

AMERICAN
    SADDLEBRED

ANDALUSIAN

APPALOOSA

ARABIAN

BELGIAN
    WARMBLOOD

BRETON

CHINCOTEAGUE
    PONY

CLYDESDALE

CONNEMARA PONY

DUTCH
    WARMBLOOD

FRIESIAN

HANOVERIAN

ICELANDIC

LIPPIZAN

MINIATURE HORSE

MORAB

MORGAN

NORWEGIAN FJORD

OLDENBURG

PALOMINO

PASO FINO

PERCHERON

PERUVIAN PASO

PINTO

QUARTER HORSE

RACKING HORSE

SADDLEBRED

SHIRE

THOROUGHBRED

TRAKEHNER

WELSH

Dinosaurs

```
E A N U R O G N A T H U S Z X R S S C Q
W U N O D O R U E L P O I L N U U U A V
S M S S U R U A S O E T A L P A L R L A
A U U T O O A I S Y L I N I D S T U S I
N L H T R R R T N O D O N Y C O A A U S
A O L C T E N N W D H S O G I L O S D U
S R D O U A P I I P F T C A U L C O I R
I X A O S S B T T T C X M V R A A N L U
N W O J N A O U O H H K K C Y F Z N C A
R C I L E A U N R S O O V P U R T A O S
O W L C R P U R I R P L C D D A E R T O
S A H C K L A G U E A O E H G W U Y P M
E Z D T J R A T I S D S N S E D Q T Y L
M C O E L O P H Y S I S A D T I R C R A
O S U R U A S O L Y K N A U Y E R B C H
R S U R U A S O N I E T E P R L S U E T
E A R U A S A N Y L L E A E L U U X S H
B U J B R A C H I O S A U R U S S S L P
I C S M E T R I O R H Y N C H U S M F O
R H A M P H O R H Y N C H U S E S A B G
```

ALLOSAURUS

ANKYLOSAURUS

ANUROGNATHUS

BRACHIOSAURUS

COELOPHYSIS

CRYPTOCLIDUS

CYNODONT

DEINOSUCHUS

DINILYSIA

DWARFALLOSAUR

EUSTREPTO-
SPONDYLUS

IBEROMESORNIS

IGUANODON

LEAELLYNASAURA

LIOPLEURODON

METRIORHYNCHUS

MUTTABUR-
RASAURUS

OPHTHALMO-
SAURUS

ORNITHOCHEIRUS

ORNITHOLESTES

PETEINOSAURUS

PLATEOSAURUS

QUETZACOATLUS

RHAMPHORHYN-
CHUS

TAPEJARA

TYRANNOSAURUS

Endangered Species

```
S A B O W H E A D W H A L E S S B S K M
N S D A M A G A Z E L L E S A Q S E Q A
E I C S G X B T M E Q S M I C L Y V S L
K A I A E O A L L A P U M N I C B L F O
C N S A L P D F U O N A O V R U S O L G
I E D R I I O D T E A A E L R G E W O G
H L S R A W F T L R W D T R L S X N R E
C E S N L E E O I I N H O E E S O A I R
E P C S A D B N R A W W A A E S F I D H
I H D H O T G E I N I N T L A S T P A E
R A O W E E U N D N I U A L E S F O P A
I N L P D E A G G O R A L C A S I I A D
A T I S A M T O N T M I C D I P W H N S
R S E Z S K W A L A R R N O B R S T T H
P A U A F L A E H O R A E O N M F E H R
L C T U S D S K G S P O O K E D U A E I
P H I L L I P P I N E E A G L E O D R K
M S Y E K N O M S I C S O B O R P R S E
C D E Y S E L A H W K C A B P M U H S S
E L O H D S W A C A M H T N I C A Y H F
```

AFRICAN WILD DOG

ASIAN ELEPHANTS

BLUE WHALES

BOWHEAD WHALES

BURROWING OWLS

CALIFORNIA
   CONDORS

CHEETAHS

DAMA GAZELLES

DHOLE

ELF OWLS

ETHIOPIAN WOLVES

FLORIDA PANTHERS

GORILLAS

HUMPBACK
   WHALES

HYACINTH MACAWS

KAKAPO

KERMODE BEARS

LOGGERHEAD
   SHRIKES

MANATEES

ORANGUTANS

PANDAS

PHILLIPPINE EAGLE

PRAIRIE CHICKENS

PROBOSCIS
   MONKEYS

QUOLLS

SAIMAA RINGED
   SEAL

SEA TURTLES

SPOTTED OWL

SWIFT FOXES

TAPIRS

TASMANIAN DEVILS

Pets

```
R N I C H A M E L E O N A N T F A R M R
Z I V R A Q D C F M H U V R Q R G T E E
N Y G V I T R X A I T R E I H A U K Y T
T O R R A P I O S T L P T O E T I T H S
L Y Q N U S B D F E T W Y E S K N N D M
X I P C G O D G I I F U B E R W E I R A
E K Z Z B V A T L T F W O R O C A X Y H
I P K A I S A E I W W H A G H B P W R I
H A U I R K H A T V M I C I L C I G S M
V S R P C D Q R G Q I Q O D C I G M O S
T E Z O P U N E T T I K N E H G B U Q K
V O C P A Y X D U H C S S P I D S R D Q
O O R R H S I F D L O G T T N E O J E X
X C I T E V R E X C X P R I C Y N O P G
S U K K O I X L W K B N I B H O K C E G
M M A V M I T U R T L E C B I X T X X K
X N D S R J S H D D L K T A L Q Y W A I
S L S H R E T E U G G Y O R L W G A E Q
E K N Q I M V K E L J H R G A H A R E N
S L Q F D R M T R O P I C A L F I S H J
```

PEDIGREE

PONY

PUPPY

ANT FARM	COCKATIEL	HARE	RABBIT
AQUARIUM	DOG	HORSE	RAT
BIRD	GECKO	KITTEN	REPTILE
BOA CONSTRICTOR	GERBIL	LIZARD	SNAKE
CAT	GOLDFISH	MOUSE	TORTOISE
CHAMELEON	GUINEA PIG	NEWT	TROPICAL FISH
CHINCHILLA	HAMSTER	PARROT	TURTLE

CHAPTER 5

Celebratory

Word

Searches

Halloween

```
Y F U W L U O H G T V A F Z E Y D N A C
I G R N I F F O C G B R C I Y R A C S D
I X L Y H Z H B Q N Z F B B W A Z A V K
N R L C K X W V B K Q M T C X N L A C T
S C T O O X B S Z R O X P P W O M I G R
H A K L Y I K K V Z O N S E B P R N J T
P F T G H E F T C U E O R C I T I Y H R
A A H R L M I A A T B E M R A N Z K I E
C O Z E U Q B J H E W S E S E R G O Z T
S H T P R V H G N O R T W T T B E O H S
Z O W U N W I T L I L T H A M I H P E N
N U I M U R W F M K G G L L K C C S M O
L J T P F G H O S T I H Z U C A Z K U M
W V C K A E P Z A R C R T C P R X W T X
O T H I Y V F Z F U Z L Y A T R G Z S B
H D E N E N O T S B M O T R C Y A H O R
C A N D L E W Y P E E R C D Q P D N C O
X P P Y W G O B L I N H A U N T E D K O
Z Q D P C I B B L A C K C A T B R Z X M
J A C K O L A N T E R N S W E E T S S M
```

PUMPKIN

SCARE

SCARY

SKELETON

SPOOKY

SWEETS

			TOMBSTONE
BLACK CAT	CREEPY	HAUNTED	TREAT
BROOM	DRACULA	HOWL	TRICK
BROOMSTICK	FRIGHTEN	JACK O LANTERN	VAMPIRE
CANDLE	FRIGHTENING	MONSTER	WEREWOLF
CANDY	GHOST	NIGHT	WITCH
COFFIN	GHOUL	PATCH	ZOMBIE
COSTUME	GOBLIN	PRANK	

Thanksgiving

```
J Q W Y T N U O B J I G N I F F U T S Q
F A M I L Y S B P U M P K I N R N Z A R
S X I G Y R R E B N A R C I O H D C X Y
H U Z W R D D I N N E R N M T A E J R F
L S T C I A N O V E M B E R R R K I W D
Q K I H E L T T H A N K S Z Y V P F P X
P K R D U A L I H D Z S Y V H E A A C F
S M Z S N R A I T P C R R A E S K D R L
X Z S N K A S B A U L S J Q D T Q O M A
S Y S L H Y T D Z M D Y R Q P I Y O O V
S N H O E G S S A K B E M E I A L F B S
W U A K T H W E S Y E R W O L L N O F P
T L R I A L L W F E E S A K U T F G H I
C U J R D B Y E D M L A M D T T T W F D
T A I U B N A U U A N I V R F N H E P E
F N S O F S I U V G K O M V D O R Y S N
G R G F T V C O R N U C O P I A R O E D
E S W E E T P O T A T O E S T A E D C Q
Z S X X D D T A C Q M A Y F L O W E R S
S M I R G L I P O A D F O O T B A L L J
```

BOUNTY

CORN

CORNUCOPIA	FOOTBALL	MILES STANDISH	SHARING
CRANBERRY	GOBBLE	NOVEMBER	STUFFING
DINNER	GRATITUDE	PIE	SWEET POTATOES
EAT	HARVEST	PILGRIMS	THANKS
FAMILY	HOLIDAY	PLYMOUTH	THURSDAY
FEAST	INDIANS	PUMPKIN	TURKEY
FOOD	MAYFLOWER	SETTLERS	WILLIAM BRADFORD

Christmas

```
U S S L E D K D T A S R G E G G N O G V
P T H Y O G S T E Y E I P E W D T D G B
N C H T T N J S B E N A G W R M I C E U
T A W S H A V A D G A A T E C D N E S D
W N Y S L O L N E M J G P N Y W S K H C
B D N L S E I R B U R A C F A G E E M M
L Y K J O E B U M X P M A X S S L R H A
Z C S N R R L W Y G N U T C R A C K E R
L A Y R E A O Q N T E M O C Y R U M G M
U N H A E N Z I U B M B J Q Q A A Q U R
S E D E S L P S U G A R P L U M S A H E
T H L T D P O A T Y N R E C J K B O P C
O F S P A O R R T O W S E D U N Q G L N
C R O R R E N S A R Y I H C E P I O O A
K C W D C E O N E C M S M N N F I B D R
I W Z A E R S A E N P V N T T A O D U P
N Y C S F E T E Z R F A R S F W D N R W
G K C H M H R M N W T O R N A M E N T S
S O L E M U P T O T U W E P S P Z R B G
N S L R D S A U M Q S M V Z I C R A V C
```

SLED

SNOW

STOCKINGS

BOW	DONNER	NUTCRACKER	SUGARPLUMS
CANDY CANE	EGG NOG	ORNAMENTS	TANNENBAUM
CAROLERS	ELF	PRANCER	TINSEL
COMET	FROSTY	PRESENTS	TOYS
CUPID	GIFTS	REINDEER	TREE
DANCER	GINGERBREAD	RUDOLPH	WRAPPING PAPER
DASHER	NOEL	SANTA	WREATH

Easter

```
Q I D U U E E M C T P P V D H T V L P G
X R V T T Y H O R U S Q C D S Q B G T S
X M E D D W A G H J X F G P S D F P V S
M P N E N X T U D H J M L Z B A F J N E
B O V J E T A L O C O H C O M K Q C S T
S U L T E I A L D R E S S I W C R Z S A
Y X I E D L I U D X J D L D J E B V A R
A N T N S E L P E W L Y B M A L R B R B
D A R N W P C Y N F U C Z T Y E L S G E
N K D O R N I O B M P D R B A O C Q E L
U L C B C A K L R E Y L F R E T T U B E
S N N I C K B R U A A G R D R N M H Y C
U F D T H A T B S T T N M A L S U L O D
H F I N I C N P I R L E S F X N I D I E
T E K S A B R D P T G G E F T L Y N S B
B R B B P I Q I Y Z O L G O Y S N I G U
B M Y P N X Q P P B U V L D F E R K J N
F L L G J V G A J K I M E I R N G S A N
R E D A R A P E I X J O D L U B J J U Y
Q P Q A S P E F P G Y C Q S T D U H R M
```

BASKET	CHOCOLATE	FAMILY	PARADE
BONNET	DAFFODIL	FLOWERS	RABBIT
BUNNY	DECORATE	GRASS	SPRING
BUTTERFLY	DINNER	HUNT	SUNDAY
CANDY	DRESS	JELLY BEANS	SUNRISE
CELEBRATE	DYE	LAMB	TULIPS
CHICK	EGG	LILY	

Labor Day

```
R E K K C S C F W O T P N R V E K C A C
E V T E N X Z Q Z I E T T H I D J Z D O
Y A Z A B A P I C N I C E Z A K R Y M X
O I N T S L T N A W K E N S P U E M S Z
L Z O K D A U I J O B P Q W O A X C Q R
P N I P T C Y E O S E H C E E P S J C O
M O T L Y G V F C N E C R O F K R O W Y
E I C D E K R K I O A W E E K E N D A P
U T U B Z C Y E M K L L D K N P Y P O S
O A D I X O O O K S V L H F A M K L H E
K C O Y M X N N E R T D A O A E I H O P
J A R G X D L G O O O C Z R L T R N U T
E V P C A L A Y I M P W H M I I O B R E
E M H Y Z W B L M Z Y K A C H I D Z L M
X D P E A R N I N G S N I F N K S A Y B
R D A L V C T K E P H A B U Q Q Q G Y E
H E V R O C N X H O N B A R B E C U E R
T C S H A Y O W U S I N D U S T R Y A W
A Y A T S P E R J L L X L L G D R C E E
S H Q M R R C E G D X C A J I I C G X Y
```

BARBECUE	HOURLY	PAY	TOIL
BLUE COLLAR	INDUSTRY	PICNIC	UNION
BREAK	JOB	POLITICIANS	VACATION
EARNINGS	MAN HOUR	PRODUCTION	WAGES
ECONOMY	MONDAY	REST	WEEKEND
EMPLOYEE	NATIONAL HOLIDAY	SEPTEMBER	WORKER
EMPLOYER	PARADE	SPEECHES	WORKFORCE

Holidays

```
E D C Y S H A N A H S A H H S O R K Z U
F A R Y A A Y A D E L L I T S A B L Y S
O S E A L D N F A T H E R S D A Y Y A T
U A T D S A S T E A R T H D A Y Y A D D
R R S L A C V T A F L A G D A Y A D S Y
T A A A I L H I N L R K Z R C C D S N A
H Y E I N Y U I T I U W B D J H G E I D
O A Y R T Y A N N S A C C S R U N N K S
F D A O P S A D A E E S I O K S I I W T
J S D M A A R D S R S F L A W U X T A N
U E G E T R M A S U N E N L D K O N H E
L K O M R G K A M R B E N R A A B E E R
Y W H Y I I T N Y A E M W E E N Y L I A
A A D A C D Z E G D D H U Y W T Z A D P
A F N D K R Z U T P A A T L E Y N V A D
Z Y U R S A G J K Q X Y N O O A E A S N
N U O O D M Y A D R O B R A M C R A L A
A G R B A Y A D S L O O F L I R P A R R
W G G A Y R Y A D S T N E D I S E R P G
K L I L N A O Y A M E D O C N I C B D A
```

ALL SAINTS DAY

APRIL FOOLS DAY

ARBOR DAY

BASTILLE DAY

BOXING DAY

CHINESE NEW YEAR	FATHERS DAY	LABOR DAY	PRESIDENTS DAY
CHUSUK	FLAG DAY	LANTERN FESTIVAL	RAMADAN
CINCO DE MAYO	FOURTH OF JULY	LUNAR NEW YEAR	ROSH HASHANAH
COLUMBUS DAY	GRANDPARENTS DAY	MARDI GRAS	SADIE HAWKINS DAY
DASARA	GROUNDHOG DAY	MAY DAY	SAINT PATRICKS DAY
EARTH DAY	GUY FAWKES DAY	MEMORIAL DAY	SANTA LUCIA DAY
EASTER	KWANZAA	MOTHERS DAY	VALENTINES DAY

Fourth of July

```
L W Y H D C R L R U T M N L V A J S G F
N E N A P O E F S T N A K D K Y T E B I
O I O M I N M A U Z M M C Z X A O O C R
S B I E C G M U O T S D M D T R T L E E
R D T R N R U A B K O O I E G T C I L C
E E U I I E S X R C D N S E L F V B E R
F C L C C S W O U E D W W E Y C L E B A
F L O A A S W M E E X A R D R K X R R C
E A V K W E E R P J S O H J P J B T A K
J R E G R N F E W H C P Z S T J E Y T E
S A R I T O N H I K O V N J Y O X H E R
A T F F A D E N E T N E M N R E V O G J
M I Q L E D G T C L Y D R A O H V A W W
O O U N A T M R C P D G K I C L T F J E
H N C R O S E P I R T S D N A S R A T S
T E A N S R E H T A F G N I D N U O F E
M P S Y L W P A T R I O T I S M X B T G
T N E D I S E R P M K D R U M A L I V A
I M I S M H U N I T E D E H M U H A U Q
H H G A L F M Z V C X B G R E W X X S X
```

AMERICA

BLUE

BOTTLE ROCKET

CELEBRATE

CONGRESS

DECLARATION

DOCUMENT

FIRECRACKER

FIREWORKS

FLAG

FOUNDING FATHERS

FREEDOM

GEORGE
WASHINGTON

GOVERNMENT

INDEPENDENCE

LIBERTY

PARADE

PATRIOTISM

PICNIC

PRESIDENT

RED

REVOLUTION

STARS AND STRIPES

STATES

SUMMER

THOMAS JEFFERSON

UNITED

USA

WHITE

Birthday Party

```
L Y S I Y D X D F Q X V D M L E N K F X
V A T S B L L N Y P A R T Y B G E J L C
L L K U A D X J E S N O O L L A B M W F
X P U W H H U S Y J C F N U H A P P Y A
N R O B L J N I D Z V Y A C A K E X H Y
R G M J B Q D C C L O W N V M K A A R M
T W I W R L A E U N U Z K Y O L E N S A
X N I F O O H C A W Q K D J W R E N G N
M T E N T Q V R S U R P R I S E O R N N
I T W S V Q V E G L B S Y H T I Y S I S
G W B H E I W A A C R D F O T H F O C X
S U Q N O R T M B E E O R A S L F U I M
Q D E Q D B P A M V O L R Y U Y T F Q U
O V N S N A R A T D A O G A B Y D O O G
F F C E T O E T Z I C S E L D N A C M S
V G Q K I R H D R E O Y S E M E H T I A
I Y M C T R J C D E Y N D E E G A N T G
Y I O S M G F A N R A I V N M K G V Z T
X L N R S C N H Y U G T E G A A W D A X
C E R H W X U P Y J P V S Q K C G H J K
```

AGE

BALLOONS

BORN   FOOD   HAT   PRESENT

CAKE   FRIENDS   ICE CREAM   PUNCH

CANDLES   GAMES   ICING   SING

CANDY   GIFT   INVITATION   STREAMERS

CLOWN   GOODY BAG   OLD   SURPRISE

DECORATIONS   GUEST   PARTY   THEME

FAVOR   HAPPY   PLAY   TREATS

Traditional Anniversary Gifts

```
C D I J O A L P C X R S J J J P Z E U X
M E I N F A R R T L Q P T C K P W Q T K
K D C A A C U E P I L T K H Z N P W Q C
T G S J M N F S H A Q L E S Z O E L Q M
B T O A T O E G T T N D T X R R A A C D
K I O Z S H N I R V A E N U T I R R H O
T N X P C S N D B M E E B M E I L O I O
F V B T A U C R N L E Y L A Q K L C N W
A G A O M R O O E D A J A X E E S E A G
I W Z X Y N T O S A P P H I R E N G S Z
X L O S Z T S R K F F E L A C E N S S P
Y B T E O S P D E L A M M V P N E I V C
J A R C A O A F I P D G U E M N N L N O
L K N L T H J O B O P S R N R B I K K H
O H G T G X D S P Q T O J K I A L O I O
Y B E G O A W A C Z M Z C M Q M L C T H
O R A G L Z Z I X A I Y S E N A U D Y B
Y T R P D R F J H M M G E A Q H J L V T
S E O T O H M A E L O O W R E P A P A Q
R Y R O V I L O R E V L I S V G L S K N
```

RUBY

SAPPHIRE

SILK

ALUMINUM	DIAMOND	LACE	SILVER
BRONZE	EMERALD	LEATHER	STEEL
CHINA	GLASS	LINEN	TEXTILES
COPPER	GOLD	PAPER	TIN
CORAL	IRON	PEARL	WATCHES
COTTON	IVORY	PLATINUM	WOOD
CRYSTAL	JADE	POTTERY	WOOL

Parades

```
T G C U U J Q D A N C E R S C I S U M Q
S R H Y C U L H G J S Y S N G K Y D S S
F N D F E H O T E E R T S R Z G N O R E
N G W E E L A B Y A C E A T L A R Y O G
E Y N O I B A T O N S N P H B I D W S D
R I Q D L S K K R U D S T A D T N F N U
D U A P X C T E N M D R K N M B A E O J
L Y D G C N D A A V O O T K E V W C P Q
I N H D D A K R O O Q W K S M Z A N S G
H M N A E E S P P L J A Q G O J R I L O
C W M L T H Z S V P F V B I R T D Y J L
W C R U A S L I U O Z E K V I B S S L H
O G E L I M K A R O I B S I A A R I Q P
G S N G S L D W V P U Q T N L L Q N K P
Q E U L G R E A N I D W I G D L R G C J
T S B D U X V H H J T N Z V A O R I J H
O R L M D F V K O O P S A Y Y O Q L C M
A O S E X A J K O Z O U E R Z N Y R M V
W H Y A D S R A E Y W E N F G S A B P B
C S J D K P R O C E S S I O N M K L A W
```

AWARDS

BALLOONS

BAND

BATONS

CHILDREN

CLOWNS

DANCERS

DRUMS

FESTIVAL

FLOATS

GRAND MARSHAL

GRAND PRIZE

HATS

HELIUM

HOLIDAY

HORSES

JUDGES

LEADER

LINE

MARCH

MEMORIAL DAY

MUSIC

NEW YEARS DAY

PROCESSION

QUEEN

SING

SPONSORS

STREET

THANKSGIVING

TROOPS

WALK

WAVE

Valentine's Day

```
I F J B O Z E D E L M V X E D R A C O Y
Z U R S G Y I L R C A R N C W Y R J E C
Q B M Z V S T I O U C I Z S C X D R H Q
D K Z U K K E L R V T U C O T B B V H X
N Q L T Z S E V R N E N U G F Q O D O C
A R H I B T W Z E B M J P D I X Y N Y P
B O P S I H S L S S I K I D G X F O Y J
S Y U B W P A W M T H Y D V X M R I D U
U P E S T V D N E I R F L R I G I T L L
H W H N T B E M I N E Z Y C X E E C A P
O D I N O G Y A R Q I H H R T Q N E C K
F O I F C H N E P A G O I T A L D F E Z
K A G M E A C I S Q C Y A V A U R F B D
S M P G A N N E L O V E N U S C R A C J
V O E O A S S D L R F L O W E R S B E K
Y G E M E O H A Y R A U F H A D S W E L
N R O O R T T E W O B D D L A R E R E F
G R Y F F E R A A S T E O L A L R T S P
Y D D E A R L Y R R R H X M R M D O J T
H T N Y T J N R Y S T W R Y E E E W W W
```

			LOVE
			POETRY
AFFECTION	CUPID	GIRL FRIEND	RED
ARROW	DARLING	HEART	ROMANCE
BE MINE	DEAR	HONEY	ROSES
BOY FRIEND	FEBRUARY	HUSBAND	SAINT VALENTINE
CANDY	FLAME	JEWELRY	SWEETIE
CARD	FLOWERS	KISS	VENUS
CHOCOLATE	GIFT	LACE	WIFE

Party Supplies

```
O L J E O Q W F O Q N B V C Z S Q Z M P
A Y R K C S A A E S L A V L N T N Z C G
J O Q Z B K A V S N H N L T J H M Q E R
V E H X W S P O E C V N P E C G O B C G
R W J L X A A R X X Z E S L D I J C E H
C H T E S M G S Y U A R S T A L N I I P
B S N O I T A R O C E D O R F T W C P S
K A N S I P R C A R D S R X R I E F R N
P P S O P N Z T E F I F T H P J G S E O
P J C K I U V C R E P E P A P E R S T O
Q S D G E S C I F S S G R K S I D I N L
E V G R A T E V T T E E A T B O C T E L
I P H X T B S M R A V Z A M O W O T C A
T V O I B T E E A O T H I G E C S E N B
Y X T I R A A I C K F I R R A S T F A T
D Q W P T M L E D A E E O N P Z U N P O
V F T I E G L S I O P R D N Q W M O K Y
D T F R M B U Z D A O L S N S G E C I S
S Y S L A F D J P N E G S I E L S X N S
B U T T Y D N A C S J N T H E M E I S S
```

BALLOONS

BANNER

BASKETS

CANDLES

CANDY

CARDS

CENTERPIECE

CONFETTI

COSTUMES

CREPE PAPER

CUPS

DECORATIONS

FAVORS

GAMES

GIFTS

GOODIE BAG

HATS

INVITATIONS

LEIS

LIGHTS

MASKS

NAPKINS

NOISEMAKERS

PAPER GOODS

PLATES

PRIZES

STREAMERS

TABLECOVER

THEME

TOYS

Baby Shower

```
E H O D Y A V H U Z C Y F I Z S S R W E
Z B G A U T H K X K Z L X J X Q E R M S
D G H Y I L I A V G V G S R Z T A T B G
I G U A T Z R S S E T A L P H P T W E M
Z V N E Z I T I Q P R P Z G P S H G V N
N C K L S E N K G E T T U I P T M D E R
S A Q P L T P R L N L A N F A O R E R O
S E P P R S L A E C L G P A R R N C A B
O P I K T E T I F T P J A V T K X O G W
F R O B I I G S S A A D C O Y H W R E E
T X L Y V N K N P T Y M I R D F L A S N
H Y B E R S S E A F R J F S D L S T E K
M O S L S T R W I N T A I W N R M I C D
A P L C A T E R E D T E E S E G P O I B
L C A K E Z Z A I J K W R P D R V N V O
I N V I T A T I O N S S A S I N F S D Y
K M M N Y G I F T S E I N Z H N E O A G
K Y P R O G S C B M D I E S P U C I O A
B W D K B Y Z Z A D W S U N E M K K R D
M E K P E E D G Z T L S U D K D C E Y F
```

PACIFIER
PARTY
PLATES

ADVICE	DIAPERS	GUEST LIST	PREGNANT
BEVERAGES	FAVORS	INVITATIONS	PRIZES
BOY	FOOD	LAUGHTER	RELATIVES
CAKE	FRIENDS	MATERNITY	STORK
CATERED	GAMES	MENU	TRIPLETS
CUPS	GIFTS	NAPKINS	TWINS
DECORATIONS	GIRL	NEWBORN	WRAPPING PAPER

Hanukkah

```
M M F S X Q J L A S D H I F G T E V E T
K V P E N A S E Z L T O C U A Z F U C M
M U D U A L F M W M T F O U M B U E P M
Y E S H U S Z I Y O L A I F E M G O C A
R H L A V F T G E C Z N R G S S T L A C
O E G A D E D I C A T I O N H A J A L C
T B N L S F M S K N Q S Z A T E V V E A
C R I A I U B L O V B G M O L S E I N B
I E N T C F R V I E X A P L H A L T D E
V W N K X F I E N O S A Y I Z U S S A E
K U I E V V G D J H N D N Y O L I E R S
K S G S I E U V L C O S N I O C K F J J
Y N E S L R R I A U T O Y I N A G F U S
G A B T I Y G K G D U M L A T D L H H E
I H D N Z H E H S G N O S E Q X E O A L
V S G T T S N H A R O T N K R T D L R C
I I L S H U C A N D E L A B R A I I O A
N W T J T G J A B C M P T D M U E D N R
G E Y S L H I E L D N A C O O H R A E I
Q J T V A G A E T Q X T D L P X D Y M M
```

ALTAR

BEGINNING

CALENDAR

CANDELABRA

CANDLE

COINS

DEDICATION

DREIDEL

EIGHT DAY

ENDURING

FEAST

FESTIVAL

FOOD

GAMES	JELLY DOUGHNUTS	MENORAH	SONGS
GELT	JERUSALEM	MIRACLE	SUFGANIYOT
GIFTS	JEWISH	OIL	TALMUD
GIMEL	KISLEV	POTATO PANCAKES	TEVET
GIVING	LATKES	SHAMASH	TOP
HEBREW	LIGHTS	SHIN	TORAH
HOLIDAY	MACCABEES	SIVIVON	VICTORY

CHAPTER 6

Delectable

Word

Searches

Cocktails

```
V E P M U I S P E M R F L O Y S Y N Z R
B T E M I Z A Q T E C O O W R O R T I A
F L L F R N F T V U L X N H A K Q G R N
W Q A A F G T I I D J N G I M I I E I J
Y H Z C R O R J F A A S I S Y H L G U M
R C I R K D C A U T M T S K D M O Z Q A
I E E T W R S H I L O O L E O A Q P I R
R F D E E H U L S M E Y A Y O N C Y A T
A E R N I R O S C I O P N S L H Z L D I
E C G O A P U O S R R X D O B A Z I A N
S G N N O X L S B I C I I U A T I F S I
F E G M I L E O S Y A Z C R T T F R O M
D C S N I T R L P I L N E K I A N O M O
L O X N O J S I A D A B D H R N I D I J
C M S T S G Q K E Y O N T Y A R G L M I
N O O G A L E U L B D X E Y G G S A V T
C I N O T D N A N I G N A N R Z T W G O
P I N A C O L A D A D C A W A J Y G P C
E L P M E T Y E L R I H S R M P U W B P
T E Q U I L A S U N R I S E B R C Y B Y
```

PINA COLADA

ROB ROY

SCREWDRIVER

			SHIRLEY TEMPLE
BLACK RUSSIAN	EGGNOG	MANHATTAN	STINGER
BLOODY MARY	GIN AND TONIC	MARGARITA	TEQUILA SUNRISE
BLUE LAGOON	GIN FIZZ	MARTINI	TOM COLLINS
BRANDY ALEXANDER	IRISH COFFEE	MIMOSA	WALDORF
COSMOPOLITAN	LONG ISLAND ICED TEA	MINT JULEP	WHISKEY SOUR
DAIQUIRI	MAI TAI	MOJITO	WHITE RUSSIAN
		OLD FASHIONED	

Fruit

```
L M R Z R X A T N W M O M H O W M P M J
Y I H A E A U Y A O D K Q W Y V A E R P
I J B Q E N S T A E L X U B R A N A C W
T T Z Y O P E P W P U E L D R P G C F A
D L I C R R B N B S A U M S E Y O H P N
I A O U M R G O J E E P L X B R S N I Q
C C T E R U E W Y B R F P S N R T O N G
S Y L E C F O B E S B R I P A E A M E T
B O Y N A I E R E T E L Y G G B U M A O
N G R E N I R P W L N N A G O L Q I P C
T M R G T Y O P A Y K A B C L U M S P I
A K E N A U Y N F R J C R E K M U R L R
N B B A L A V A U G G Q U R R B K E E P
G A N R O H O N E Y D E W H U R E P G A
E N A O U C H E R R Y R A E W C Y R R E
R A R A P N E T A N A R G E M O P Z R R
I N C P E O L S T R A W B E R R Y M P Y
N A Y P N M D I A P L U M G R A P E Q W
E B Z L V E R X M T I S V N G F M D D T
M V T E X L S Z D E G C Y K N L R S B R
```

APPLE

APRICOT

BANANA

BLACKBERRY

BLUEBERRY

BOYSENBERRY

CANTALOUPE

CHERRY

COCONUT

CRANBERRY	HONEYDEW	MELON	PINEAPPLE
CURRANT	HUCKLEBERRY	MULBERRY	PLUM
DATE	KUMQUAT	ORANGE	POMEGRANATE
FIG	LEMON	PAPAYA	RASPBERRY
GRAPE	LIME	PEACH	STRAWBERRY
GRAPEFRUIT	LOGANBERRY	PEAR	TANGERINE
GUAVA	MANGO	PERSIMMON	WATERMELON

Vegetables

```
E S Z W M P W T L W J O H L L C S I P B
W R X P G O Z B N H N S Z E V P O I J U
C Z M M R R P U T T A O T H I W G E S R
A Ü K W E K E N R U O T I N R A D I S H
D C Z P E W L B Q Z U R A N I B P V W L
E C K W N W A S M C C R A O E B F R E
Z H W Z P F R T E U H Q P A A E R E S N
S I J P E O T M E V C U O R C T O G C T
N N I J P X A U C R M U T U S O C U N I
A I C U P Y R P R P C I C I Z K C V T L
E H A K E C I E K N C R O Y A R O H S S
B D M R R N G I K H I Z E D R A L L X I
N F A K S G N A O F L P D S A E I S L M
E O O R P L L K Y C I O L A S C L P P Z
E O A L L E E S U G A R A P S A O E X K
R P A R U T A B A G A I C E D C W V C D
G N U B H U R R E W O L F I L U A C A B
T G S T U O R P S S L E S S U R B R U Y
E Z S O W F P E A S K E G A B B A C I O
B B B V O Z B E U Q C Y O T A T O P N N
```

ARTICHOKE	CARROT	JICAMA	PEAS
ASPARAGUS	CAULIFLOWER	KALE	POTATO
AVOCADO	CELERY	LENTILS	PUMPKIN
BEET	CUCUMBER	LETTUCE	RADISH
BROCCOLI	EGGPLANT	OKRA	RUTABAGA
BRUSSELS SPROUTS	GREEN BEANS	ONION	SPINACH
CABBAGE	GREEN PEPPER	PARSNIP	SQUASH
			TURNIP
			WATERCRESS
			YAM
			ZUCCHINI

Pies

```
S D R E H P E H S R H S P T G Y C L R A
C T N C C S I D P G X G R X R C U D E F
F R G L V E G E T A B L E R F U U P T F
E Y M O B Z J E V Y Q W E C C S T D A I
F C B W U X Q C O L R B T O I T H C L A
D W A P T R H L M E E R C V W A Y N O P
V Z N H T Y R A P U D O E E E R D Y C P
N J A K E C Y E L M N O M B B B D R T O L
T H N H R H R B T U I I M R P R M N H E
S O A N S E R E T T L N A A E S O V C Y
U V C P C R E V L Y U B C B L M A T S E
R R R E O R B B E P U B K E E A H R U N
C E E A T Y W K A H P C T L M T E G P I
F Q A C C F A U R K A A N U S E N A U C
T R M H H S R O D L E A E I N I A J M R
W Z U G A F T F B U C D N N R A V T P E
O T I I S T S Y Y E M Q D E I K E O K A
J Y K F T I E E P N U T M O B P M P I M
F R Y Y J O T A T O P T E E W S T Y N C
A E I F C T L M A E R C E C I P Q E B K
```

A LA MODE

APPLE

BAKED

BANANA CREAM

BLACKBERRY

BLUEBERRY

BUTTERSCOTCH

CHERRY

CHOCOLATE

COCONUT

CREAM

CRUST

CUSTARD

FRUIT

ICE CREAM

KEY LIME

LEMON

MERINGUE

MINCEMEAT

MUD

NUT

PEACH

PEANUT BUTTER

PECAN

PINEAPPLE

PUMPKIN

RASPBERRY

RHUBARB

SHEPHERDS

STRAWBERRY

SWEET POTATO

VEGETABLE

Sandwich

```
N J P E G Y O Q S C M N C C X T C M S J
L I E X N E L D H C W E Z F S O E M B P
W Z T O M O F I V G F A B E T A O D B R
F U W I W E C I V F N G L E L K L O M O
O Y Z E A K A A R E G R U B E U L A W W
P S G F E A G T B S R G O D T O H V M U
U Z F N Y C L U B Q D W S E G G L O P I
O H Q M L B E H B A A A U N H R F C M F
F D H P Q R N L L E L H A R N E S A D I
T R X T N S I A A M A L B O S D R D A J
P P Y R Q U S V O T S I R C E T N O M J
S A U S A G E N I R A M B U S O T Q H N
Y F C E G S J S L E N J F A L A F E L N
A Y L E T T U C E X U T P E M X B U H O
R G N S O U S K A E T S U O K L B T U D
G A D H X O R T E T H W T V W R T J Q X
P V K I Q R I K R Y R C A L I D C A V H
H B B B B P V W E C S K Y I X B I H W Z
E V M J O S R B J Y H Q M V L G F R W N
A D L E P D U N Q J U N L Q I N P J Z H
```

			SALAMI
			SAUSAGE
AVOCADO	CLUB	LETTUCE	SMOKED SALMON
BACON	CORNED BEEF	LIVERWURST	SPROUTS
BLT	EGG SALAD	MEAT BALL	STEAK
BOLOGNA	FALAFEL	MONTE CRISTO	SUBMARINE
BURGER	HAM	PASTRAMI	TOMATO
CHEESE	HERO	PITA	TUNA SALAD
CHICKEN	HOT DOG	REUBEN	TURKEY

Breads

```
U I T A L I A N S T Y U G R R S T Q E P
N T X Q P M D I N F G W O U O S H G L C
L Q V G V V N A L A E H U U A Y X N E C
E F F K V C S G R L U D R O K K J H O U
A E H S A S R L C N T D T Q Z U S R M I
V Z I S I T I A P J O I Q F F R N W H X
E T N O M C I J C U P E U C C D L H U P
N E R U L E H P G K I W H C O K L O S J
E C R C T E L H A V E I H D S G O L H O
D B C C X A K B G D M D G I T I R E P H
D R O O H K S C A X O E W P T W B W U N
A I Z U F C J L I T R S P H O E S H P N
N O A E O F E P H N O P H O E N C E P Y
I C O N S K E A F A R A R S P A E A Y C
S H E D A N R E F R B E S E I O T T E A
H E J C I D S Q C N E A P T T R V S A K
D V E S T E Y R W A R N G M T Z I E R E
E O I A M U F F I N K O C E U E E I R Q
H A C C R U M P E T F E C H L P J L L V
R K K C A L B V A L L I T R O T B U N N
```

BAGEL

BISCUIT

BLACK

BRIOCHE

BUN

COFFEE CAKE

CORN

CORN DODGER

CRACKED WHEAT

CROISSANT

CRUMPET

DANISH

FRENCH

GARLIC

HARDTACK

HOECAKE

HUSH PUPPY

IRISH SODA

ITALIAN

JOHNNYCAKE

MELBA TOAST

MUFFIN

NUT

PITA

PONE

POPOVER

PRETZEL

PUMPERNICKEL

RAISIN

ROLL

RYE

SCONE

SOURDOUGH

TOAST

TORTILLA

UNLEAVENED

WHITE

WHOLE WHEAT

Candy

```
J G N M I N T D P W E P O R D M U G N C
Z Q X P T C K S H E U C J U J U B E S E
F C P P T I E W I L P H I C E H E A D J
A H P R H O R L Q N O P A R M G L V Q L
M O F A M B T T T R Y N E Y O T D X X W
R C X L D C D U E T D D D R W C E U O B
G O L I R L T H T Y I N N A M L I P F B
V L O N V Q O R C T A R T A P I O L U S
N A L E O U A O E C I E B P C P N T O M
A T L E N S R E N M R F A T C D T T U W
E E I D A N F O U T C D R O U E R G N O
B Y P V F F T G A Y E O R U R N G A R L
Y F O W O T E F C I D N U S I N A A H L
L F P T O L F L D A B N C G I T B E N A
L A Q C B Y S N O A R O A W H T T O P M
E T U B D S A D L Z T A E C U D B I F H
J M U Q I C H L Z C E H M N K N R Y C S
P B B K Y S S K H V C N A E O C S O I R
U O S U G A R P L U M E G B L E O E P A
A N O U G A T K C K P O V E P G W R V M
```

MINT

NOUGAT

PEANUT BAR

PEANUT BRITTLE

PEPPERMINT

POPCORN BALLS

PRALINE

ROCK CANDY

SALTWATER TAFFY

SUGARPLUM

TAFFY

TOFFEE

TUTTI FRUITTI

BONBON

BUBBLE GUM

BUTTERSCOTCH

CANDIED APPLE

CANDY CORN

CARAMEL

CHEWING GUM

CHOCOLATE

COTTON CANDY

COUGH DROP

FUDGE

GUMDROP

HARD CANDY

HOREHOUND

JELLY BEAN

JUJUBE

KISS

LICORICE

LOLLIPOP

LOZENGE

MARSHMALLOW

Cheese

```
O C F F A S D E T T C F O N T I N A P I
D U Z N O M T X G K R N U J O U L Q C C
X W U W S X E R W M H E K F Z D T Y K L
B A M Z S N O R I T A D A T G W X W R A
S L T L R D M P I N D A T D X G A N G N
H P E T O W I G Q C G M E P O E U L B L
X K A T O M J D N N A K F R K H W Y B M
K O P R E C S S V V C N G F E B B D M S
B T R N M F I E S A O O C H E D D A R Z
B E T E M E R R J I N P Y U C M L Z M N
D O I Q D E S N H Z W C V O A D N C T R
S Y P R Y A S A O M G S L K D A P A R M
D R T U B I S L N N U B S P R R F M O U
M Z R U M H A A G A Y N X K O S A E F E
A G A L L E R A Z Z O M R V G M R M E N
F J P C H Z U X R Q U E O Q O O M B U S
W J I G S A O L G W D L T S U K E E Q T
K G K T K A S U T E O G M D D E R R O E
P F W L O C C C I N G O A T A D D T R R
C P K N H C W L E L I M B U R G E R C Y
```

AMERICAN			
ASADERO	EDAM	GRUYERE	PIMENTO
BLUE	FARMER	JACK	PROVOLONE
BRIE	FETA	LIEDERKRANZ	RICOTTA
CAMEMBERT	FONTINA	LIMBURGER	ROQUEFORT
CHEDDAR	GOAT	MOZZARELLA	SMOKED
COLBY	GORGONZOLA	MUENSTER	STRING
COTIJA	GOUDA	PARMESAN	SWISS

Condiments

```
T Y Y X L E N N E F S E V I H C E N H A
N X S C S E V I L O G E M T U N G S P E
P O H O R S E R A D I S H G H S I P A S
A Y M E C U A S R A T R A T A D L V N I
R R S A Z B B O G J C F D L A E T C C A
S R L U N J Z D L I C A A R S X H O H N
L U R A G N E D R A N D P A Q I X M O N
E C J E H A I E N A D G U E L R I B V O
Y Z L J D N R C C R T C E I R N H E I Y
N O I N O W P W E U E S S R T N O N E A
S P I C E I O S X N A A U L O N Y I S M
Z Q Y X C W S P P R U S I M A E O R Y T
V O G K M I Q W C C A O N G G T X A E L
P Q L A N G S N E I E G E I N A L G N A
H E L G O D P Z R M L R E E S E Z R T S
S B U T T E R E A F O R M N Z I E A U C
R E L I S H P S V U V I A P I A O M H W
I V K Z O P E H W Z P I H G P V S H C S
C F Y X E S A K C H I L I P E P P E R G
X M P P E C U A S Y O S C A T S U P E I
```

OLIVES

ONION

OREGANO

PARSLEY

PEPPER

PICKLES

PIMENTO

RADISH

RELISH

SALAD DRESSING

ANCHOVIES	CHIVES	HOISIN SAUCE	SALT
APPLESAUCE	CHUTNEY	HORSERADISH	SESAME OIL
BUTTER	CINNAMON	MARGARINE	SOY SAUCE
CAPER	CURRY	MAYONNAISE	SPICE
CATSUP	FENNEL	MINT	SUGAR
CHILI PEPPER	GARLIC POWDER	MUSTARD	TARTAR SAUCE
CHILI SAUCE	GINGER	NUTMEG	VINEGAR

Wine

```
U V M H O U S P S L E D N A F N I Z S P
O M T V Y I K P V C U R R A N T J U B Q
Q C I S L R A J E N I W T R E S S E D Y
T C M B X R I N O J L E T A C S U M E E
J I A H K B L A C K B E R R Y D N T J L
K H H L C J R V G O Y U X D G S I U X L
C C I Q J L K I C R D R O K A H G G P A
N N U P C H I S O E E O R U W E Y C G V
G O L D D H U M I N T N V E L D E C E A
L A I F D R A F U R T I A D H T L H A P
O I N L B L I M O A G O E C E S L A I A
G Z T M E T O P P N R R N N H T A R N N
A Q A N R D Y C O A B F R I R E V D R B
N L I O A N N N E E G E B O P F A O O U
B E F R W I B A R X B N P E U Q M N F R
E N Q A E L H R D A Y P E X I U O N I G
R I T H A D Y C C K O S H E R L N A L U
R H J N C N A L B N I N E H C F O Y A N
Y R C P Q D B P B O R D E A U X S A C D
Q Y E D Y G O Y T Q R I E S L I N G R Y
```

BLACKBERRY

BORDEAUX

BURGUNDY

CABERNET

CALIFORNIA

CHABLIS

CHAMPAGNE

CHARDONNAY

CHENIN BLANC

CHIANTI

COLD DUCK

CURRANT

DANDELION

DESSERT WINE

ELDERBERRY

FORTIFIED

GRENACHE

JUG

KOSHER

LAMBRUSCO

LIEBFRAUMILCH

LOGANBERRY

MUSCATEL

NAPA VALLEY

PINOT NOIR

PORT

RED RHINE

RIESLING

SAUVIGNON BLANC

SHERRY

SONOMA VALLEY

SPARKLING

TAWNY PORT

WHITE

ZINFANDEL

Salads

```
P L N I W P J P R Z C A T C S T D C V Z
E M H X Z R Z C F I J M R W F F C I B E
X D E E N C A F L Y W A C O W L N N R P
C E Z N R E H N T M D O N O H A S W A U
S Q S E S A J I Q D D T R V I K A R D Z
T I Y A Y R A V N A O O C G X T F E I H
O Y R C P I D M C E M C R O E A U B S Y
S W C E O V C O B A S E R R B H E M H R
S E F S I L V E I R T E C O V B O U F X
E G R I N A E N B T O R C J U T V C R T
D A O A M D E S E E E S K H A T L U U H
G B D N C D O D L S R H I T I I O C I R
N B L N X P Y Q S A S G O A O C Q N T E
I A A O C S S E S I W P K R O E K F S E
S C W Y R U V P F C I L A N T R O E B B
S H Z A U I I A P D A L A S F E H C N E
E H Q M D N N A O J I N O R A C A M F A
R G K N A U S S D P I L E T T U C E S N
D E E C T T I D D C W S T O M A T O E L
C H H R A C K H N K D Z G L J G H N J O
```

RADISH
ROMAINE
SPINACH

AMBROSIA	COBB	ICEBERG	THREE BEAN
AVOCADO	COLE SLAW	LETTUCE	TOMATO
CABBAGE	CROUTONS	MACARONI	TOSSED
CAESAR	CUCUMBER	MAYONNAISE	TUNA FISH
CHEF SALAD	DRESSING	OIL	VINAIGRETTE
CHINESE CHICKEN	ENDIVE	PASTA	WALDORF
CILANTRO	FRUIT	POTATO	WATERCRESS

Pasta

```
W U V A V O F J L L C L I I K P T I R R
X Q X U V J H I U A O L T F Q R A N L A
D N X X P W N M V J L T N B I E G I P V
T T J I V G A A O E E E B C E L L L A I
A Y E W U C T H C H G Z E R X U I L D O
G R E I H E Y I G G N N I W B M A E T L
L E N E L L M A N V O T R T E A R T H I
I E N L B R P O M O W P U L I C I R A N
A I I I E S O O D H C W L F K O N O I T
T N V V C D E L Y P I E R L C N I T L O
E O C O L C E I F F N P R G J I Y M K J
L T K E P S U C L A C A N N E L L O N I
L A S K E E I T P G D F M F U S I L L I
E G J F N P C M T L I U A A F W R C F N
E I I K N N A D O E A H M R C I Q H M O
H R Y B E C A X Q X F S C P F A O W O T
C S L L A B O Z T A M R A N L A R R Y N
I R A M E N W T A A P B M G O I L O I O
L H Y O D M G C K P F H N A N C N L N W
E L I D Y U B A K Y V V R C T A O G E I
```

CAMPANELLE

CANNELLONI

CAVATELLI

CONCHIGLIE

DUMPLING

EGG NOODLES

ELICHE

FARFALLE

FETTUCCINE

FIORI

FUSILLI

LASAGNA

LINGUINE

LUMACHE

LUMACONI

MACARONI

MATZO BALLS

PAD THAI

PENNE

RAMEN

RAVIOLI

RICE NOODLES

RIGATONI

SPAGHETTI

TAGLIARINI

TAGLIATELLE

TORTELLINI

VERMICELLI

WON TON

ZITI

Liquor

```
U W E A A Q G Z K C A W Q Y Y X R R E P
L S I B B Q S I W L B P D T H U Z Y D V
L I P P U M R L S I T S A P M V U E T L
R G Q G G S V W I Y P H M U E X C I E Y
V M G U C R Q S R V R U A H C T H M M Z
P E Y H E O M Z A N O R L R G X H R A H
Z Z N N L U T Z G O E V E Q X W N B O P
E N J G A T R I P B N T I H U C O J U R
B Z T N A J I J R R I G V T S E O F B M
O Q Z S U P I Z A U H B O K Z P Z S H Y
O S P Y T W M O K O S G R A P P A J B L
Z Y Z R N I M A I B N T W Y D N A R B A
E N I G J S R D H K O E H C O G N A C C
J K J M E G C I Q C O Q I H C F G P V S
L C P G Z H O O P U M U S N C O C O O E
B J R A F A E P T S I K S R O Z R D M
Z T B T W Y N P W C M L E G R U O I K K
U K A B S I N T H E H A Y V O J K H A O
E U E H X W X V J V D A L E Y D U T K K
I P S C I D L U A U J Q O M O K K U D R
```

ABSINTHE	GRAPPA	OUZO	SHERRY
BOOZE	GROG	PASTIS	SLIVOVITZ
BOURBON	HOOCH	PULQUE	SPIRITS
BRANDY	KIRSCH	RAKI	TEQUILA
CHAMPAGNE	LIQUEUR	RUM	VODKA
COGNAC	MESCAL	RYE	WHISKEY
GIN	MOONSHINE	SCOTCH	

Beverages

```
A C S W G K U A I O O D E L A D O S R F
J M G F P J M L C E N D I C I O W E Y C
M P S R N L E O N E A C G O B Q T Q O D
G Y M O A G I C E E H A I C R A U G G T
T N V E G P F M G D J E N K W A N E E U
E W I N H B E N E D H F G T W A T V U H
Y D O L E O A J W A X X E A C B M C B R
Z G A E K R T T U Y D I R I C U P I E L
D E R N O R N C H I E E A L D T O M L N
O E C E O B A O H C C U L S J T R O C K
I A Q O G M M P I O L E E P P E A T E A
O O O O F C E U S S C S R U X R N B Y U
X W E C I F J L N A N O N N G M G Z R T
A O H D O O E P R O O C L A B I E R U M
Y E E D T C C E R M H Z C A A L J M Z Z
Y R T A D E T A N O B R A C T K U U U J
R O M D A B H O P E C U K Q P E I S O E
H O O X E X B C M U H H W I N E C L A U
T L K F B C R V K O E T I Z M J E G G C
G O O K R M I S R Z O S S E R P S E F F
```

BEER

BUTTERMILK

CARBONATED

CIDER

COCKTAIL

COCOA

COFFEE

COGNAC

COLA

EGGNOG

ESPRESSO

GINGER ALE

GRAPE JUICE

HOT CHOCOLATE

ICED TEA

LEMONADE

LIMEADE

LIQUEUR

MILK

NECTAR

ORANGE JUICE

ORANGEADE

PUNCH

RUM

SODA

SPARKLING

TEA

TOMATO JUICE

WATER

WINE

Soups

```
H N Y Q D L C V G A D A L A Y H Y R G M
G B O O W H C W V O E G A T T O P K I O
Q A S L I U S Z E O L T Y F I A J A O C
V F Z C L M L G M G W K P M R W N N R K
J F K P W I D E N R H I I X E O I E M T
A E I B A I U O D U G N H S I O D Z U U
N J D O R C O O E B E E S N N W K T S R
U K J R N D H L B S G I O T O A E L H T
Q A O Z L B B O T G A H S H H B R P R L
M P M E G A A R D B C A C H A C O N O E
A I K W T Y O R A N W M N H A T S S O V
S Z S E T N O L E H A C P V A R O R M O
U P G H E P L R N L P L C T Y K K W O H
I E L W O I F O C P A S O O S I M F I B
V O G I U S T Z A L L A B O Z T A M I T
H X T O T N H T O M A T O B I S Q U E N
T T B G O P N I G U M B O S T O C K Z W
O A E W Q A E B R C I H T P T T F Z H C
R I Q D E X T A Y U O E H K W X Z Z T J
B L J B F T F I S H C H O W D E R R L J
```

ALPHABET

BEAN

BISQUE

BORSCHT

BOUILLABAISSE

BOUILLON

BROTH

BURGOO

CHICKEN

CLAM CHOWDER

EGG DROP

FISH CHOWDER

FRENCH ONION

GAZPACHO

GUMBO

MATZO BALL

MINESTRONE

MISHOSHIRU

MISO

MOCK TURTLE

MUSHROOM

NOODLE

ONION

OXTAIL

PORRIDGE

POTATO

POTTAGE

SHARK FIN

SPLIT PEA

STOCK

TOMATO

VEGETABLE

WON TON

Sauces

```
X T T E E U C E B R A B A S K Z P J J N
E Z Y A L M A C Q E C Q P W E A X H W I
M T R D R A O L H F N G Q E S Y V A R G
E A T A N T C O F E E C B E E M A E R C
D S R E G A A N R R E B L T E M X N L R
H R I S R E L R E H E S A A H A E N I C
C O A A A G N S S V S D E N C R C B A W
F H I T N L I I I A O U O D U I U O T Q
J G I S S G A A V D U R M S E N A R K C
F C W L I U O G N D N C P O L A S D C V
B K I W I N M L V I N A E U B R E E O A
X U I W A O V A O X V A S R Q A T L C I
K N K K P T O N R B R B L U R B I A R C
E K L E M O N B U T T E R I O V H I N I
Q M I E S I A D N A L L O H O H W S N D
J B X G N I S S E R D D A L A S T E Y S
A P M A Y O N N A I S E A U P O I V R E
W P U S T A C J R O Q U E F O R T Y H Z
G Y M N G R U E S S A H C C U R R Y O U
P F Y G S S D E M I G L A C E G S Y Y S
```

ALFREDO

AU POIVRE

BARBECUE

BLEU CHEESE

BOLOGNAISE

BORDELAISE

CATSUP	DEMIGLACE	MAYONNAISE	SOY
CHASSEUR	GRAVY	MUSHROOM	SWEET AND SOUR
CHEESE	HOISIN	MUSTARD	TARTAR SAUCE
CHILI	HOLLANDAISE	OIL AND VINEGAR	THOUSAND ISLAND
COCKTAIL	LEMON BUTTER	PROVENCALE	VINAIGRETTE
CREAM	MARINARA	ROQUEFORT	WHITE SAUCE
CURRY	MARSALA	SALAD DRESSING	WINE

Seafood

```
E Q J Q P J P I B E X C Q Y A E E J J O
L T P P J Z W O J R A E S N A P P E R L
O W U L Q U U D L V X H H D K A R W E R
S D X B U E P Z I L X Y S B G W P S O L
D T S S I I C A Y D A E X I R D S B Y O
H H W X Z L R T T Y S C I W F U I A S B
O C Z N Z T A Z G C C T S A M D S R T S
J R R T S U W H A S H R I M P E R C E T
C X A E A K I R Z E K N D Q M F E O R E
C O O N P H G K K W H Z S N A T O L W R
A R D Q G O S M O K E D H E R R I N G S
B K A F T E M Q K G Y O Y O M D C U H C
A S C Y I N R W T T R C Q V G E V S A R
L O N O F S O O C A L I M A R I I N I A
O H C A D I H M U K E G S F X F T W P W
N X X T I D S Z L G S X N W T T K A A D
E C D M O L A H Z A H R Q A I F T R L A
Q U A A G P J H O U S Y C Z G G K P I D
O L Q K J O U S T R I P E D B A S S T C
C O L L K L I S S Q U I D C V X V H F Y
```

SCALLOP

SHRIMP

SMOKED HERRING

ABALONE	CRAWDAD	MUSSEL	SNAIL
CALIMARI	CRAYFISH	OCTOPUS	SNAPPER
CATFISH	EEL	ORANGE ROUGHY	SOLE
CAVIAR	ESCARGOT	OYSTER	SQUID
CLAM	HADDOCK	PERCH	STRIPED BASS
CODFISH	HALIBUT	PRAWN	SWORDFISH
CRAB	LOBSTER	SALMON	TILAPIA

Italian Foods

```
I B T A N Q O F D P P O L E N T A E K P
Q P I R T F O B R U S C H E T T A V Z R
E M O S E T O R A C T A T S A P V F E O
B L E L C C O E U Z N L E S E R P A C V
N J A L L O C C W S Z T E N A P L V L O
Q B U S A A T I I Y H I H Y Q V X T D L
K C T G A N V T A R P E P L Y O L W F O
P L W Q N G Z A I G B G Y T C Q E M J N
S A Z Z D O N A C B O C C O N C I N I E
E S N Y D A C A N O P A N Z E R O T T I
J C L N A F B C O E I M H C W A O A A P
A A P Q E C T L H R L C U B T Y R N O E
I M O C B L I C I I K M A T O A T T A C
C O Y E H V L S F B P G O C N I A L G O
C R V F E L O E H I J B D C P L I A A R
A Z U O L T I Z T S M I I A E C L C V I
C A I Z T J D T Q A A N S G I A N N W N
O L V O W L U K I Y I T C A L Z O N I O
F D O L C I T C E T I S P A G H E T T I
D T C V F E C Y X K C I C O R I A Z W W
```

ALICI

ANTIPASTI

ARANCINI

BISCOTTI

BOCCONCINI

BRUSCHETTA

CACIOCAVALLO

CALZONI

CAPRESE

CIAMBOTTA

CICORIA

CUMPITTU

DOLCI

FOCACCIA

GELATO

GNOCCHI

LASAGNA

MELANZANE

OLIVE OIL

PANE

PANNELLE

PANZEROTTI

PASTA

PECORINO

PIZZA

POLENTA

PROVOLONE

RICOTTA

RISOTTO

SCAMORZA

SPAGHETTI

TRECCIA

CHAPTER 7

Scientific Word Searches

Body Parts

```
W T S T O M A C H P R F L B M L Z M W N
I U D O O L B G I X S T E R R P R B R V
I V Y O O B F H O E A E G R A K K O I H
W M U K U L F K P I L C L F A K N H S I
V I O F I O J H P T T A K E E L T E T B
E C N T S D E O T H A F U E H U P Y E I
J I G G W D N P G R E N H A O D L O O C
K S E K F O E E O O A C K M N Y A U O P
H L H A C U B I Y A R X M L E S C U J E
T Q R R G E N L J T U U B B E S S E S F
O T G N G O N I E F S D A E H P O H Y M
O U O B F A U Z A C O S W S J M O N L E
T T L K E T R N L R W O K L K U N A I L
K B Q A S E B E I Z B K T R L I X M F U
J D X E G D A M K H P O P D E C N F T M
B O H N C H D V U P C L E W Z V L B R X
D C I M U R A D A H B R R G T E I E A V
K F B O Y S P I Q P T N U O S D N L E R
K R L F K D F B R K R G Q H U O M G H T
K I X M N Z Y D N A H B X Q B H K Q V E
```

KIDNEY

KNEE

LEG

LIP

LIVER

MOUTH

MUSCLE

NAIL

NECK

NOSE

SCALP

SHOULDER

SKIN

	CHEST	FLESH	STOMACH
ANKLE	CHIN	FOOT	THROAT
ARM	EAR	HAIR	THUMB
BLOOD	ELBOW	HAND	TOE
BONE	EYE	HEAD	TONGUE
BRAIN	FACE	HEART	TOOTH
CHEEK	FINGER	HIP	WRIST

Constellations

ANDROMEDA

AQUARIUS

ARA

ARIES

AURIGA

CAMELOPARDALIS

CANCER

CAPRICORNUS

CASSIOPEIA

CENTAURUS

CETUS

CORVUS

CRATER

CRUX

CYGNUS

DELPHINUS

DORADO

```
T C I S M L E P U S L U P U S S G G O W
O G A N U U S C U L P T O R P N W J G S
R D D C S T L I L U M R X I T E R Y R L
I O E A C U E U J E E S S S J P I P I D
O V L M A Y N C G T O C U G W R F T V O
N P P E I M J R A N E U S N S E I A A R
U U H L E I U R O S A U S U G S E J T A
G N I O P P C T X C N I I U K Y K V T D
L K N P O X H N U A I R R S V A C O I O
Z E U A I A Y O D C A R O T N R P Q G V
G Y S R S L R I E T S R P D P H O G A L
U T L D S T R A T N E X R A I F J C S C
G E Y A A E U I S C I O H U C O C A R D
S Z R L C R G U O G M X C P E R S E U S
S U A I B A I N E E D H S U I R A U Q A
U C S S S P O M D H U S E L U C R E H A
R X J A R M I A E S A U R I G A P E F M
U W U O G N R E C N A C A R I E S K D R
A C C R I E M E N S A M A R D Y H I C O
T S F W C K P F H K C E N T A U R U S N
```

DRACO	LUPUS	ORION	SCORPIUS
ERIDANUS	LYNX	PEGASUS	SCULPTOR
GEMINI	LYRA	PERSEUS	SCUTUM
HERCULES	MENSA	PHOENIX	SERPENS
HYDRA	MONOCEROS	PISCES	TAURUS
LEO	NORMA	SAGITTA	TRIANGULUM
LEPUS	OPHIUCHUS	SAGITTARIUS	VIRGO

Diseases

```
M G C X Q Q R C S I S O I H C I L R H E
G Q R S L F G A T U B E R C U L O S I S
M U E A V I H M S I S O I S E B A B Y E
V T J L A T I P H H G I A R D I A S I S
U S V M D Y K Y A E E C H L A M Y D I A
C J Q O T L N L L M P P J F O E P W A S
S N S N Z Y Q O A C E A A K P O O O L U
S V E E J Z P B C H S B T T B Z L N L A
I P L L V V T A C Q E I I I I V I V E L
N E S L I E Q C O I Z P T A T T O N B L
F R A O C Y S T C L D T A I S I I L U E
L T E S Z Q A E O F B D W T G I S S R C
U U M I U Z M R T E T I X T I N S B C I
E S B S V U X I P S E I B A R T I S K R
N S N T M V P O E C O P H W D Q I N L A
Z I A P M P T S R S Y P H I L I S S E V
A S S O U F E I T G O N O R R H E A A M
Q V E D T B K S S S I S O L L E G I H S
O S I S O I D I R O P S O T P Y R C R C
H W E S T N I L E V I R U S L Y M E O I
```

RUBELLA

AMEBIASIS	GIARDIASIS	LYME	SALMONELLOSIS
BABESIOSIS	GONORRHEA	MEASLES	SHIGELLOSIS
CAMPYLOBAC-TERIOSIS	HEPATITIS A	MENINGITIS	STREPTOCOCCAL
	HEPATITIS B	MUMPS	SYPHILIS
CHLAMYDIA	HEPATITIS C	PERTUSSIS	TUBERCULOSIS
CRYPTOSPO-RIDIOSIS	HIV	POLIO	VARICELLA
	INFLUENZA	RABIES	WEST NILE VIRUS
EHRLICHIOSIS			

Elements

ALUMINUM
ARGON
ARSENIC
BARIUM
BISMUTH
BORON
CADMIUM
CALCIUM
CARBON
CERIUM
CESIUM
CHROMIUM
COBALT
COPPER
FLUORINE
GERMANIUM
GOLD
HELIUM
HYDROGEN
IODINE
IRON
KRYPTON
LEAD
LITHIUM

MANGANESE
MERCURY
MOLYBDENUM
NEON
NICKEL
NITROGEN
OXYGEN

PLATINUM
POTASSIUM
RADIUM
RADON
SILVER
SODIUM
SULFUR

THORIUM
TIN
TITANIUM
TUNGSTEN
URANIUM
ZINC
ZIRCONIUM

```
V X C V N E Q N S O D I U M R P M A K J
D W G V D R Q M E R L K S K A R U O C S
F E J E C B N M U G E E L Z D T I V O Y
M X N X F I I U R I O P A O I I S T B W
R S C I C N X N T N N R P D U T S C A G
M E F K D N G E Y G E A D O M A A M L W
W M E X E O H D M T E G R Y C N T U T Y
L L U G F T I B D U N R O U H I O N I N
T V Y I U Y C Y W I I K M R N U P I O M
L X I M R A I L T C M M R A T M M M F U
O U S J L A C O X T E U O Y N I X U L I
X I T C A E B M U N S M I R P I N L U H
B H I R R R R N B O E U I N H T U A O T
A U G I R E G O N B N I R D O C O M R I
M O U A V S R O Y R A S O Q L C S N I L
N M D L T O E P Y A G E N Z M O R J N F
Q O I E N N Z H U C N C C N I Z G I E P
N S N C A D M I U M A C I N E S R A Z K
M U I R O H T Y B W M M U N I T A L P A
S U L F U R H Y R U C R E M M U I L E H
```

Minerals

```
J E U S J U P Y R I T E U M U S C O W F
Q P T D M V R Y B Y T B B H U V A K Z I
U X J V D A G A V G K C B A R I T E M V
A N M X W H L F P T A G A A F E D A T M
R B U B Q D L A L S Y S E L T A O G C I
T E L Y P I C A C A D S B I C N P A T D
Z R A Q G V S L M H I L R E Y I D T E E
T Y G N A C C E D O I O E X S D T E T R
K L I M H I T I U T U T D F M T H E I I
C T B V S H A Q Y L E M E N F I O X T H
E E X P Y A R V F H D A E E O E C S A P
R O C S N U F E E J A G T T M M Z A M P
T O T U T A S G B A J N E C I E A D E A
M O M A G N E S I A A E N H M H R I H S
Q C P G F J M R A N Y T R A Q G P A D H
Y L Z A A G F D E U B I A L A P G A L O
P A N S Z K J L F Q U T G K L A P O R D
X T P I P G A K P H R E E T I X U A B G
Q E Z B A G T W R M L H G Y P S U M U Q
R L G C E P O J J P F N D R V B S C F A
```

LIGNITE

MAGNESIA

MAGNETITE

MALACHITE

MICA

ONYX

OPAL

PYRITE

AGATE	BERYL	GALENA	QUARTZ
ALUM	CALCITE	GARNET	RUBY
AMBER	CHALK	GRAPHITE	SALT
AMETHYST	DIAMOND	GYPSUM	SAPPHIRE
ASBESTOS	EMERALD	HEMATITE	TALC
BARITE	FELDSPAR	JADE	TOPAZ
BAUXITE	FLUORITE	JASPER	TURQUOISE

Scientists

```
G P A I X G O K G E V W E Z I A P B T M
R W I N C L A Q C J I R K M O I Q I R I
E Z R O Y N D L N I N R R C E J E R C C
B T E T L A I I I S R E U R X H Q H Q H
N Y L W H I V V T L F C E C N K A O E A
E A P E L O N M A O E D S E E R T D Z E
S L E N Q O A U C D E O R I L I W T C L
I B K C R C R I S F O H G E C I R A Z F
E E S A H P R D E P A D S A N N R A D A
H R E A I N Y R K F A D R H L L A I M R
R T N S E F M G L E A U U A G I L R L A
E E N I P A F E W R L B L A N C L O F D
N I A R T L I F W G B V U I U O Z E T A
R N H I P R H I D L U S I E N S E A I Y
E S O S B B N I E I S P C N K G F L O U
W T J A N I L K N A R F N I M A J N E B
I E G I N O C R A M O M L E I L G U G C
T I G N I K W A H N E H P E T S O H W O
U N O K N A B R U B R E H T U L W A Z N
N N E D W A R D T E L L E R P A O C M I
```

ALBERT EINSTEIN

BENJAMIN
   FRANKLIN

CARL GAUSS

CHARLES DARWIN

EDWARD TELLER

EDWIN HUBBLE

ENRICO FERMI

ERNST MACH

EUCLID

FRANCIS CRICK

GABRIEL
   FAHRENHEIT

GALILEO GALILEI

GUGLIELMO
   MARCONI

JOHANNES KEPLER

LEONARDO DA VINCI

LINUS PAULING

LORD KELVIN

LUTHER BURBANK

MARIE CURIE

MICHAEL FARADAY

PIERE DE FERMAT

SIR ISAAC NEWTON

STEPHEN HAWKING

WERNER
   HEISENBERG

Medicines

```
N Q O R N D W Y C A M R A H P L L I P W
F L V D G I E V C B I Q U I N I N E U D
N W X Z S L R O K N H H L J N A O A K R
Z O M E I T D I J E T A I P O N E E Q U
C E I X T E E P R E M E D Y T T S H G
Q T I T I A C R S S N F N H T I O O G W
M R Y N P T L H O I A E X N N S D D S E
X E E A I I O O C I F D E U A E I Q E X
L U T O D T R A I O D H W C T P T I N K
W I N H Q D R C R H P K A W S T N N I T
T H Z M A T I P S O T P O H E I A S C W
T L L R I D U C N E S R E F G C I U C J
D N J C D B O I T U R R E D N H G L A F
K G A L I F M N L I B P F M O F F I V V
U B W Z S A K E E P V V B M C A B N K R
X Q L S T T E L B A T E D W E J B A P Z
L A K E H A N A L G E S I C D Q U X L I
P A C I S J K C B C I T O I B I T N A M
L A N B P A Q N I L L I C I N E P A J Q
D E N O S I T R O C A N T A C I D L A X
```

MERTHIOLATE

METHADONE

OPIATE

PENICILLIN

PHARMACY

PILL

ACETAMINOPHEN

ADDICTIVE

ANALGESIC

ANTACID

ANTIBIOTIC

ANTIDOTE

ANTISEPTIC

ASPIRIN

BACITRACIN

BALM

CAPSULE

CODEINE

CORTISONE

DECONGESTANT

DOSE

DRUG

ELIXIR

HERB

IBUPROFEN

INJECTION

INSULIN

PRESCRIPTION

QUININE

REMEDY

SHOT

STEROID

TABLET

VACCINE

In the Lab

```
N F J A C C J B S V T O X Y G E N K Q A
L V A A P G A E E X A N P T O K O N T T
N T H M T L L B Z A I W E I Z S U I X O
J C E J I U A D I R K Q S M P F X S P O
P N J S C C O B S N V E M R I E J A D L
A K D E T O R M C C E J R E S R S B I S
A G L M H T D O L O A T N N L W E K O H
Q O O E R U Q S T A L J R A C A P T K
M W M G N A Y B S C Q T E U C A K T X Z
R U Z W G N S I E F O O N B I V A D E E
F Y W G S L T U E C V P L N M N S D G R
A S G A V N E L R F B C E E E O T D E R
C M J N E X I S Q E I P Q S H T S W G S
A M C I Z A E Z G F M N M N C E E Z S G
J Q C H C R A E S E R E K U P B T C K R
B S W K T O C N Q U A Z N B Y O X Q G X
L E O B S E R V A T I O N T S O J B P U
F S N F S T N E M P I U Q E M K J H N X
Q Y U C X N O I T C A E R M I X T U R E
S Z N X H O P I P E T T E E M Y Z N E I
```

BEAKER

BENCH

BUNSEN BURNER

CABINET

CHEMICALS

ENZYME

EQUIPMENT

EXPERIMENT

FUME HOOD

GOGGLES

KNIFE

LAB COAT

MEASUREMENT

MICROSCOPE

MIXTURE

MOLECULES

NOTEBOOK

OBSERVATION

OXYGEN

PIPES

PIPETTE

REACTION

RESEARCH

SCALE

SCIENTIST

SINK

TEST

TEST TUBE

TOOLS

WATER

Bones

```
W Y L P S P G S G I W Y P I U Y C I B R
D V A A O K W J C O K J D V G Y M U Z U
S K P T Y K U H I B M I H R E K J X Q N
D A R E E Z Z L Q W U E O D N A H V Z O
B Z A L B E D P L B N G I Z P G S A E T
K B C L N R L X Z P R R P N O T C C Q E
P S W A C G M C Q A E Q K K R P C Y A L
F D K V B U A Z I H T R D R G J E U I E
G F E M U R G G O V S W Y F J K W Z B K
P A Z A L A R E B R A R A B M U L V I S
R R N A L A A L A I U L D I O Y H E T G
Q L X U H L P D L M R H C Y S S I R X V
U O B B U J I R E L B I D N A M E T S J
C I M C W U V V A L A C I V R E C E A I
F R A Y S C H M S C S C A P U L A B C R
Y B L A S R A T J A A U I Q W F K R R Y
J Q E G Z F J D H H L T J B H V E A U O
X E G N A L A H P W V T E A I U T E M S
R H U M E R U S G B Q G A M T O O F Z M
J Z O H Q K X F C C I C A R O H T A J E
```

ATLAS	FIBULA	MANDIBLE	SCAPULA
BACULA	FOOT	METACARPAL	SKELETON
CARPAL	HAND	PATELLA	SKULL
CERVICAL	HUMERUS	PHALANGE	STERNUM
CLAVICLE	HYOID	RADIUS	TARSAL
COXA	LEG	RIB	THORACIC
FEMUR	LUMBAR	SACRUM	TIBIA
			ULNA
			VERTEBRAE

Geometry

```
U X V R T D M V N K T Q J Q T M K Y Y R
Z L A R A K O O P N Q J S O F C S N F K
F E G P P L I M L O X F E B R A K I R L
H A G Q V S O S A G R F L V C R Q P E G
D J T S N T U P N A H Y G A U T X E L U
P C V E O I R S E X P L N D X E W L C W
G E M F D T I I T E A C A R Z S T M R H
O I U A P N I B G H R M T X B I F B I X
D Q R C E C R C P O G P C P H A A H C A
Y Z N D L M Q O R R N O E D O N P L O T
K E O I A I N O Y E O O R B E L K T U R
F H R U E H D R A Z T T M S R G Y G I F
Y U A A R Q D N I J E R E B T R G P W
H H N S U C J I G M T V M A T I N E O E
T V R C L Q X N L P O G T A C R S I E N
A V A H T Y S A E S E N I L I T Y E O S
M L T C P I H T S U R F A C E D O P C P
E E I E N N O E T C E S R E T N I R M T
F I O G S O Y N Q J T R I A N G L E T Q
R N X T N E G N A T G I A E R E H P S H
```

ANGLE

BISECT

CARTESIAN

CIRCLE

COORDINATE

DEGREES

DIAMETER

DIMENSION

EUCLID

FUNCTION

GRAPH

HEXAGON

INTERSECT

LINES

MATH

PLANE

PLOT

POINT

POLAR

POLYGON

PROTRACTOR

RADIUS

RATIO

RECTANGLE

SINE

SPHERE

SQUARE

SURFACE

TANGENT

TRIANGLE

TRIGONOMETRY

Astronomy

```
E F Y H T O C P V X R Q G S X F J W D M
A V Z N T S V U G C M O U F S Z R C E P
R A S L U P Q X C K X N T I N E Z R T E
K R X H W N K J U I E E N C G O E L P K
E X I E B E I B B V Q V I P E D V O N G
P C O N S T E L L A T I O N N L C A A Q
L T F R Q B J T C H E G S I Y S F L J L
E E W A G R O F T O G C F R E L I E Z E
R N O S P Y O S P W P W A L A L E J R S
R A F A H A F B S G E E E P E M L U F R
J L L U P K A A S I S T R O S U B P R E
I P B Q M Q D T V E O T O N G E B I E V
H M I L K Y W A Y I R C A P I R U T Z I
Y Y W J A G D B M P K V Y R T C H E A N
X R E F R A C T O R E K A Q Z I U R G U
A K D E L A I T S E L E C T S D C S R O
L M L N G F R P D L L O L U O M J S A T
A A O A S R J H F S H U N N B R L S T U
G O P O F P L A N E T A R I U M Y O S L
M A O W G J R X I A H Q K V Q S Y E O P
```

			SPACE
CELESTIAL	KEPLER	PLANET	STAR
CONSTELLATION	MARS	PLANETARIUM	STARGAZER
COPERNICUS	MILKY WAY	PLUTO	SUN
GALAXY	MOON	PULSAR	TELESCOPE
GALILEO	NOVA	QUASAR	UNIVERSE
HUBBLE	OBSERVATORY	REFLECTOR	VENUS
JUPITER	OPTICS	REFRACTOR	VIEWFINDER

Fields of Study

```
Y G O L O T P Y R C W U I E M M P L A B
T Y M O N O R T S A G G Y W J I H N B J
M R Z E Z Y G R U L L A T E M N A S U C
P A E R O D Y N A M I C S Q E E R C Y Y
G E O L O G Y A E E C B L R C R M I G P
Z O O L O G Y D N P E R G U O A A M O Y
C H E M I S T R Y T I F V W L L C O L G
O S C I T S U O C A H D U Z O O O N O O
C Y G O L O I S Y H P R E E G G L O R L
E S C I T A M E H T A M O M Y Y O G O O
A Y G O L O H C Y S P E O P I K G R E I
N X Z Y G O L O M S I E S U O O Y E T D
O S C I M A N Y D O M R E H T L L U E R
G M F E G N I R E E N I G N E L O O M A
R S C A G E R O N T O L O G Y E E G G C
A X G D C L I N G U I S T I C S H E Y Y
P H O R T I C U L T U R E B I O L O G Y
H S C I S Y H P D E R M A T O L O G Y G
Y B O T A N Y A R C H A E O L O G Y V Z
C R I M I N O L O G Y A S T R O N O M Y
```

ACOUSTICS

AERODYNAMICS

ANTHROPOLOGY

ARCHAEOLOGY

ASTRONOMY

BIOLOGY

BOTANY

CARDIOLOGY

CHEMISTRY

CRIMINOLOGY

CRYPTOLOGY

DERMATOLOGY

ECOLOGY

ENGINEERING

EPIDEMIOLOGY

ERGONOMICS

GASTRONOMY

GEOLOGY

GERONTOLOGY

HORTICULTURE

LINGUISTICS

MATHEMATICS

METALLURGY

METEOROLOGY

MINERALOGY

OCEANOGRAPHY

PHARMACOLOGY

PHYSICS

PHYSIOLOGY

PSYCHOLOGY

SEISMOLOGY

THERMODYNAMICS

ZOOLOGY

Physics

```
N O T W E N S W Y R E T T A M O B Z M D
C H A A S Y C N P G W A D M S E Z I M L
O Z G I M V I N O A R Q M F U Z C O B E
H Y U T Y I M Y V I L E G A P M T R L I
K T D R S X A E F N A N N Q E A S Q O F
L I G E E F N E Y V I U L E R Q F L Y F
O C D N D P Y Q B N R C P W C L A S E R
S I O I J A D V D M E L K Z O S W B Y E
C R F Y R R O T K O T E K R N I F H D I
I T S W H T M M E F A A T M D Q E C O R
T C F A V I R S M M M R F D U B L D R N
P E S S T C E C U E P M E T C G E W C C
O L E L H L H S I P C E F O T B C H V V
H E C P F E T C M T E H R L O I T I Y I
Y T I V I T A L E R E R A A R X R V U O
M O L E C U L E S B U N C N T K O X K O
V A C U U M F U S I O N G O I U N W Z G
J U X R E S N O I S S I F A O C R G Z K
F C U L V D V Q U A N T U M M L S E B D
Z G N O I T O M Y T I V A R G H T O F R
```

			PARTICLE
			QUANTUM
ATOM	FUSION	MATTER	RELATIVITY
ELECTRICITY	GRAVITY	MECHANICS	SUPERCONDUCTOR
ELECTRON	INERTIA	MOLECULES	SUPERCOOL
ENERGY	ION	MOTION	TEMPERATURE
FIELD	LASER	NEWTON	THERMODYNAMICS
FISSION	MAGNETIC	NUCLEAR	VACUUM
FORCE	MATERIAL	OPTICS	WAVE

CHAPTER 8

Compound

Word

Searches

Ball Words

```
I B V N U K G V W W D N K C E J I E Q O
L M U K M S B I L L I A R D L O A E F R
Q C L A T S Y R C V A P L B F H S K V T
T A E H M R U P V R I T L B F K E Q C R
A N T M H H P L P N I Q I V I L X E E J
E N H I A T M Y G X C A C Z H R B B M O
M O O V B G W P J Z U V X K W E B O P T
E N S O S F O J M F R J R Q A U T D D O
B L W F I N D F T T V P W R R H E N L N
L B I U G S L E A Y E O I S I N N E T T
G F C V T O T C H S N N H H W E Q B N N
Y X S I G H S N V S G B A S E G O R E I
Q O C O E H P O S O T H G I E Y O T N O
L K U R C M I C F Z L I H F C C U O I P
M S Z R B C N W G T X L K A P U Q O C U
D O P Q M J E A N U I K E O N Q E F I Y
E L O Z S V V R E D Z Y P Y E D L U D G
K Y Y R V T P I D E X Q I U S Y K L E W
Z P E D B I Z D F X W G N I L W O B M N
G P T O I K O J R A Z O T T E K S A B N
```

PIN

PING PONG

POINT

POPCORN

ROOM

RUBBER

SNOW

AIR	CANNON	GAME	SOCCER
BASE	CRYSTAL	GOLF	SOFT
BASKET	CUE	HAND	STICK
BEARING	CURVE	MEAT	TENNIS
BILLIARD	EIGHT	MEDICINE	TETHER
BOWLING	EYE	MOTH	VOLLEY
BOY	FOOT	ODD	WHIFFLE

Book Words

```
V M G I A D R A E Y D P B V X F E N F A
F F C E A L K N M N L O A E C L W M E K
V Q J M I Q A G A J Q Q B R I E Y Y A C
M Z I D G S X H W K R H R B C U D H Z K
W C Y W S H O P L K D E O S A S N Q L J
P R R S N G Y B E C D M H P B B A E M Z
F C T E V E L E Z N H E I A L A T S C K
M P Q J Y U P L I O L E N Q R A S S K B
F Y A L U E J B U F T K C S O N Y R W R
J W W C R E P A K S R H Z K V N E J L E
J E R E D L O H L H C T E K S L B E S V
M Q D E N H Q O F M I P T Z L C G N O O
M L D O G R O S A R N I V E T A U O N L
L G E W C H T R I E S H S K X S I H G R
Z R A Y C A K L T Q T T R K E E D P E B
P A L S L J N R L P T O O B T F E K U P
A N E L C P G E R O T S N R W D A L D L
N B R Q G W C Z H C O O K P Y M C N T Q
N V C A W H R U H M R O W X N O E X Y M
P O C K E T K R O W Q X A F M Z B L R R
```

BANK

BINDER

CASE

CHECK

CLUB

CODE

COOK

DEALER

END

GUIDE	MARK	SCRAP	STAND
HAND	MOBILE	SELLER	STORE
HOLDER	NOTE	SHELF	STORY
HYMN	PHONE	SHOP	TEXT
KEEPER	PLAY	SKETCH	WORK
LOVER	POCKET	SONG	WORM
MAKER	SCHOOL	STALL	YEAR

Day Words

```
H S R W N L V D S M Q D T U S O M E J G
N W L J K G T O M C Z J Z Y R E V E V D
S N Y W U Z R O L Q D P Y K F B T X H C
F H Y U E X T M H R C W A J F I B R T H
K R I F M S S S E V M Q L C M R E N R D
C L I A V L A A C A R E P E E P C M A Y
T P I T O F M F T S L Z N A P S Q F E I
G S T O F F V P I W K O K I H W H G O D
Q U H J F T T X C G O S R T G O P I M Y
J C D O L O W A G N A T R E N X O I F R
S J F E R C A M P M H I M I A L D H L T
O Y O Y L O H G T S B A E L X M H C G X
S J T W C H X S A S Y Q T E Q C O G T U
A D L W H H I W F T U C U R W L M Y F R
N Q H J N R P S W C S J X L T I F B X U
W L H E H K R U Q R H D W C T G L W W Y
N C B C Y R A G A L O N G K D H Y E G U
M F W R E O P C O L U M B U S T E A Z S
Q D T X R W Y D R T Y H N W S K B W P J
M J K O O O J F H Y A P F D O V J U S G
```

			SCHOOL
			SHIFT
BIRTH	DOOMS	LONG	SOME
BREAK	DREAM	MAY	TIME
CAMP	EARTH	MID	TO
CARE	EVERY	NOON	TRIPPER
CHRISTMAS	HEY	OFF	WASH
COLUMBUS	HOLY	PAY	WEEK
DOG	LIGHT	PLAY	WORK

Green Words

```
Q B N A V N U I D S Q B Y I P C F Y L F
T F V N U G P C A R D P E A K J E S S C
F C Z V M Y J E H J E O T L K Q B B T L
O R R M J J Y N A B R K A K G E P M R P
W I N T E R Y H P C C L E D R O L U O V
R X K C S P T W N A E L E E M N S H P B
E P D W C U R B B F L Y T A Y I S T A J
V D Z I T B A K L Y E F I Y I O X Y Y Y
E X M F L A P F E H C L X F E N M O O R
P D B E V J D K G T F N J B L N W Q P W
T A X S R F Z W A P E P P E R E S U O H
M A P G D W T O L T S V N C N E W W W G
X M Z V N B L M L P J A O A V T L E B E
V O R G Q I O K I W S L L I E G D A E S
G T A P L S T W V C D H L A R B X N S F
R W G U F V W T L Y D O Y O D H T C A P
K V C B M D V B U I H W C P O G L H X L
S S B J X B M Y U P N E C R F A E T B U
O D Q V G C T P E S R G N C T Y A N S A
A L V B W N G E R M J R E P M P G G C A
```

BACK			
BAY	EYED	OLIVE	ROOM
BEAN	GROCER	ONION	SALAD
BELT	HORN	PARTY	SEA
BERET	HOUSE	PEA	TEA
BOWLING	KELLY	PEACE	THUMB
CARD	LAND	PEPPER	VILLAGE
EVER	MAIL	PUTTING	WINTER

Snow Words

```
T O H K E N E M Z Z M O N X K G K S F S
K F R Z T X Q G M M W F N Z U H S N X T
W W J E C J U B D L A P F D W P Y I E N
X X H B V M O P X L Q I N S L M M A R B
T F Z I L Y O B T L A C U G S E Q H T E
R M D G T J G B L C Z I D S X N I C C W
U P P Y I E J Z I T T O Q G E V P F H T
K U I Y G D I O A L C R A N X U E O D L
L Z F L A K E L J Y E I E K N A B R L F
N N A E J P W Y X L P T B W A K I A R N
H I Y A D V B D A B L M R A O B F P N V
H Q U O V B A L L E C Y A A V L H I Y E
A M J R E Y E X M G W A I N B G B C N E
Y L T H R O W E R M P R P O U A O I G T
S Z Z K C X X M Z A I Q A O U N L R L Q
T U Z T M N L H A K P R L P E T R L L S
O A R V J F I O U I D P E E P P I P P H
R K Y D X G L Z N N Q A Y W O T N R K O
M Q J C N W R C W G V B V R K C A P E W
B L I N D L Z V T O L V D G S D K Q O D
```

BALL	CHAINS	LINE	PLOUGH
BANK	CONE	MAKING	SHOW
BIRD	DROP	MAN	STORM
BLIND	FALL	MELT	SUIT
BLOWER	FIELD	MOBILE	THROWER
BOARD	FLAKE	PACK	TIRE
CAP	JOB	PEA	WHITE

Anti Words

```
L A G N U F T U S T A T I C I P L O Z U
C U N M W L T O R T E T V U E H E R O D
U H U A S D W D X N H K H R T H T Y T V
L O D R N Z Z J C I E P S E M K R D N U
I D L G D U L I B G N P H V S O X K A O
A E X A Y U T V L I I I C I T I R D D M
T P H K M O O F T R S M R A Z L S J I N
G R E N I H R Y A T K E M V Z A C D X V
G E W B T E A N A U T M L L P I S D O V
H S I E E N T M K T A Q S O Z R Y D O B
T S A Z E K I T A L P V O G H E Y W P L
Z A E L J N K M F S A A C L P T H M J C
Z N U O E K K N C N R C I Z O C A L I T
B T K K T D I C C Y T I A R D A U T F Y
R A E L C U N X O R I T L A Q B C A T C
Q X H V I R U S L L C P V E T A R I T H
Q G D I U R E T I C L E R F M C V R I R
A Y H T R C T I Q H E S E I R A U J T I
V V X Q L M G H Q V C H L I R S E U B S
N E Y N Q S O K I M T C A G T U C Q R T
```

AIRCRAFT

BACTERIAL

BIOTIC

BODY

CHRIST

CLIMACTIC

DEPRESSANT

DIURETIC

FREEZE

FUNGAL

GRAM

GRAVITY

HERO

HISTAMINE

INFLAMMATORY

LOCK

LOG

MATTER

NUCLEAR

OXIDANT

PARTICLE

PERSPIRANT

SEPTIC

SOCIAL

STATIC

THEFT

THESIS

TOXIN

TRUST

VIRUS

Mail Words

```
S B I E I R D F Q K V V C X I H X X W M
S N A T R A I N B T N I G L Q H T A S I
E E K G F N A F V N M N D M Y U F K B B
R E P D D Y K O K P Y V R I T B M D B B
P R K L Q F G A R R S E B S I S Y H R G
X G S G Y Y O Y G E D E B P R O W G W A
E F E A L Y J I G R G M A U O R A V N T
V Y Y M I A N Z O G O I I G I T S I C L
O V L K N Q Z S C B X D S X R E O E R I
E Z S C I N O R T C E L E T P R R M I A
C M J U D U A R F K Y V Z H E I K B F N
G B K O R E Q U H C U N X T D R N N L S
Y R D B V F B A A A D R O P O W E L U R
S C N O G S A N T L K G M J C L A D E J
C N H C E L R C E B K A L A G C S I E A
V R Y A E L I K E W L H O K N I R T Q G
K U H G I G P W S F U Y O Q S R P J I R
T F B C F N X O B Y B U V L A E C I O V
R E K N Z Z S G H L T K Q C F X A S X C
D E I F I T R E C K A S U Q S K T X N B
```

OUT

PRIORITY

AIR	CARRIER	FAN	REGISTERED
BAG	CERTIFIED	FRAUD	SLOT
BLACK	CHAIN	GREEN	SNAIL
BOMB	DIRECT	HATE	SORTER
BOX	DROP	JUNK	SURFACE
BULK	ELECTRONIC	MAN	TRAIN
CALL	EXPRESS	ORDER	VOICE

Cross Words

```
E R J R A P V S E I X F T E L B U O D N
H F S H T Q Z B K G D A O R X A Z F T Z
Y S G J O N U I A O G T E S C M Q M C N
H U W Y E A R O K K O L A A M Q Y O E O
U Y Z Q H H S E F K F I L E P G U T N I
R Y T F K R Q T H R A I D O B N P U I T
W V I C W Q R A Y T L S L G T B M C M C
A O B H C A V F T W U L P R K F F O A E
P O R R B S C G Z K I O Y L R P Y E X S
V N M D E S I T A N F W S G R W C C E H
E L D E G E T W A E S K L E E N W O T A
O Y D D G A D T R S C H V W E C A U U I
K B Z W L A E T D E T O O R H U L R O R
W B O K Q R I T H N K I E L R L K T D W
C E M W S L R C E Y I F T R Y T K D X E
Z A T B I S I E S I E W B C F U D O R D
S M Z Z N O R I D R T U S W H R Y I E D
C U E M D V Y I P C H A T C H A F Y V G
U N S Y P I H U P X E D N I V L E F Y U
O Z I J S D Y J R E S S E R D X M L I G
```

BAR

BEAM

BOW

BREED

CHECK

COUNTRY

COURT

CULTURAL

CUT	FIRE	OUT	SOUTHERN
DOUBLE	HAIR	OVER	STITCH
DRESSER	HATCH	POLLINATE	TALK
EXAMINE	HOLY	RED	TIE
EYED	INDEX	REFERENCE	WALK
FERTILIZE	IRON	ROAD	WIND
FILE	OFF	SECTION	WORD

Card Words

```
O J Y I M W P A M I G N I D A R T A A M
M S X Z G H P J R D C W N H T O W P E R
G G W I O T J E B E Q I H F X A G M L U
V H T C T O K X F N W L F Y A B B Q Z F
Z N Q T F J D U C T A D R L O E P N S S
R M S B V N R I F I Y D A C R H P A W Q
Z E C O G F E R Y F Y Q H S T A M P T I
Y G Q A N K Y T C I C J H T H T M O O R
I X S R S L A D D C X I U P S S L A J E
T U K D B N L R E A P R G I L G A V D G
L N W I G U P Z Z T O P R N R A A L D R
E B N N W O S M F I E H Y G I E Y M F A
S H A G K T L I O O C V A R Y Y P I E H
T C L S I F H A N N W O D E V K R O N C
R P O B E C A E T E L K H E A X N R R G
U O E R N B M C C A S B T N G J V A A T
M D Y U E I A U E M C S R T A B L E B C
P P P A T P E L Z K U R I T R I C K R F
S J X R M K R Z L T Q R B C H P U E U B
C A L L I N G Z S T S O P T G W R R A X
```

			PUNCH
			REPORT
			ROOM
BANK	CATALOG	GAME	SCORE
BASEBALL	CHARGE	GREEN	TABLE
BIRTHDAY	CHRISTMAS	IDENTIFICATION	TIME
BOARDING	CUE	MEMBERSHIP	TRADING
BUSINESS	DEBIT	PLAYER	TRICK
CALLING	FACE	PLAYING	TRUMP
CARRYING	FLASH	POST	WILD

Step Words

```
H I G H P M I S J Q Q O E H N J R K S Q
R O R F S D I X N V M C V B H U O Q D T
I P A E B E L U L O R Y S A C P N Q J C
L Y V V T K L R X T T V L B Z A R E F T
N A W V A H Y U M Q E F A X Z Q Z Q T S
Y F W K K R G L J N I J A B T G W W J R
E C D V E R Y U Q X L W T T T H E R E I
P B T D X Y K B A K G B O R G L N X K F
A Y D R D M T Y B D D E O Q V C H I L D
H A L E H O X H S Y P A F E U M J Y S R
L N W T T A H E D I S N D N I X F O K
N C M S V H Z U R G T Q R C E U C O D C
R B O I U E T N E R A P E T E S D K S O
Z F N S I R R D D B N J H W G L O O Z L
S N A J X D E K R P P I T O W O N O J X
L E E T M N V J S D N F O F Y O N W G P
O I Q X H T O H E O U P R U A T T M W W
L G U Z T E G X U W R T B K F S B U S P
Y Q Z B N H R P G N U V G R O A S O O R
Z P J V E J Y L K D W L J K F K Z J U B
```

BROTHER			
CHILD	FOOT	MOTHER	SIDE
DANCE	GOOSE	NEXT	SISTER
DAUGHTER	HALF	ON	SON
DOOR	HIGH	OUT	STOOL
DOWN	IN	OVER	TWELVE
FATHER	LADDER	PARENT	TWO
FIRST	LOCK	QUICK	UP

Back Words

```
J I V X H K G L A Y P M O P E D A L F H
P D X Z U D X I M B J Y D Z A C H E A P
P Q L R W Q I S K W S U P A U P C N A X
E A B O P H R C O O K T K M A V D C B S
C F O Q H O B K Q I O I R N Z M K D J W
U M N I O L L A F U C L C E X N O Q O T
T P E D Y Y A P V K A C Y P E U K G R O
P J A Z R T G W O I R R K B B T R U F B
K V I N T L E N N A H C T L B O O F C R
X W F Y N S U N H C J G E E U C I Y A E
T U O L U G V C A R A S O N R C B N X A
B P R K O U R L W E L Q D L E W R E L K
Y R E L C O L A P N E W N A O C A V Q S
O E V S P X R M G R O G T M Y P C K E T
E P G R W D U T U U H G R E E N E X A D
P A D P O H X A H B Z O K L A T A E G E
Y P B T O V W D L F S S R P F T B M G E
O W D Y S R E K R H S A Q S D N E B T F
N W U U U D B W F L A S H R E H U N C H
F G H Z B X J X G D I M P O R D Y U B Q
```

GROUND

HAND

HOLD

HORSE

HUMP

HUNCH

KICK

LOG

LOOK

OFFICE

OUT

PACK

PAPER

PAY

			PEDAL
ACHE	BUY	DOUBLE	PEDAL
BEAT	CALL	DRAW	PORCH
BEND	CHANNEL	DROP	QUARTER
BONE	COUNTRY	FALL	STREET
BRACE	COURT	FEED	TALK
BREAK	CUT	FLASH	TAXES
BURNER	DOOR	GREEN	UP

Out Words

```
S P R W R X S X Y V V A J O G V T F H L
N V E Z E Z X K S G X F B N U A K X Y K
M I B A T K S N U P Z E T I L O C K A A
P G M Y L M C N L P F H O U S E D P M C
N T U E A L R E A E V I L D U V E N T W
O S N R N R K T H C O O K G S R K P A S
Y L T M X I I U G C P P D W F W A L N H
D D I U S E L X F Q Y B L O T A R U N N
K R P C N D F A N U L I R R R H K A F R
P O E T E V L Z B A H M J R U G Y T Z H
Y P G P D L Q H C R C W C T H G I R A T
K A D U A A H K P D A O E L Y K B N S R
R I P L F R U F K M E A K K O S G A A E
Z I W B R E A K B R R T Q O A S L D S B
U R A E E D S H I D E X O Z O T E D U S
J O Q R X B Y S H I N E I O V L S R T R
O N U V J J K L L E S Z Y B H T N A O L
G S U I O Q F N S T R E T C H S N L A Y
A B L O W C N J A Q D L E R U D L Y T H
X Q O Z D O O V O R P O R K T P A L Y A
```

BLACK

BLOW

BREAK

BURN

CHECK

CLOSE

COOK

DROP

FADE

FALL

GUN

HAND

HANG

HIDE

HOUSE

LAST

LAW

LAY

LINE

LIVE

LOCK

LOOK

NUMBER

PATIENT

PAY

PERFORM

RANK

REACH

RIGHT

ROLL

RUN

SELL

SHINE

SHOOT

SMART

STAKE

STAND

STRETCH

Point Words

```
X M Z F Z Z I M P G F R S P Z K H A C J
H D C F R E C J N R H E W E R Q N U G F
Z I A F M O J I E J K T E R G N O R T S
W B S P N N L E K I R N I C J W T L Z C
P I J T R L Z N O A R U V E T E C R R O
E A A L E I E I O E H O X N S B B F B B
L C V S N X U P F Z E C L T A L M R C O
T W X G F U V E U X D B C A X D E C D I
U D R A U G R T C H I G H G I A D R N L
A D X V M E U L Y Z I Q W E K N G A Z I
S W S Z N R A S T N E X C I E X M P M N
Y Z S C N M R E T U C V N K N A L B A G
S P E I A B V W L A L G E R U S S E R P
T X N T N X X N D D R G N I K C I T S B
E G I S S A P M O C E T L A M I C E D R
M O O O C L S Q T B K E I T U W F M Y O
N U M H X O Z S F W F C N N T F L A S W
T R E F Y X E T A L K I N G G W A T V N
D C Y A W W G W R G N I T L E M S C Y I
K B A L L E Q Q P F V F O C A L H H Y E
```

NEEDLE
OUT
PERCENTAGE
PIN
PRESSURE
REFERENCE
SELLING
SET
STARTING
STICKING
STRONG
SYSTEM
TALKING
TURNING
VIEW
WEST

BALL
BLANK
BOILING
BREAKING
BROWNIE
CHECK
COMPASS

CONTACT
COUNTER
DECIMAL
END
EXCLAMATION
FLASH
FOCAL

FREEZING
GUARD
GUN
HIGH
MAN
MATCH
MELTING

CHAPTER 9

Word

Search

Fun

and

Games

Dances

```
L U Z K E G C V H R E I O I J V N S X Q
Y O S Q U G Q H W C W D A R M J A D M B
N G L P G L Q Y Z C D H D F I J C I O Y
X A R K N X P O Q P X Y S J N O N S O R
R W M C E T G C D O B L F I U B A C R L
N Y F A R R V C U L R P M N E R C O L H
L S L J E S T A L K W S P C T X M J L G
X F H L M Q H P B A C O N G A B I B A I
T J F I R O U O D M E N R K O T R Q B J
G D Q U M E L R K L A E C S T O J I V E
I A M T X M A F F U E S S E S F B V W T
M B Z W Z C Y F J L N A R F A G G M Q E
A C T I T D U W O H N B F N O T R O I C
P Y L S Q H J F O O U V D L K X W Q S L
G F A T S L R X V G P A U D A K T K X V
G G W W C J U A X D N Q B C M M Y R J H
P E T S K C I U Q G O G N A T Q E B O Q
L I N D Y S N C O V A A H C A H C N O T
W Y N V T O C S V Y X I O B M A M L C N
P M H W D J P E G J Q Y X Q V P U E K O
```

BALLROOM	FLAMENCO	LINDY	RUMBA
BOSSA NOVA	FOX TROT	MAMBO	SAMBA
CANCAN	HULA	MERENGUE	SHIMMY
CHA CHA	JIG	MINUET	SHUFFLE
CONGA	JITTERBUG	POLKA	TANGO
DISCO	JIVE	QUICKSTEP	TWIST
FANDANGO	LIMBO	REEL	WALTZ

Hobbies

```
D G Q G G G O S O A C O M I C B O O K S
F N P N N N S C T U S C J G M S Q D C W
D I J I I I S U G T E O O N U T G O G A
H K Y T T V G L N O W I K I A A N L N L
F I M N I R E P I G I N V D J I I L I K
B H O I R A N T L R N C P A J N K M T I
I K N A W C E U E A G O K E M E O A C N
R I O P V D A R V P G L E R O D O K E G
D T R G G O L E A H N L M K D G B I L H
W E T N N O O K R C I E B N E L P N L O
A F S I I W G B T O K C R I L A A G O M
T L A N D G Y I G L R T O T B S R Q C E
C Y D E E N C R N L O I I T U S C U K B
H I R D E I R D I E W N D I I G S I O R
I N A R F P O I K C D G E N L N P L O E
N G W A D M C N O T O A R G D I O T B W
G W I G R A H G O I O J Y N I K E I A I
W W N B I C E P C N W L X H N I T N W N
W Z G T B F T Q D G S S Y A G B R G V G
X G N I T C E L L O C P M A T S Y F Q I
```

ASTRONOMY

AUTOGRAPH
  COLLECTING

BIKING

BIRD FEEDING

BIRD WATCHING

BIRDING

BOOK COLLECTING

CAMPING

COIN COLLECTING

COMIC BOOKS

COOKING

CROCHET

DOLL MAKING

DRAWING

EMBROIDERY

GARDENING

GENEALOGY

HIKING

HOMEBREWING

KITE FLYING

KNITTING

MODEL BUILDING

PAINTING

POETRY

QUILTING

READING

SCRAPBOOKING

SCULPTURE

SEWING

STAINED GLASS

STAMP COLLECTING

TRAVELING

WALKING

WOOD CARVING

WOODWORKING

WRITING

Cartoons

```
N E M G E N O T S T N I L F D E R F K R
I O K I G P E Y S H D X E E W H R P C A
V W S U G Y O U T A L L W L O E O O U E
T W M P E H P R F E K Y H B O C A O D B
W B I P M E T F K N E O J B D K D B D I
Y O O N R I Y Y I Y M W E U Y L R Y L G
T P N M N D S W M E P S T R W E U T A O
F H A D U I L A R O U I R Y O A N T N Y
E N E C E L E S S O U E G E O N N E O W
L M K G U R I T M I C S B N D D E B D I
I Y R B R M W Y H A L U E R P J R O Y L
X B L M P I E O R E G V I A E E D O P E
T J A S A K N D M S P I P B C C Y B O E
H T O T C G E C B A D O A N K K Q O O C
E N I I M E O U H S N E O T E L U O N O
C L M H P A N O N I V L A H R E S B S Y
A O N S N N N C H A R L I E B R O W N O
T J L O Y K T O M A N D J E R R Y G W T
D E M U U N O S P M I S T R A B Q A Z E
Z F A T A L B E R T S C O O B Y D O O Q
```

MR MAGOO

POPEYE

PORKY PIG

ROAD RUNNER

SCOOBY DOO

SNOOPY

SPEED RACER

SUPERMAN

THE GRINCH

TOM AND JERRY

TWEETY

WILE E COYOTE

WINNIE THE POOH

WONDER WOMAN

WOODY
   WOODPECKER

YOGI BEAR

ALVIN

BARNEY RUBBLE

BART SIMPSON

BATMAN

BETTY BOOP

BOO BOO

BUGS BUNNY

BULLWINKLE

CHARLIE BROWN

DAFFY DUCK

DONALD DUCK

FAT ALBERT

FELIX THE CAT

FRED FLINTSTONE

GUMBY

HECKLE AND
   JECKLE

HOMER SIMPSON

LISA SIMPSON

MICKEY MOUSE

MIGHTY MOUSE

Baseball Players

```
B I L L Y W I L L I A M S W Z O W W K A
E G J O S E C A N S E C O E V G H Q Z M
C A I C N O S N I B O R S K O O R B C N
A Y A U U P K V E R I W G C M K R A M G
S L D U U J A C K I E R O B I N S O N R
E O W T R E N G A W S U N O H L K W R O
Y R Y E X U V N S K N A B E I N R E O L
S D N O S L I W K C A H C F U C H I Y L
T P W I L L I E M A Y S J T G M M Q C I
E E D A R R Y L S T R A W B E R R Y A E
N R G I R H E G U O L B S M I P C R M F
G R T E D W I L L I A M S J K U A E P I
E Y D O N D R Y S D A L E W I V L V A N
L B A R R Y B O N D S M K O Z M R A N G
W A B N E R D O U B L E D A Y C I E E E
C U P R J Y E F F I R G N E K M P S L R
Y E L T N A M Y E K C I M F U I K M L S
N X A F U O K Y D N A S I O R O E O A M
O D D Y S A T C H E L P A I G E N T S X
P E T E R O S E B I L L Y M A R T I N H
```

ABNER DOUBLEDAY	DARRYL STRAWBERRY	JACKIE ROBINSON	ROLLIE FINGERS
BARRY BONDS		JOSE CANSECO	ROY CAMPANELLA
BILLY MARTIN	DON DRYSDALE	KEN GRIFFEY JR	SANDY KOUFAX
BILLY WILLIAMS	ERNIE BANKS	LOU GEHRIG	SATCHEL PAIGE
BROOKS ROBINSON	GAYLORD PERRY	MARK MCGWIRE	TED WILLIAMS
CAL RIPKEN	HACK WILSON	MICKEY MANTLE	TOM SEAVER
CASEY STENGEL	HONUS WAGNER	PETE ROSE	WILLIE MAYS

On the Baseball Field

```
V O L X K U J O S U J Z G H D D Q L J Q
A T G G T M H Q O H I E M G P J B B J S
S Z W J F E Z H N V A L L U K G B U D Y
R V O K F V I M E O E L X W R L M I S I
N D X G O J N N Y U M A L D K P A U I W
I E C N G T W F G S R B Y P I M H I T S
E I F B U G O A S E M E F R O S E S A B
Z V A W C R E D T O Y V E N X M S J E I
J L O P U L E T O B G R D X G G Y N I J
K X E L R H A M S V P U Q V Y V W X U K
A X I O G B X L O C R C I N F I E L D R
E G J E W P P E F H G R A N D S L A M P
Y A S H O R T S T O P L B E D G S I U R
M P T R I P L E P W L A L L F T Y E E E
S I K A Y O Y L O A S B E G R O G T L H
T T L L H Y A R B E U I M I N N U U G C
E C A W B T H T B O F A K M A I V L N T
A H W X E T I A D T E E A H S E N V I A
L E S O F P L K U T T N C V M O M N S C
Y R F G S L H O X V X N V X D D X Y I G
```

			SHORTSTOP
			SINGLE
			SPIT BALL
BALK	DIAMOND	INFIELD	STEAL
BASEBALL	DOUBLE	INNING	STRIKE
BASES	FOUL	MAJOR LEAGUE	TEAM
BATTER	GLOVE	OUTFIELD	THROW
CATCHER	GRAND SLAM	PITCHER	TRIPLE
CHANGE UP	HITS	PLATE	UMPIRE
CURVE BALL	HOME RUN	RUNS	WALK

Football Players

```
N O T N E K R A T N A R F U G V L E X B
Q N A C Z A G N I N N A M N O T Y E P A
E O K U J D N M T N S K H L Y Y H E N R
H T N T T A E I T I A E H S V B I O A R
T Y O J W M S K E F T Y J R I R Y S M Y
I A S I A T L E S F I S O E H J A D H S
M P C N H I O G R I N H E D T G N E S A
S R Y E S M N A O R U A T N I B C L I N
T E R L D M I R D G Y W H A D E E B D D
T T R L A E L R Y E N N E S E R Y W S E
I L A A R R R E N I N J I N R N T E I R
M A L S B M E T O H H O S O E I H R R S
M W R U Y A M T T C O H M I M E I D C J
E R I C R N R Y P R J N A E N K G M V F
N C N R R Q L E K A L S N D O O P E B J
H X U A E X I G U A F O N O D S E G J D
Z M K M T Z M T Q X Z N G U R A N O B M
S H E R S C H E L W A L K E R R V H O H
Q W Z X A S O N N Y J U R G E N S O N S
O O R V N O S R E K C I D C I R E R V K
```

ADAM TIMMERMAN	DREW BLEDSOE	KEYSHAWN JOHNSON	SONNY JURGENSON
ARCHIE GRIFFIN	EMMITT SMITH	LARRY CSONKA	TERRY BRADSHAW
BARRY SANDERS	ERIC DICKERSON	MARCUS ALLEN	TONY DORSETT
BERNIE KOSAR	FRAN TARKENTON	MERLIN OLSEN	WALTER PAYTON
CRIS DISHMAN	HERSCHEL WALKER	MIKE GARRETT	YANCEY THIGPEN
DEION SANDERS	JOE THEISMANN	PEYTON MANNING	
DON MEREDITH	JOHNNY UNITAS		

Picnic

```
I H N G U O K B R B A S K E T V L K F X
W R G G N N I K P A N S A O C L D L V Z
A F N F T K Q Y B E X F V S I W I B G M
V P T A U R R D L T P J L R H K H U L R
J S W M B Y Z J G G K L G O N E O C D U
G G Q I R E H O T D O G U N K U L O G R
X X L L C Z E O J S P U C R T D O T G Q
T Q R Y S O Z R K B P H E D Q F P N E O
C T O I N Y O R R X O G O Z V L O P Z R
W H N M U Y A L T M R O D R A I H I G Q
A S A M B P T A E U R W G Y T J E C R S
T H Q R H A B K B R O F G A E W C K A K
E T C X L O M M M K R E S U G K L S E
R S E I E O A C J K O R I Q C A A E S O
M W F K W H A R P U C L S A E O L M G L
E R A T N D G L N E N Q L G B L A O E R
L P V R G A N D R H O I X R R T B Z C S
O E L Q Y A L A C N R W Q B A K V B W D
N K U N J A X B S A N T S G B E E A T A
V M Q Z B W G D M L L L A B T F O S Q K
```

ANTS	COLA	GRILL	PLAYGROUND
BARBECUE	COOLER	HAMBURGER	RECREATION
BASKET	CUPS	HOTDOG	SANDWICH
BEER	FAMILY	NAPKIN	SHELTER
BLANKET	FOOD	OUTDOOR	SOFTBALL
BUNS	GAMES	PARK	TABLE
CHARCOAL	GRASS	PICKLE	WATERMELON

Swimming Pool

```
N A H Q J Z W S V T R S M W C T O U R B
H I M B K L W A A A B K N S L D K Y G J
U P R W K I I U F W S N T A N D Z J S G
C O U Q M N P T U T F U F P X I E D A W
M T B S I C V A R S V R H A I V P T A J
W L U K S U Y O R M O T O X U I I W B N
E I I H U M K H U T E A T I S N D K E L
T B T S N E S S A K Y O T W I G M E A T
S M C H Y Y C U Y F C Q U W Q B V P E W
T X S A Q L F I X D S H B O N O S H A D
S W I L E R E W O H S F L O W A T Z N A
X S V L G B W W G N L P I O W R I Y L D
K D U O X Y G N D O A T J H R D R L E R
R I W W A B O R A T O X I R S I E R V A
N R M C C I R T C L R S E P L R N V I I
T D R A U G E F I L T D L E B G Z E D N
U W R S L I D E A L D A W M W A T E R C
B U A C B X M U E A S O U L E K R O N S
E N J V G K O S L H T X W D E E P B T J
H B C Q E K G L Y R J F Z D T Y T T F B
```

BIKINI

CHLORINE

DEEP

DIP

DIVE

DIVING BOARD

DRAIN	MUSCLE	SPLASH	TUBE
FLOAT	PARTY	STROKE	UMBRELLA
HOT TUB	RAFT	SUN	WADE
LADDER	SHALLOW	SWIMSUIT	WATER
LAPS	SHOWER	TAN	WAVE
LIFE GUARD	SLIDE	TOWEL	WET
LOTION	SNORKEL	TRUNKS	WHISTLE

Tennis Men

```
S I F B E A E H A R I E V G M P O N G J
I M M J S B W L E N H V N H A P I J H A
T T I H I F M V A S D I A N L E A C M R
I G T C T M A O A D M R C N T I I X N T
A U T I H L M R C E S H E S L T L E H I
L I Y O D A U Y L W O Y K A S E D T D M
U L P O N H E F C G E C R L G L N O O R
R L R W T Y R L O O I N E D I A N D I A
E E K R Y E R N C R N A N T F B S B L Y
G R A G T E Z O K H H N L H U F S S J A
S M P E I A M N C C A L O D O S I G I J
A O P Z L N O W I H I N G R Q J W L S I
T V G E X R W M S B E E G T S K W Q C V
I I S I A G O R A N I V A N I S E V I C
V L T A M K E T N O C E L I R N E H U P
D A U P W A Y R O S C O E T A N N E R K
E S G R E B D E N A F E T S T Z A Y M H
B O R I S B E C K E R H T I M S N A T S
X T R E B L I G D A R B P A T C A S H U
M W F U I L I E N A S T A S E U D E K O
```

AARON KRICKSTEIN
ANDRE AGASSI
ARTHUR ASHE
BILL TILDEN
BORIS BECKER
BRAD GILBERT
CLIFF DRYSDALE

DON BUDGE
GORAN IVANISEVIC
GUILLERMO VILAS
HENRI LECONTE
ILIE NASTASE
IVAN LENDL
JIMMY CONNORS

JOHN NEWCOMBE
MICHAEL CHANG
MICHAEL STICH
PANCHO GONZALES
PAT CASH
PETER FLEMING
ROD LAVER

ROSCOE TANNER
STAN SMITH
STEFAN EDBERG
TONY ROCHE
VIJAY ARMITRAJ
VITAS GERULAITIS

Basketball Players

```
C M C P E D L A B I H C R A E T A N B L
N A H A Y T S X O F K C I R K L S K I J
O D A R T A A J W N U R L L A W O E L L
T N R T G Y M U T O H E K R R I G V L G
L O L I D H O L V M S G S H E L N I B D
A S E S E T H I F E I G Q C E T I N R K
W T S G R R T U G L R I E I M C W M A M
L R B I E O H S A K R E N V A H E C D A
L E A L K W A E R R A M O A B A K H L G
I B R M F S I R Y A P I L R D M C A E I
B O K O I E S V P L T L A A U B I L Y C
F R L R S M I I A W R L M M L E R E J J
D R E E H A I N Y O E E S E J R T Z E O
M A Y E E J F G T D B R E T A L A F R H
V C B T R K U I O A O X S E B A P K R N
C S C I A X J U N E R G O P B I R S Y S
V O M H Q P B B S M R D M S A N L Q W O
A L L E N I V E R S O N B P R C G B E N
L E D O M I N I Q U E W I L K I N S S S
O L N A D R O J L E A H C I M U G V T Y
```

ALLEN IVERSON

ARTIS GILMORE

BILL BRADLEY

BILL WALTON

CHARLES BARKLEY

DEREK FISHER

DOMINIQUE
   WILKINS

GARY PAYTON

ISIAH THOMAS

JAMES WORTHY

JERRY WEST

JULIUS ERVING

KAREEM ABDUL
   JABBAR

KEVIN MCHALE

MAGIC JOHNSON

MEADOWLARK
   LEMON

MICHAEL JORDAN

MOSES MALONE

NATE ARCHIBALD

OSCAR ROBERTSON

PATRICK EWING

PETE MARAVICH

REGGIE MILLER

RICK FOX

ROBERT PARRISH

WILT CHAMBERLAIN

Sports

```
Y E K C O H J V B F M N E W H C U R F L
I N O T N I M D A B L S J A Y R H E E L
O F C Q Y G J S K D S O M T R I I C N L
W R E S T L I N G O C M G D E C C C C A
S S S T Y F A N R U E B I I H K E O I B
I A K E V C G C R R M S D F C E S S N T
N I A E O E A L T F C S B D R T K H G E
N L T K F L I H O U D E N L A G A O R K
E I I S C N R O S R X S L A T N T R A S
T N N A G O T G A B K A D A L I I S G A
S G G H W B N I E I B G B G L D N E N B
T J C I A I L G I D O L T N A D G S O I
I N N L L L N N N G E N E I B E G H P C
C G L W I I G A N T W N U L E L N O G E
K A O B W S H I E G P B Q D S S I E N H
B B G O Q W F N O L O P O R A B T S I O
A Z R U S R N R U G B Y R U B O O F P C
L T A P U I G N I X O B C H Y B O I K K
L S M S S P B A C K G A M M O N H J O E
H T H C V O L L E Y B A L L B S S G R Y
```

ICE HOCKEY

ICE SKATING

LACROSSE

PING PONG

POLO

ROWING

RUGBY

SAILING

SHOOTING

SKATING

SKEET

SKIING

SOCCER

SQUASH

ARCHERY	BOWLING	FOOTBALL	SQUASH
BACKGAMMON	BOXING	GOLF	STICKBALL
BADMINTON	CRICKET	HAMMER THROWING	SURFING
BASEBALL	CROQUET	HANDBALL	TABLE TENNIS
BASKETBALL	CURLING	HOCKEY	TENNIS
BILLIARDS	DISCUS	HORSESHOES	VOLLEYBALL
BOBSLEDDING	FENCING	HURDLING	WRESTLING

University Teams

```
L L S H S N A T R A P S H S H S S R D F
O L E O S S G S E T U O S A R R M M F Q
N F L O K T O C W C K B W E E E Z A Q Y
G C O S C E L F O I O K U I I G G S R E
H S N I U K D N E R E M L C N K R D D V
O B I E D C E S I Y N A M S K E S I A M
R U M R S O N T E T V H R O K E T U I B
N L E S T R G S P A T E U A D N Y D H R
S L S S A S O B C H V A M S O O S E W A
S D S C C O P F L A G R N S K H R O S Z
N O E E D O H S E U E C M Y I E L E S O
I G L T L N E B R L E I A P L V R K S R
U S G Z I E R S I E R D M R E I W S G B
R E A A W R S O E C H E E R D A O A M A
B Q E Q L S B F V I N T I V H I T N G C
H U R R I C A N E S G N N Y I O N I S K
S R A G U O C R W D E G A A R L I A X S
M S L E E H R A T S I J A S P M S U L K
C O W B O Y S Q T V O L U N T E E R S S
B O B C A T S A N E M E G N A R O U D S
```

AGGIES

AZTECS

BADGERS

BEAVERS

BLUE DEVILS

BOBCATS

BOILERMAKERS

BRUINS

BUCKEYES

BULLDOGS

CARDINALS

CAVALIERS

COMMODORES

CORNHUSKERS

COUGARS

COWBOYS	HOKIES	NITTANY LIONS	SOONERS
CRIMSON TIDE	HOOSIERS	ORANGEMEN	SPARTANS
DUCKS	HURRICANES	PANTHERS	TAR HEELS
EAGLES	HUSKIES	RAMS	UTES
GATORS	JAYHAWKS	RAZORBACKS	VOLUNTEERS
GOLDEN GOPHERS	LONGHORNS	ROCKETS	WILDCATS
HAWKEYES	MIDSHIPMEN	SEMINOLES	WOLVERINES

Olympic Hosts

```
M O S C O W L H E L S I N K I K U B O E
S I U O L T S O C Y A R L G C W E Y L W
P E M R V E R Q S R R O R U Z R K B S A
V J E W A Z S A G A N A R X L O O J A V
W R L J S O Q W U D N B G I T N R M R P
X I B Q T L U J O B S G N L E M Y A A P
I B O C C L A N O N I Y E R A G T D J R
S V U E R A W U N T N T G L K C I R E E
H H R S T E V I O Z V I A H E V C E V W
B X N R M R A V O P K C O C O S O T O T
X A E S L T L P Y L D E R I M N C S Y N
A R R U L N L K W I B K O N L A I M E A
J T O C C O E E C M A A P U O G X A N P
H E N U E M Y A R T A L P M H A E P D A
S C D A P L L E H J B T A P K N M Q Y R
Q X L E L P O E K P K L S O C O F M S I
R F B G E T N N A I Q A S H O R O M E S
X K R K O S A B A S R S S R T P W P I J
K O A R E M M A H E L L I L S W E K J O
V L C H V S A N K T M O R I T Z O S L O
```

PARIS
ROME
SALT LAKE CITY
SANKT MORITZ
SAPPORO
SARAJEVO
SEOUL
SQUAW VALLEY
ST LOUIS
STOCKHOLM
SYDNEY
TOKYO

AMSTERDAM
ANTWERP
ATHENS
ATLANTA
BARCELONA
BERLIN
CALGARY
GRENOBLE
HELSINKI
INNSBRUCK
LAKE PLACID
LILLEHAMMER
LONDON
LOS ANGELES
MELBOURNE
MEXICO CITY
MONTREAL
MOSCOW
MUNICH
NAGANO
OSLO

Chess

```
L J G D G L A U X B O A R V S Q T P B D
D J R G N I N E P O V E T K O Y U W X E
T P A O J R H R X U T K N H V P R S N D
B T E S C T E S G S V I E F O N R D Y B
K H S Z P M P H A V O N M X V R G A W Q
R G D E T A Q M C E R G A K Q A S R K Z
E I L V S B D G U S O O N C M W A E Q R
T N K S L N X I J B I B R E P O H S I B
A K K O A R E S I G N F U P V L S M Q V
M Y O R O F J D X O Z L O X K G M D D A
E W G H P R G E V O M U T I E Z G C J C
L R H B A I A N O I T A N I B M O C H E
A E E X W D M D R A O B T E V H G E C S
T L Y K N P B Z F U F R S O R R C I T D
S T H D C Y I R X U A N R O O K F R Z U
B S Q B V E T F T P E A W U M I A K Q N
X A L W O T H H W F P Y X A R T K R O F
G C Q P Z Q P C E S G V T C E X J A R A
W A S I T J C D A H D E A G K C A T T A
O B R C A W G K J X A S Y Q U E E N I K
```

ATTACK

BISHOP

BOARD	FISCHER	KING	ROOK
CASTLE	FORK	KNIGHT	SACRIFICE
CHECKER	GAMBIT	MOVE	SPASSKY
CHECKMATE	GRANDMASTER	OPENING	STALEMATE
COMBINATION	HORSE	PAWN	STRATEGY
DEFENSE	KARPOV	QUEEN	TOURNAMENT
ENDGAME	KASPAROV	RESIGN	TRAP

On the Football Field

```
S N V C P R T P Y I O J G O F F E N S E
Y S M B T D H B D T I F Y O L X O Y C F
S L A R M M E W N P E I I P A E G B A U
H A L P V A R F K O D F D R N L X T Q M
O N I S Q R V H E P I T A M S B L U Q B
T J N C O V U Z U N K S Z S K T A I R L
G S E R N Y D K E K S C S J A R D Q N E
U D M I F O C G D V V E O E T O B O U E
N K A M Y I I G L Z U M Y E S J V V W E
P C N M K L P S J Z N F R K J S F E S N
U A F A T A E O R G L B I E K I O C E Y
U B Y G W O G V M E A P I E E S O P N A
G F S E I T U Z S C V B Z L P R R U D R
R L E O S N Y C K D A N D N E U E P Z D
A A Q A H U V E H L A G O B J N V R O L
S H H K B P R L L D O P O C E I I I N I
S R E X O W K K V A O A A S R F E G E N
X U Q K N Y K C L Y R W Y N S O C H E E
S M V Z E C S A S D T Y N A E R E T C H
S T A D I U M T M X Y J H P Y M R S S F
```

SCOREBOARD

SCRIMMAGE

SHOTGUN

SNAP

BALL	GOAL LINE	PADS	STADIUM
CONVERSION	GRASS	PASS	TACKLE
DEFENSE	HALFBACK	POSSESSION	TOUCHDOWN
END ZONE	JERSEY	PUNT	UNIFORM
FIELD GOAL	KICK	QUARTERBACK	UPRIGHTS
FIRST DOWN	LINEMAN	RECEIVER	WISHBONE
FUMBLE	OFFENSE	SAFETY	YARD LINE

Hockey

```
E M A N G G A O D P O W E R P L A Y I D
H J U G F X T S D G N I T O O H S Y Y T
Q M X P G G T E E K C I T S W D Q K A K
M U M K S U A I F D N E F E D E V U W Q
L G X M U J C G L K C U P Z R X X X A P
B J R M B A K M E G T S I S S A T V K E
E U T C L Q E I C O B R E A K O U T A N
M D D I W I R A T A E C I Q K N I R E A
M W N Y M G S B I L G H G C E J T K R L
G F A U K E H U O T J E E Z I O N C B T
U F A D O T O F N E N C B T H N R I Z Y
J S X C L B F U J N D K L S A E G R A T
T T B C E O E A T D R N P S F K N T B B
E A N E E G S R I E U A A E D E S T T L
Z A I C E X U D M R L K R H T R Z A E O
X K A R Y U H A A S O E E F K S A H I C
Q F Y E G E C I R P E F W V X C D O G K
B P A S S I N G B D F M O O A Z A O B E
B W R A T R U W U V L I Y N K S A B Q R
H M R J D X N W V Y B I L X J L P I C L
```

ASSIST

ATTACKERS

BACKHAND

BLOCKER

BOARDS   FACE OFF   PADS   RINK

BREAK OUT   GOAL   PASSING   SAVE

BREAKAWAY   GOALTENDER   PENALTY   SHOOTING

CHECK   HAT TRICK   POWER PLAY   SKATE

DEFEND   ICE   PUCK   SLAP SHOT

DEFLECTION   ICING   REBOUND   STICK

FACE GUARD   NET   REFEREE   TIME OUT

On the Basketball Court

```
C I R G P J W A W C O E I N Z Q H R X O
D L T E P A F N W F A S T B R E A K S N
R W H Q D I S R S G U A R D R T C L H I
H E T M A V E S R V Q A K J R H Y X L W
C N P I L V Q E Y P J C B V I Z G R H Y
M J J E O H B T T O O H M M Y P X K I I
E S U N R O E O M L G N I L E V A R T M
A P R M U I H A C T E K S A B F S E A K
U U F N P S M T D R A O B K C A B N O C
T P D I K U O E O O E S N E F F O I E O
Z C N N W H I Y T V S D S Z Y J O L C L
W Z A V S P E S C E E S R H E T S E N C
B B Q Q E G D M T C R R C I O S V D U E
Z Z T P D E Y N H J A H T R B O L I O M
W R X E F J D A S S I S T I E B T S B A
E N T E N X B H A F N K H J M E L H P G
H L N P U I Q O B M O S L L D E N E I B
L S R K V T T O C W I U Z A A K L J T J
E M U J I A W P A W O C L R W K N U D A
K H X A F G G A S Z M G B Y X G Y P K I
```

			SCREEN
			SHOOT
ASSIST	DUNK	NET	SHOT CLOCK
BACKBOARD	FAST BREAK	OFFENSE	SIDELINE
BANK SHOT	FOUL	OVERTIME	SWISH
BASKET	GAME CLOCK	PASS	TIP
BOUNCE	GUARD	PERIMETER	TRAVELING
DEFENSE	HOOP	REBOUND	TURNOVER
DRIBBLE	JUMP	RIM	WALK

On the Tennis Court

```
M W P O B E Y Y T Z I U R S T E N T N Z
Z R J G E I H Z E B K P E R S H V Y E K
L E Z P R J I P Z T B T V T B A Q P L S
P C U X A A I X F L X H O G B T R R S D
H R B B I S N V W U L L E U X K C G D O
N J U R K B S D Z A O N G Y D N P N H U
U I V X Y A L I S F B R N Z F W A X C B
P J P Y Z C T T N L Z Y A B Z H L M T L
Q H W S W K Q E B G A A H Y K O T I A E
A O C X W C H L K I S M C C V E R D M S
T D B T F O L C P C E H A E B Z U C P Y
A Q V A W U W L A G A B O C A G O O D E
Y L L A S R V D W O A R K T L R C U E L
B L L Z N T Z S K U R M W T L H R R U L
R A J E L T E J A X L P E E B K E T C O
E B E P Y R A C C Q L C P U O I T A E V
A P B U V I L G H S A M S A Y P N C C T
K D B E Y A Y P E X B K D G R M E B E E
H C F Q Y E N I L E S A B E U I C L D R
J Q T T D R O P S H O T S I N G L E S W
```

ACE

ADVANTAGE

ALLEY

APPROACH

BACK COURT

BACKHAND	DEUCE	LET	RACKET
BALL BOY	DOUBLES	LOB	SERVE
BASELINE	DROP SHOT	LOVE	SET
BREAK	FAULT	MATCH	SINGLES
CENTER COURT	GAME	MIDCOURT	SMASH
CHANGEOVER	GRAND SLAM	NET	SPIN
CLAY	GRASS	PASSING SHOT	VOLLEY

On the Golf Course

```
O M P Z J T E V G K T D C D N A S G G V
I Y F C Y A Y S D O S P N S H O T P L O
P G Q N P Z L C H I F C P E D Q I M J Z
C B D I F I U S O L V I Z R A G B C Z T
F Y K S C W P V H T R O A D A A L T E E
L T E E O I N E E R G O T L C U H J P X
P D X E H J G J M S B L L K B O Y Z G S
I Q I C X E T O C R J E N S O Z U N E F
P B I R D I E U E G R I W K T Y I B I S
E G T C V B P D Y Y N L B A F W M U D Y
U X E E T O A A E E S E W S S B Q N D E
E R O I I E W G L Z C G U K B Z W K A E
D X P R L R R P X A X N C K D Y U E C E
D A O Q I A O N I M T A T U P X E R E F
S N L A H H O L E R B D R A Z A H G P L
S K F C H U Z H P W G Z E E X C G R O Y
A M M Z C Z U U O C L V U A M F A C X B
R Y W C Z N N I N T F L A G G M G R D G
G P A C I D N A H E L P M I D L I J D G
L E Y I T R R S E M W X V R H X E G E G
```

ACE	CARD	EAGLE	GRIP
BACK NINE	CHARGE	FAIRWAY	HANDICAP
BACKSWING	CHIP SHOT	FLAG	HAZARD
BIRDIE	CLUB	GALLERY	HOLE
BOGEY	CUP	GIMME	HOOK
BUNKER	DIMPLE	GRASS	IRON
CADDIE	DIVOT	GREEN	LEADER BOARD
			PUT
			SAND
			SHOT
			SLICE
			TEE

Olympic Sports

```
G N I M M I W S O Y W E C H S A X M V T
D I M E A Y W D R R P A O B R W D E Z X
D S O O J T N C E M N C H C E K Q R Z Q
Q D A G D O H S C O K Y H I B O X I N G
N B W I W E T R E E S E G T K F A F M M
Q S A K L L R I Y I R H S H O O T I N G
X E E S I I N N N Y T L L A B T F O S X
H A E N K G N N P L N A I R T S E U Q E
T A G R Y E E G I E S O G T A G J B V W
F I N M C T T F G C N Y D U Q N C A O A
A N R D E Z T B I L M T W U C I O S L T
T Y O L B I Z T A N Y B A O J W W E L E
U F B L N A E V A L S A F T N O B B E R
G A Q G H L L S Z C L D O C H R M A Y P
T P F S H T T L I D X M O Y J L T L B O
E V D T Q I A T R I P I T C X K O L A L
M L A Q C L A I X E O N B L Z F G N L O
L B M S G U O Q R G P T A I H Q B V L D
K B W D Q B I M C T Y O L N D I V I N G
B E X A G N I C N E F N L G T E N N I S
```

AQUATICS

ARCHERY

ATHLETICS

BADMINTON

BASEBALL

BASKETBALL	FOOTBALL	ROWING	TENNIS
BOXING	GYMNASTICS	SAILING	TRIATHLON
CANOEING	HANDBALL	SHOOTING	VOLLEYBALL
CYCLING	HOCKEY	SOFTBALL	WATER POLO
DIVING	JUDO	SWIMMING	WEIGHTLIFTING
EQUESTRIAN	MODERN	TABLE TENNIS	WRESTLING
FENCING	PENTATHLON	TAEKWONDO	

Golfers

```
I R U T N E V N E K M D S T A I F U G H
J E R R Y P A T E A H U L O G R U F D E
D Y O L F Y A R H C A H A L E I R W I N
L E O K N Q D A T L B O B B Y J O N E S
G F I D J R R A K H U B E R T G R E E N
B B W U C G O C S C O T T S I M P S O N
T A E J D A I J U L I U S B O R O S O D
R L B I O N R E G N A R T S S I T R U C
E E V E K H I Y D K G G R B T S J N R B
B A Y C Z V N I M E X T Q H O L A I E I
D E A A F A C N N I N F W F M E C V M L
I J N K L K H E Y A D G H O K E K A L L
D G O H M P L A J M N D W L I I F P A Y
N C T A O I Y H R T I D L I T N L Y P C
D H Y B T G S R Q I X L Y E E R E E D A
G E X T C O A S A I A D L N C E C R L S
R J L I W A C N O G M S D E O O K O O P
E E F U Z Z Y Z O E L L E R R R F C N E
R E X Y D O O M E L L I V R O I T F R R
R T R A W E T S E N Y A P S Y I P H A H
```

ANDY NORTH

ARNOLD PALMER

BABE ZAHARIAS

BEN HOGAN

BILLY CASPER

BOBBY JONES

CARY MIDDLECOFF

COREY PAVIN

CURTIS STRANGE

DAVID GRAHAM

DICK MAYER

ED FURGOL

ERNIE ELS

FUZZY ZOELLER

GARY PLAYER

GENE LITTLER

HALE IRWIN

HUBERT GREEN

JACK FLECK

JACK NICKLAUS

JERRY PATE

JOHNNY MILLER

JULIUS BOROS

KEN VENTURI

ORVILLE MOODY

PAYNE STEWART

RAY FLOYD

SCOTT SIMPSON

TOM KITE

Auto Racing

```
F E Q N C D I L B N U B C V Z Q C C K R
K P Z Q H T R G O E A L O L W M I P G U
Z O H V E V A A M O T O R E B Q Q O T Q
A K G Y C S M F G M M E G G C H C T G B
I V L Q K E U B P R N E V S W A F D R R
W N L L E G N S A I A F C H E O R H A I
Q Y B H R A Q I G N A C Q H D R H L N C
R W C B E M K N L Z D N I W A G I A D K
Q M Q F D B E H C H M R X N A N U T S Y
C P V H F I K Z R V S C E L G T I S T A
K L F E L V C E A O H I F T O P T C A R
H I L P A X D P L U S N N M T O M R N D
P O A Y G F A I P I E I O I C I A E D T
P S Q Y L T J T L E N B S K F C N C X R
S R J A R Z F S R A I F C S E U O U E L
N G G A P N O G Z L V A I C A U N V W E
Y R C G C H Y B E W R O A E R H I S S U
B K U H M B T A D U Z P J S L R C E E F
E N F T S E J I E M E W E S D D B S J R
L H E S Z J J O H S P O N S O R C C E H
```

AJ FOYT

ANDRETTI

AUTOMOBILE

BRICKYARD

CHASSIS

CHECKERED FLAG

COURSE

DRAG RACING

DRIVER

ENGINE

FINISH LINE

FUEL

GAS

GRANDSTAND

GREEN FLAG

INFIELD

MECHANIC

MOTOR

OVAL

PACE CAR

PASS

PITS

POLE

RED FLAG

SPONSOR

STOCK CAR

TIRES

TRACK

TURN

UNSER

Cards

```
T P B G K W R S L F G W J K X Z G H H G
W K J H E H K F R S V C E U O Q T E H S
C V N I G I E Q L N B F G Q M I A R G P
X G D H A S F R Y I T S Q J N R H Q O B
P B G B B T T I I H N J H C T M I F F V
X I R B B M E D G A Y C P S Q B U A I J
X W W M I Q C I B G T B H U J L C V S Y
S K A L R W A A E L Y I B D L J A K H D
Y H B S C R U C S Q A Z L H I O N C C L
K M F C T O A A N I B C O O S K A S M B
Z C M S F L U S H A N U K P S E S R B T
U B A U P E K Q S V S O S J L R T I E A
P S Y J R G W Y Q E K I N G A P A A L S
N L D C R A Z Y E I G H T S V C E P H E
M E A N R M N T A R A C C A B R K O C D
P G E E O D I A M D L O Z D H C M W O A
I M K U S M W E G D I R B C H R T T N P
Q O U N Q N A W I Z R N U C L U B S I S
P D A R F N B I P H D E W E C U E D P A
F P X F T B C Z D J F K X B E P L N O N
```

PINOCHLE

POKER

QUEEN

RUMMY

ACE	CRAZY EIGHTS	FULL HOUSE	SNAP
BACCARAT	CRIBBAGE	GO FISH	SOLITAIRE
BLACKJACK	DEUCE	HEARTS	SPADES
BRIDGE	DIAMONDS	JACK	STRAIGHT
CANASTA	EUCHRE	JOKER	TRUMP
CASINO	FLINCH	KING	TWO PAIRS
CLUBS	FLUSH	OLD MAID	WHIST

CHAPTER 10

Word

Searches

on

the

Go!

Transportation

```
N S G L N U R D U N O L F T S U Z G B R
F T I R E E L I B O M O T U A S E W A Y
C U S T O M S D P C R F M P H F P R G Y
K G S N M L I R E V R I T I C M E C G A
A V U W S E R A T P U A G R B Y O M A L
B H I D Q E T C E D A H I I U N T A G E
O S T S E H C Y U V W R C L N C I K E D
W H C Q L W Y E O A I Y T E R R K E I B
H I A N C G X L Y T C T C U P O N F O U
B P S Y Y N I L L L E T O L R M A A D R
O E E B C I G O E Q I K A M A E T D I E
A W U S R R W R L O U N C R O W X B G G
G S E E O E Y T N G E R T I X C M K M N
U A L C T E P A S S P O R T T R O O Z E
I D S I O T A R R I V A L I G W A L E S
T A Q O M S W U B W I N D S H I E L D S
H J U O L H U T R N M S T A T I O N S A
S N W Z E I A H A Y T E N I G N E T U P
P S T E D X N X K N I A R T J H R T B H
C G L P I M Y E E E A B S B P I D G L P
```

STATION

STEERING WHEEL

SUITCASE

TAXI

TICKET

AIRPLANE	BUS	HIGHWAY	TIRE
ARRIVAL	CONNECTION	LOCOMOTIVE	TRAIN
AUTOMOBILE	CUSTOMS	MOTORCYCLE	TRAM
BAGGAGE	DELAY	PASSENGER	TROLLEY CAR
BICYCLE	DEPARTURE	PASSPORT	TRUCK
BOAT	ENGINE	RAILROAD	WHEEL
BRAKE	GASOLINE	SHIP	WINDSHIELD

Bicycles

```
K X G R N L S X E P D J C D K E C C S H
S I V I I Z I E M W K C S K C Q Q Q P A
U D B K O M Q U Y S R U E X R S Q D O G
G R R H U T P E M N C O U V R O R N K A
S V D F S Q A U R W X E O O L U F A E X
L E K Y O K O I O O L S T O E A E T S L
O M Q S S T T Q L D G C C L N L V S H E
U W N T P X Y F D L E U L O B S X K O M
T U B B E I J A I L I I N A O B M C R E
A S H U E S S B F H A G C I P T V I N T
N S P P D N J E X R S C H S C E E K U S
D N Z P O U R X E R H R R T S Y D R K P
E J U G M Y X D M E A S A O C H C A Z I
M J E Q E P X I A F H B B E S X B L L L
G A V P T T U D E I C R E S G S B I E C
R K R S E C L N F R A Y E L X H B D Z E
E R I T R I D T A K R A A Z D B J A P O
U V H C G E E N E I T X S L K N F V R T
K A Q H R R K L O Q N C H A I N A Q M Q
O V T L S X P P I E L C Y C I R T H F Q
```

AXLE

BRAKE

CABLE

CHAIN

CRANK

CROSS BAR

DERAILLEUR

FENDER

FORK

GEAR

GEARSHIFT

HANDLEBAR

HEADLIGHT

HORN

KICKSTAND

PEDAL

PUMP

REFLECTORS

RIM

SADDLE

SCOOTER

SEAT

SHIFTERS

SPEEDOMETER

SPOKES

STEM

TAILLIGHT

TANDEM

TIRE

TOE CLIP

TRICYCLE

UNICYCLE

VALVE

Automobiles

```
A C A M S H A F T C Y L I N D E R E E N
I J T H G I L D A E H E N I G N E M S R
R T S U A H X E D A S H B O A R D E U O
F L A D E P G E A R S H I F T O A R F H
I G G Z S E A T B E L T W H E E L G S T
L H E A D R E S T I G N I T I O N E H R
T R E T S O R F E D S I S S A H C N O A
E T N E M T R A P M O C E V O L G C C N
R E F F B B A E E T R T T F E J R Y K S
Y A U R U N G S A O A H K T T O G L A M
N E A M N U A C T E G N A E L X A I B I
L K P E A C H A S I O L E K O H C G S S
E E T G K O R T L I P H C T U L C H O S
R N S N M E E G T E A S H T R A Y T R I
A A A E L K N S S G E N E R A T O R B O
G R T E C I U N T F A H S E V I R D E N
C E C U K B E R E T E M O D E E P S R Q
R C B R M C D L E I H S D N I W H O O D
A E A O I D I F F E R E N T I A L O I L
C P C L T A I L L I G H T B A T T E R Y
```

FUEL

FUSE

GAS GAUGE

GEARSHIFT

GENERATOR

GLOVE COM-
    PARTMENT

HEADLIGHT

HEADREST

HOOD

HORN

IGNITION

LICENSE PLATE

OIL

PARKING LIGHT

PEDAL

ACCELERATOR	BUMPER	DASHBOARD	SEAT BELT
AIR FILTER	CAMSHAFT	DEFROSTER	SHOCK ABSORBER
ANTENNA	CHASSIS	DIFFERENTIAL	SPEEDOMETER
ASHTRAY	CHOKE	DRIVESHAFT	TACHOMETER
AXLE	CLUTCH	EMERGENCY LIGHT	TAILLIGHT
BATTERY	COMBUSTION	ENGINE	TRANSMISSION
BRAKE	CRANKCASE	EXHAUST	WHEEL
BUCKET SEAT	CYLINDER	FAN	WINDSHIELD

Fast Food

```
C W M N E A K W N A G G R E N E I W U Q
V H J E X E X F M Z I R A O C A T S U M
Z B I W Y N J E R Y Z I Z C G D C P T H
X B A C B J K C P J L L Z I I J P U A M
M A A K K U S P I H C L I R F Z T S R H
C A S L E E R E M K L E P M K F N T E W
P D M Y R D N R K D C D J Q L R E A G W
A Z U R F E O N I N D I F R D E I C R O
E H M E E K V K U T I X U R K N N J U D
H C A A Y G X I K G O R I Q O C E T B J
C K R S Y C R Q S M G V D N Q H V E M P
P I S A G O D U Q N E E I O G F N L A M
L Q A D C T N V B T E O T O U R O I H A
G N N M C K O N H E N P D S D I C F P L
R U D C U U E R A R S T X E C E C H U T
H I W L J S O R I I O E I E K S O S H A
V F I G U U T N S H S R E J N M O I C E
X H C O G N G A S P F E H H A I K F T H
G Q H H E S C N R U O U H H C U I E E I
O H T L N M N H E D D I N N E R E G K Q
```

BAKED

BURRITO

CATSUP

CHEAP	DINNER	HAMBURGER	MUSTARD
CHEESEBURGER	DRINK	HEAT LAMP	ONION RINGS
CHICKEN NUGGETS	DRIVE THROUGH	HOT DOG	PIZZA
CHIPS	FISH FILET	INEXPENSIVE	QUICK
CONVENIENT	FRENCH FRIES	KETCHUP	SANDWICH
COOKIE	FRIED	LUNCH	TACO
CRACKERS	GRILLED	MAYONNAISE	WIENER

Rockets

```
A G J G C K B S R S Y T K A P O L L O E
H A Q I J H C I V A F F K Q U U A U B U
G W Z N Q Y A N I E R E H P S O M T A N
H J X T U R E O P I H S R A T S K G O U
H A M E M L R I I G N I T I O N R S L X
C J X R M J O T Z Q O L E X M A E D P C
Q G U S Q G D A K I P C D K V C T Q R E
D E K T A K Y R F M A D V I O H Q L O T
Q J F E E W N O B P W O T N F U E L J I
K L F L F C A L S Z D Y E V L P J S E L
H E O L F N M P W E R C R A B F F Y C L
L P T A M V I X Z A S G G P U S O R T E
A O N R A E C E E G A T S I T L U M I T
U R W E C V Y M M A M L M X Z C F L L A
N P Q S H R E F I A S V A I Q C U U E S
C W E Z T N P V C S R A P N S W S N R T
H V L N I G C Z K E S S N D D S E A A I
O J E G L L U C G Y J I B V E E I R O B
R E N T H R U S T J M E O F F A R L S R
R E L Z H U U Y H Z L V J N S O Z M E O
```

ORBIT

PROJECTILE

AERODYNAMIC	FUSE	MACH	PROPEL
APOLLO	GRAVITY	MARS	REENTRY
ATMOSPHERE	IGNITION	MISSILE	SATELLITE
CREW	INTERSTELLAR	MISSION	SOAR
ENGINE	LANDER	MULTISTAGE	SPACE
EXPLORATION	LAUNCH	NASA	STARSHIP
FUEL	LUNAR	NOSE CONE	THRUST

Sailing

```
I S V N K B Q R J E N I R A M T R I M K
B T B D E B U P W Y T A T T A G E R C T
B C X R E E I I A T A E G A Y O V E X K
R H T O P V O L T A I T Q D L P D B M P
P H D B Y J T V E C X X S E L X V T G H
G W O R T P L P R K K M S N O E K P A X
W U S W M K E D Y U S S E B I E E S L S
S H N O U N A R H H E T O C T A T K L L
L O V B Z K W A M V T A R A B A M B E O
N E D V Q W Z O O A T R G O R Q K I Y O
T T H P N X Q B V D I I O B P F N J Q P
Q V C R Y Y A L L K V N O W Y X O G G Y
Z I E A O O P I T A F A S A A A T E B V
G B W F R P F A N M R B V A O E C S C N
M L X B A X E S S D M A S T I I S H B R
R E K A N N I P S F K E T C H L D H T E
T W S C H O O N E R G N I G G I R A L T
S N V K O S K D K C I S A E S A X D R S
J S A V N A C N C D L I A S P O T G W A
K V D T W M T E E H S N I A M S H I P W
```

BERTH

BOAT

BOW

CANVAS

DECK

GALLEY

JIB

KEEL

KETCH

KNOT

MAINSAIL	RADIO	SEAWORTHY	TOPSAIL
MAINSHEET	REGATTA	SHIP	TRIM
MAINSTAY	RIGGING	SLOOP	VESSEL
MARINE	ROPE	SPINNAKER	VOYAGE
MAST	SAILBOARD	STARBOARD	WATER
NAVIGATE	SCHOONER	STERN	YACHT
PORT	SEASICK	TACK	YAWL

Railroads

```
A H K L I I R A C E L B A C S E I T E U
Q Z T D N O I T C N U J V E L G A M V K
M K I I P P M R O F T A L P C S Y Y I N
B W N Z M A J G I H C B Y D I L X A T C
O I K I M E N C A B O O S E F I X W O V
B O R T A I T O V N D C W L I A D B M L
J W R S S R M A H P I L A S C R J U O R
F A V S R P T N B F K R J P A N T S C I
K L O K C A Q T I L T W O G P O H E O N
I R A E M V C C E N E T S S L C G N L J
C E T N O F A G E L S X R D A O I G J P
M A R T G P E C N E L E R G R Z E I S C
U W O X N I N L L I G U R C T O R N T U
E L I O J N S T B N P S B R N G F E E P
G X I J E B S R E A S E T Y E S A O A M
J N I P L I G S C L T G E A C T E U M A
U K U Z H T S D R A Y N M L T H R N G I
T L X W D A T U N N E L R T S I B A I E
T D E H P S C H E D U L E U X H O Q C L
S F K C M G L I A R O N O M T B W N I K
```

STATION

STEAM

SUBWAY

TIES

TIMETABLE

AMTRAK	ENGINE	MONORAIL	TRACK
BULLET TRAIN	FREIGHT	PASSENGERS	TRAM
CABLE CAR	GAUGE	PENN CENTRAL	TUNNEL
CABOOSE	JUNCTION	PLATFORM	TURNTABLE
CENTRAL PACIFIC	LINES	SCHEDULE	UNION PACIFIC
CONRAIL	LOCOMOTIVE	SIGNAL	WHISTLE STOP
CROSSING	MAGLEV	SLEEPING CAR	YARD

Airplanes

```
L M P C P F P S D L A T H C U E R O T Q
Z U C Z R I N A A S A I R A J E K I Z F
T J C W U H L V C X J V X B H L C X G Q
J E F A O A A O I Y D D E I T K V X V H
A N J F V T B Q T C K G Q N E G M V G K
L A G X O G U E G M A S P T L P P X N X
K B I R O H P J H G L E V A R T D C I L
L S Y R A A N Z G T R A Y T A B L E D G
A H A U P A C U P E G F G K G T F E N R
A T D M O O L Y G G F R W E D L N K A Q
I O T B N Z R A U O R A Y N K G L S L P
R V U E S E L T E J H T O I I L L D I Z
C E R Z N E G K F Y N T B N Y A W N U R
R R L U S D A Y T G T I E U U J I Y U Z
A H L U D T A T X U F I R S T C L A S S
F E F N G D I N B O R E Z I L I B A T S
T A D N M K E L T M R O D C O A C H U T
I D I Y E J L R J E W B O T H V P L J A
V W P V E A P R O P E L L E R T A E S I
Z M O F C L E R A F R I A N Z U Z M U L
```

AIRCRAFT

AIRFARE

AIRPORT

ATTENDANT JET PILOT TAIL

CABIN KITTY HAWK PROPELLER TAKEOFF

CALL BUTTON LANDING RUDDER TAXI

COACH LAVATORY RUNWAY TICKET

ENGINE LUGGAGE SEAT TRAVEL

FIRST CLASS OVERHEAD SKYCAP TRAY TABLE

FUSELAGE OXYGEN MASK STABILIZER WING

Submarines

```
E B M L U I O G B A S A T R H Y M B G X
Q O O O H Q F H M G E F O L Z G H Y F G
U Q B U O W G B U B X T S E A E D I K K
P J O Z F R W Q H Z A C H Q F H B I B A
E T G X L X L R M R P R O P U L S I O N
R N Q M E I U O E S U B M E R S I B L E
I E A C E I C N R O Z S B X H S L V R C
S O T V T E E C T T D H A G T I L E U E
C A B B A G A O D O N E M I D F S B A F
O K T R O L S N U E E O P U L N A D R L
P Y T B N O L T O N B C C R E O A R S O
E V R D N O G R C C D K A D O E R U C W
B U S A K A I O Y K K E N F H T L O U A
T U R G L E W L R I H O R K R I H C O E
G B S S V X K R O S C C L W T U P E H S
H Z W L R V Z O T V Z U T U A O S A T D
N G C A T O A D O J B R A A W T Q N P I
Y F V E C G B S L U F N L E H F E U E V
X V S S Q R W O M M U M R P I H S R D E
F A X D U Q A R A E L C U N C R U I S E
```

SEAWOLF

SHIP

			SONAR
BULKHEAD	DIVE	OCEAN	SONAR
CONDENSER	FLEET	PERISCOPE	SUB
CONTROL RODS	HATCH	POWER	SUBMERSIBLE
CONTROL ROOM	LID	PROPULSION	SURFACE
CRAFT	NAUTILUS	SAILOR	TORPEDO
CRUISE	NAVAL	SEA	TURBOGENERATOR
DEPTH	NUCLEAR	SEALS	UNDERWATER

Car Names

```
F A B X Z U Z D Q K C N A A M J Z N N V
Y I T G Q U H L Q M M C G H L T Z P W K
S P R O A X L Z M L C Z U J L A F H Z L
N W M E Y J E H F O E K K E A C P H K E
J C Z L B O L E R A U X S E T G R M L S
O O J R E I T D T P C A U A A N U A I D
P R I U S G R Q J T B A H S E C M A Q E
K W A U D W E D A R E O M R E B D J R Y
U W C A O J U V E M E V E R O F R U O U
W H M G D U O C U Z V R R R Y T I S M K
Z O K B G N K S E O O I G O E P B I A O
N N W Z E H T P L L W H N C C I R T Z N
N D N U U A H V P W I A C U R A E I D J
Z A G M N Y O X G N Z D B E X J D N A V
O A M G R L E I I P O R S C H E N I X C
K E T F T T A L L O R O C R U Y U F F L
R C H R Y S L E R B U I C K A A H N M Q
I G L R V Z S W D C H S Q W O M T I R P
F N Q Y B N I T R A M N O T S A F O R D
Q E O M C Y U Y D C C I E S C O R T I G
```

ACCORD

ACURA

ASTON MARTIN

BMW

BUICK

CAMRY

CHRYSLER

COROLLA	FORD	LESABRE	RAM
CORVETTE	HONDA	LEXUS	TAHOE
DODGE	HUMMER	MAZDA	THUNDERBIRD
EDSEL	IMPALA	MUSTANG	TOYOTA
ESCORT	INFINITI	NOVA	VOLVO
EXPLORER	JAGUAR	PORSCHE	YUKON
FIREBIRD	LAMBORGHINI	PRIUS	ZEPHYR

Ships

```
S D I M B N T E P L E S S E V S T I U A
B I O L A Z U P G S G J Q W F T T W S T
I H L E I R G T D Q Z G H S Y W S J U X
I C C W Z F P B G L A C I T U A N A C K
T O W Q B S E W L K T J C F K Y J W M Q
E K B W T O P P N R E T S S Y Z E A R Z
R N L A A A R V R G A L L E Y R M E B Z
U Q I D R T O K L E E P O R C H V S B X
Z S S G E G E B O E S C D S N N K U D M
S U D L N C E R E C E E B T I N O G P Q
P N N T P E K C I F E K R T W Y V B E Z
J U R N D K X H R I I N D V A N Q O F I
H D H I R I G G I N G L D N E M R W R H
A D U H O D R U D D E R T A Y R O R E D
Q R A X U O R A O N I A T P A C B O I S
F L O A T C S A D A A J D U L Z R C G F
C H U T N K Z H B X H B N I T E A B H N
J W Y S T A R B O A R D A F Y R H C T I
F C I E N O Q N F T F S W M J J O O V L
T Y M Y R K L F T K H R G U R H X P I P
```

			ROPE
			RUDDER
BARGE	ENGINE	LIFEBOAT	SAIL
BOW	FLOAT	MAST	SEA
BUOYANT	FREIGHT	NAUTICAL	STARBOARD
CAPTAIN	GALLEY	OAR	STERN
CREW	HARBOR	OCEAN	TUG
DECK	KEEL	PORT	VESSEL
DOCK	LIFE PRESERVER	RIGGING	WATER

Bus

```
Y X S E M F B X K H K R E S E M O T P C
B J S F L W A N B D P I F X T V I S S Q
E D E D R U O R P E D Q M V C A N P O S
D I R A E U D A R G C I G C P R T J H U
J I P L N P S E N I E S X O E O A I G M
Q E X N K S A S H L V X U F R P T H O M
D W E J J E C R B C B A S B E T Z S T N
N N I M B U U A T F S N L P I R E J R K
U J G P D D T X P U A T R U X N U M A I
O C J L T E R Y Q R R A I B T J I N N K
H W W C M L S I T R C E D L T S G M S T
Y E E I D E I K V Y Y M E I V C F D I R
E L T A A T Q N O E G H R C A Y F F T O
R C Y T L F J K E K R C O A C H R P N L
G I E F T R A N S P O R T A T I O N E L
B H F T L O O H C S E V E P K A X V K E
V E R A U D R T W V G M C O S T S A O Y
G V L U R O R H W N N W J S U P W H T C
Q V G F O E R A R G R E G N E S S A P U
D W D V J T I D L S Z C C I V D A O R S
```

ARRIVAL			
COACH	METRO	ROUTE	TOKEN
DEPARTURE	MINIBUS	SCHEDULE	TOUR
DRIVER	PASS	SCHOOL	TRANSFER
EXPRESS	PASSENGER	SEAT	TRANSIT
FARE	PUBLIC	STATION	TRANSPORTATION
GREYHOUND	RIDER	STOP	TROLLEY
LINE	ROAD	TIMETABLE	VEHICLE

Racers

```
K V T H O R O U G H B R E D T R I S Z E
C C G A R D N O H T A R A M E H E A T S
K S A T C E U T N W R V J L U B R T B R
L C W R O C J E P W H E A J I X E O H U
J S A V T G J R W F C Y G C F W N O E O
G U J S Y K W M N K V J Y A G C N F F C
Y R K R A C K C O T S C Y F T A U J F R
T D A R B Q P S C W L R A G Y T R R E P
P Y N N B H W H M E T H O R S E A I N P
M C A I D I T Q Q N W P K X K Q K L R Q
U O I W M P X F U A W Z X O O S O V A L
E P L M D V R O S T E E P L E C H A S E
W H E A C E I V D J S D H Z B H F G A
W R Q P L S E W X E N D D A W P U J S X
Z W Z R S S O P V R Z T A X O O R O X E
Z A D O B Q U S S B Q N S T W R D C F J
J Y R A Q B F G X Y X R H U I X L K P I
Y C E S R U O C E L C A T S B O E E G T
Q U D B O B T N I R P S R L Y Z S Y S J
Z W C R Z K D J B K X V W V H I G F T F
```

SKIER

SLALOM

BICYCLE	GRAND PRIX	OBSTACLE COURSE	SPEEDWAY
COURSE	HEAT	OVAL	SPRINT
CROSS COUNTRY	HORSE	REGATTA	STEEPLECHASE
DASH	HURDLES	RELAY	STOCK CAR
DERBY	INDY	ROAD	SWIMMER
DRAG	JOCKEY	RUNNER	THOROUGHBRED
FOOT	MARATHON	SACK	TRACK

CHAPTER 11

Word
Search
Melodies

Popular Bands

```
C I R Y O A W V C N O O E I D N O L B L
T A E F E L T T I L P T H E E A G L E S
L J M A X C Q V R O L P S D F A E D W Z
D A E D L U F E T A R G I O L L Z R K X
Q C U F O R E I G N E R Q U E E N Y B B
M Q R R F O X E F P T H Q J P Q S E W F
A U Y T H E W H O F K Y L P P U S R I A
Z Z T O P A R T R I D G E F A M I L Y E
U I H S I N X S E Y C L W H R D K O D R
I L M R N D A C O E I F D N D U R G V O
A S I Z P L I L S N L N K G M R A A D S
C S C H A L F R P Y A F C W V A W C P M
I Q S B O K I P E B L I I M X N F I A I
L D A P N G E N E S I S R O O D E H T T
L M E I M P R H D C T A T P K U W C B H
A H P V P U T O W Q F R P A L R V X W L
T S X P O H B L A C K S A B B A T H M N
E U M J U I H R G Y K I E I J N N G E W
M R G J E C Q J O S O V H Q T R E E L O
A V H V J S R U N D M C C S A S N A K J
```

JEFFERSON
   AIRPLANE

JOURNEY

KANSAS

KISS

LED ZEPPELIN

LITTLE FEAT

METALLICA

PARTRIDGE FAMILY

PINK FLOYD

QUEEN

REM

REO SPEEDWAGON

RUN DMC

RUSH

THE BAND

THE DOORS

THE EAGLES

THE POLICE

THE WHO

WHAM

YES

ZZ TOP

ABBA	CHEAP TRICK	FLEETWOOD MAC	
AEROSMITH	CHICAGO	FOREIGNER	
AIR SUPPLY	DEF LEPPARD	GENESIS	
ALABAMA	DEVO	GRATEFUL DEAD	
BLACK SABBATH	DIRE STRAITS	HEART	
BLONDIE	DURAN DURAN	INXS	
BREAD	EURYTHMICS		

Jazz Musicians

```
K E C D I G X K E I S A K N A A L N T L
P I F T J N H C I D I E C O R R E O O W
U P L R S O N O S L V R E T T T S S M K
D S S S I R O C A A A O B N B I T K M Y
L E E Z L T T N B R D C U E L E E C Y R
I L N Z A S G A T E S K R K A S R A D E
O L A B S M N H N G E C B N K H Y J O K
N I R I R R I E U Z L I E A E A O T R R
E G T L A A L I O T I H V T L W U L S A
L Y L L M S L B C I M C A S Y U N I E P
H Z O I D I E R G F K T D C H R G M Y E
A Z C E R U E E M A B I L L E V A N S I
M I N H O O K H J L M U T A T T R A N L
P D H O F L U D K L S T A N G E T Z D R
T A O L N C D A X E O O V C I A J J F A
O U J I A O R N E T T E C O L E M A N H
N V I D R K N O M S U O I N O L E H T C
R V A A B W Y N T O N M A R S A L I S V
H D E Y B E N N Y G O O D M A N S I L T
T E O P F H O E K E N N Y C L A R K E U
```

ART BLAKELY			
ART TATUM	CHARLIE PARKER	HERBIE HANCOCK	MILT JACKSON
ARTIE SHAW	CHICK COREA	JOHN COLTRANE	ORNETTE COLEMAN
BENNY GOODMAN	COUNT BASIE	KENNY CLARKE	STAN GETZ
BILL EVANS	DAVE BRUBECK	LESTER YOUNG	STAN KENTON
BILLIE HOLIDAY	DIZZY GILLESPIE	LIONEL HAMPTON	THELONIOUS MONK
BRANFORD	DUKE ELLINGTON	LOUIS ARMSTRONG	TOMMY DORSEY
MARSALIS	ELLA FITZGERALD	MILES DAVIS	WYNTON MARSALIS

Musical Instruments

```
B B Q U O P T H X V V I O L A P R A H F
O K U O O R V Y H A R M O N I C A Z V M
X N Z G U J L C A N I T R E C N O C U T
T A A M L O I Y E E N A F Q Z I E R A J
K E P I P E Y M E L Z I D I N P D M N G
T E N H P O M B N L F K T A O E B O N O
T U O I R H U A G E B H P I R O I R S S
V N B N R H L L L S E M L A U D O Y A B
E I F A A A L S I R I L N R R H N X E S
X X B L Q G L A S T A S I O H T O L T S
C M C R U T R C H C W N C C H P L C R A
S A U H A T Z O H X E C N E H S X Q C B
M E S R I P E W O L A E S O V I O L I N
B A P T D M H U R M R I N P I C C O L O
A R N I A O E O N F Z E D U L C I M E R
S B A D P N G S N E F L U G E L H O R N
S A E T O G E N R E E N O B M O R T E J
O N B R I L A T O U K U L E L E F N C D
O J M E Y U I B S B E L T S I H W O D D
N O Z A U L G N P G J X O L L E C F Y I
```

GUITAR

HARMONICA

HARP

KAZOO

LYRE

MANDOLIN

ORGAN

PIANO

PICCOLO

SAXOPHONE

SNARE DRUM

SYNTHESIZER

TAMBOURINE

TIMPANI

TROMBONE

TRUMPET

TUBA

UKULELE

VIBRAPHONE

VIOLA

VIOLIN

WHISTLE

XYLOPHONE

ZITHER

ACCORDION	BUGLE	CYMBALS	
BAGPIPES	CALLIOPE	DULCIMER	
BANJO	CASTANETS	ENGLISH HORN	
BASS	CELLO	FIFE	
BASSOON	CHIMES	FLUGELHORN	
BELLS	CLARINET	FLUTE	
BONGO DRUM	CONCERTINA	FRENCH HORN	

Country Music

```
Z L W S D P B H A N K W I L L I A M S M
L O P I O Q A G E O R G E S T R A I T E
H R A V L S R R W K D C X Y W L C W F R
D E E A L I B O T P D R C A I A R I T L
Q T T R Y R A S A A U Y H R L R G G H E
G T T T P R R A N S J S A R L R F O R H
L A E Y A A A N Y L A T R U I Y Y E E A
E L N D R H M N A I N A L M E G T R N G
N Y Y N T U A E T M N L I E N A T I O G
C N W A O O N C U E O G E N E T I T G A
A N Y R N L D A C I N A D N L L W N A R
M X M G O Y R S K N Y Y A A S I T E W D
P J M L H M E H E N W L N M O N Y C R R
B O A B T M L Q R O Z E I E N X A M E O
E E T M T E L Y H R U F E L B Z W A T Y
L H C I R E I L R A H C L H A H N B R C
L G A R T H B R O O K S S H T S O E O L
O Z S G N I N N E J N O L Y A W C R P A
C H A R L I E P R I D E V E T S C H X R
K T L M A K A O Y T H G I W D M E Q M K
```

ANNE MURRAY

BARBARA
   MANDRELL

CHARLIE DANIELS

CHARLIE PRIDE

CHARLIE RICH

CONWAY TWITTY

CRYSTAL GAYLE

DOLLY PARTON

DWIGHT YOAKAM

EMMYLOU HARRIS

GARTH BROOKS

GEORGE STRAIT

GLEN CAMPBELL

HANK WILLIAMS

LARRY GATLIN

LORETTA LYNN

MERLE HAGGARD

PORTER WAGONER

RANDY TRAVIS

REBA MCENTIRE

RONNIE MILSAP

ROSANNE CASH

ROY CLARK

TAMMY WYNETTE

TANYA TUCKER

WAYLON JENNINGS

WILLIE NELSON

WYNONNA JUDD

Song Writers

```
N I L R E B G N I V R I A K D X N N L Q
I B R E P M A T S E V A D N Z Y I A L V
N I W H S R E G A R I J K C W A E O W B
M W G N I K E L O R A C R T B B T S D F
I J O H N S T R O M B E R G R B S A L R
E R E T R O P E L O C R T C T U N L E E
H Q A Y E N T R A C C M L U A P R A A D
D N O N N E L N H O J W O X F O E N H E
N S M O K E Y R O B I N S O N Q B J C R
O V T R A H Z N E R O L F L V M D A I I
S B O U N E I L S E D A K A W Z R Y M C
N F B F R E L L A W S T A F W T A L R K
E C A R O L B A Y E R S A G E R N E A L
H S T E P H E N F O S T E R X C O R C O
P Z R E D N O W E I V E T S L R E N Y E
E J O H N N Y M E R C E R N U Z L E G W
T N I E T S R E M M A H R A C S O R A E
S R T E N I W H S R E G E G R O E G O P
R I C H A R D R O D G E R S E I M J H R
L W T O R I H C A R A H C A B T R U B O
```

ALAN JAY LERNER

BURT BACHARACH

CAROL BAYER SAGER

CAROLE KING

COLE PORTER

DAVE STAMPER

FATS WALLER

FREDERICK LOEWE

GEORGE GERSHWIN

HOAGY CARMICHAEL

IRA GERSHWIN

IRVING BERLIN

JOHN LENNON

JOHN STROMBERG

JOHNNY MERCER

LEONARD
  BERNSTEIN

LORENZ HART

NEIL SEDAKA

OSCAR
  HAMMERSTEIN

PAUL MCCARTNEY

RICHARD RODGERS

SMOKEY ROBINSON

STEPHEN FOSTER

STEPHEN SONDHEIM

STEVIE WONDER

Play Jazz

```
R O U C H E H E H E U C Q B N L C N L H
F H C F J C E F C N P U H J E Y X V B D
A A Y V W T E N G R J I B R C B N F R H
Y M E T H I E P O I D R N S O O O L I E
E G V Z H D Q G Q O T X G T I M W P D L
O V O J A M R H E N I N C T E L A I G Y
R D O C W E L V I J I H A D D R P T E T
C E R U S L T K R S B S S O A R L M I S
N L G S O O P E A K I B W U L B E U H C
D H I O Z Y R R V V E F I B L O P T D F
L O C Z X L H O O A F N N L A K M H E E
N O X Z D P B R T I O T G E B T U A S M
C V S J K P P L R I B X T T U J R C O
D H B M I M F G T D K D R I O N N M A L
M C O F I B H A D R O H C M N E M O L O
D E D P L K L N O I S U F E E S D N E S
B H L U S U E T A P O C N Y S R R I S T
U A E O D S E G N A H C D R U M F C G H
X S S O D H O R N A Z O Y B O O G I E U
P N M S N Y B Z F E V C T U N E J H R T
```

BALLAD

BASS

BEAT

BEBOP

BLUES

BOOGIE

BRIDGE

CADENCE

CHANGES

CHOPS	GROOVE	METER	SOLO
CHORD	HARMONIC	MODULATION	STYLE
CHROMATIC	HORN	PHRASING	SWING
COOL	IMPROVISATION	PROGRESSION	SYNCOPATE
DOUBLE TIME	INTERLUDE	RHYTHM	TONE
DRUM	JUMP	RIFF	TUNE
FUSION	MELODY	SCALE	TUNES

Rock and Roll

```
B M T T H E G R A T E F U L D E A D S X
P I N R A V G F H K H U M E U M Q V B A
R H L E E N H K I L J M K U M F E C M P
O S E L E C A X A F L H K F W Y E G J I
L B T A Y T N L E D Z E P P E L I N N N
L Y E A V J S O S I T A A K U R K O T K
I T H C G Y O G C Y C I C C O I I C A F
N U H K I E M E N P O O N D I S U S E L
G B R E P L F E L I T B S A A D E T B O
S Y O D E N D Y T S R T H V T L X G K Y
T A P N I A X E D A E P N C T U U I C D
O N C X J V G O H W L I S A A I R G A K
N C B I Y O O L A C H P E E T E F N B A
E N I A L W V R E S Y B U A C G B I E X
S S Y R S L T I I S R S R N H U Y H Y R
I T I L T S A T L S I M P S K G R E V Z
K I G N X C I T R E I F I L P M A B M C
P J O G G R E N E N D R U M S C I R Y L
T Q D H B E D L X M C H T X Z A B G C G
V Y F L S P R C E T H E W H O J O L P N
```

ACID	BON JOVI	HEAVY METAL	ROD STEWART
AMPLIFIER	BRITISH INVASION	LED ZEPPELIN	ROLLING STONES
BACKBEAT	BRUCE SPRINGSTEEN	LYRIC	SINGER
BASS	CONCERT	METALLICA	STAGE
BEACH BOYS	DRUMS	PINK FLOYD	THE EAGLES
BEATLES	ELECTRIC	PSYCHEDLIC	THE GRATEFUL DEAD
BILLY JOEL	GUITAR	PUNK	THE WHO
			TINA TURNER
			WOODSTOCK

Classical Music

```
R L I P H L K I J T H E F T R B F P O X
E X N A U A O P N O E B D O H F L R A A
R I N R K Q G F S S O T T U K E T Z C P
B O A H C S M U R D T C N C L S M W R E
O N R Y I O P I U I U R H I E R J E P M
L C R E N R V V A D W A U A U P E E F N
A P A Q O D V E N R R T M M V Q R T E P
C Q N U M Q O O R M T W N R E C G Y N K
O K G A R C C S O T F S E E U N E Y V I
V K E R A M H N Y Y U B E S M M T Q P O
G E M T H E Y O U M M R S H E E V A G T
O J E E L Q B R R A P I E L C R V K L R
V R N T I O S D H A O H F L Z R O O L E
G X T L H W R C A N L D O M Q T O C M C
P L F F P R E S O P M O C N T R D T S N
P A S S A G E M E L O D Y F Y E N N P O
H D B W J S T R I N G D M I H C W H A C
Z C I U W P E N S E M B L E A N C S R B
Q N Y Q K Z V S O N A T A O V O P A Q G
D T G B H P X S Z I N K L S V C P N W R
```

ARRANGEMENT

BAND

CHAMBER   ENSEMBLE   ORCHESTRA   SCORE

CHORAL   HARMONY   OVERTURE   SONATA

COMPOSER   INSTRUMENTAL   PASSAGE   STRING

CONCERT   INTERLUDE   PERCUSSION   SYMPHONY

CONCERTO   MAESTRO   PHILHARMONIC   THEME

CONDUCTOR   MELODY   QUARTET   VOCAL

DRUMS   MOVEMENT   QUINTET   WIND

Opera

```
O C D I V A J W F M I E O E E E Q A L R
K O Q V I B R A T O O R O N L A I R A E
P M K G T Z T E W L L O E P A A K M M G
E P I N M Q T E A Y A C R J E R N B V N
R O T C M G W C R R P N S A Q M P I F I
G S A N S D I I T P E E L A C O V O F S
O E L B Z S C S U J M S F S T A G E S O
L R I U U X E P C O M P O S I T I O N A
E B A M U H R Z Q O Y E N C G T S K N T
S Z N S C E Y B X Q P F N R H T E N R H
I Q U R L O W B D I J E A O A O O U O E
O K O U L O F M D I F N R C T D R R D A
T X D O X S G R D A D A C A A I T U T T
T E S M Y R E N O I M A L M H S R E S R
E A I K E V U Q O D T A I S E O N A H I
R Z F J E N G S R O N R R A E O U A B C
B L H T V M E K V H P C M D R T N S R A
I Y N J C R N E N S E M B L E D T O E L
L O T B A R O Q U E G I C F E R K O J Q
M N B U M F S G Y C Y H M L E R O C S D
```

OPERA HOUSE
ORCHESTRA
PERGOLESI
PRELUDE
PRIMA DONNA
SCORE
SINGER
SOLO
SOPRANO
STACCATO
STAGE
TENOR
THEATRICAL
VIBRATO
VOCAL

ARIA
BARITONE
BAROQUE
CHORUS
COMPOSER
COMPOSITION
DIVA
DRAMA
DUET
ENCORE
ENSEMBLE
FALSETTO
FINALE
GRANDIOSE
HANDEL
ITALIAN
LIBRETTO
LYRIC
MAESTRO
MONTEVERDI
MUSICAL

Composers

```
E S N R V A Y M I F N I I U V I R X C K
V A T E E H G S T N I N W O W A G N E R
H H R R A B E Y A E I I N I N I S S O R
I D T Y A L R M G R F I S C H U B E R T
I L D C O V U A E F N I T T A L R A C S
M N S G H H I H B A S C H O E N B E R G
Z A R I C A C N M A L T P S L L I S Z T
Z E H S B C I H S F N S U W S E W H F K
P D G L O E C K Q K Y L C S H B D R E V
M I G B E A L B O S Y O C S O I T N H S
X R Z H R R X I R V Z H I M S Z X D A Z
P A G A N I N I U I S H N H T E B M Z H
M R E N K C U R B S T K I A A T V P S N
N H O S S L E D N E M T Y R K G R I E G
O M T B E E T H O V E N E B O R D Y B H
W R W M B E R L I O Z E U N V A A A L U
S S U A R T S I D L A V I V I W C G G K
M K L S R M Y R U J J H X C C H X M L V
L R K S E R R B M C R H A W H G D N R E
M C H O P I N D N N E Q L T R A Z O M K
```

BACH

BARBER

BEETHOVEN

BERLIOZ

BIZET

BOCCHERINI

BRAHMS

BRITTEN

BRUCKNER	LISZT	RACHMANINOV	SIBELIUS
CHOPIN	MAHLER	ROSSINI	STRAUSS
ELGAR	MENDELSSOHN	SCARLATTI	STRAVINSKY
GRIEG	MOZART	SCHOENBERG	TCHAIKOVSKY
HANDEL	PAGANINI	SCHUBERT	VERDI
HAYDN	PERGOLESI	SCHUMANN	VIVALDI
HOLST	PUCCINI	SHOSTAKOVICH	WAGNER

Musical Genres

```
I A L G P J T Q J P U P X W O M S F R O
S X I M P R O V I S A T I O N L L A W W
I N V Q D E L A W F J L W P A A G B E W
B A R B E R S H O P L J A C J T O D Q C
C O D H Z Z A J A S S A I R I Y D B H E
O K C O R J Z Y H O X S M M O I Z I J U
U B F B G S P J M M U I E E N H L C A Q
N D V A D I G O T M K K B G N D C I K O
T X A A L T E R N A T I V E R C R N S R
R A X N E A G G E R F W P E Z A O O O A
Y R R H C F W Y L Z B X N O P H A R R B
B Y X E G E G H V H J S P R P R G T C V
G K X J P D N A B G N I H C R A M C H T
E B W P E O L A N O S A E S D P T E E N
O S U O I G I L E R C B E I O N S L S E
F G B L U E G R A S S T G H E N E E T I
Q I N H F X V O X C H I P I L K U P R C
A T L A Y I W W F N T I B P C A L Y A N
L U J M T F I P I A H M E Y D N B K L A
S P M K L O F C L Q A C H A M B E R H L
```

MARCHING BAND
MUSICALS
OPERA
ORCHESTRAL
POP
RAGTIME
RAP
REGGAE
RELIGIOUS
ROCK
SEASONAL
SKA
TANGO
WEDDING

ALTERNATIVE
AMBIENT
ANCIENT
BARBERSHOP
BAROQUE
BLUEGRASS
BLUES

CHAMBER
CHILDRENS
CHORAL
COUNTRY
DANCE
DIGITAL
ELECTRONIC

ETHNIC
FILM
FLAMENCO
FOLK
HIP HOP
IMPROVISATION
JAZZ

Movie Music

```
J Y N K A G A M A T G D S G T F Z X G W
S U D S C C O Q O O H H V F D T D X C N
J G W O I O U N L O A E A L H S T S H Q
T J N R L A R D N L N H R E Q L H A E G
R H E I R E F E L A S R S O E B E M E N
M M E I H I M W S M F O I T S A T T K O
A H U W N T E D O U U L T V L E R S T L
I S T G A D E R E N O H Y L E E O I O E
T Y E Y A Y F T D N E H T N V R L R C B
H R P N H E W O I R I H L E O I L H H E
A P C P M R F E I R A A R I M W E C E W
D E E E A M T V W T O G H E A A Y E E E
T P H O U H E O J E R V R C X J S T K R
O T E S P R T A G E R O A J N K O I C E
B J I G R L Z E E I D E S F J U N H M H
E C Z U F Z E N G E M A F A Y A G W I W
Y O N L U C K B E A L A D Y M M U Z S P
O I N O I T C E N N O C W O B N I A R U
U W O B N I A R E H T R E V O O Q M R S
Y B S E O G E M I T S A C A B A R E T Q
```

ALL THAT JAZZ

AMERICA

AQUARIUS

AS TIME GOES BY

CABARET

CHEEK TO CHEEK

DO RE MI

EVERGREEN

FAME

GET HAPPY

GOLDFINGER

GONNA FLY NOW

I GOT RHYTHM

IT HAD TO BE YOU

JAILHOUSE ROCK

LET THE RIVER RUN

LUCK BE A LADY

MOON RIVER

MY FAVORITE THINGS

OVER THE RAINBOW

PEOPLE

RAINBOW
CONNECTION

SHALL WE DANCE

THE ROSE

THE SOUND
OF MUSIC

THE TROLLEY SONG

THE WAY WE WERE

THEME FROM SHAFT

UNCHAINED MELODY

UP WHERE
WE BELONG

WHITE CHRISTMAS

Musical Words

```
Y K Y N I I L B E L O C T A V E W H T V
W Y S M R F E T Z S U L R H Y T H M A F
F J K K C F E F P R F E W A G X O A C V
K I A Y H M G M D Z K M Z G O T X R C I
X N Z N P Z L Y A L H I T B U O F R O P
B S V O D C J S M P Y T H B C N H A M N
C T M Q F A H Y P Q A Y O S E E M N P N
L R R E M X N O Z A G Q C U A A R G A O
E U C E L C D T R P I E U G N W T E N T
F M B R D B N I E D R L R T O G T M I E
X E O A G J E P B B D F B S I Z T E M P
W N R D S G L R M B R E Z E T R C N E E
F T N Y N S A I T O K R S R I T C T N F
G A Y I V E T H N P E M O V S Y T A T E
E L K T Y I C D A O P A U L O W G G R M
E P E V N N O S T R T T N A P F Q O E D
Q I Z G Q R B S E H M A D R M U C L A U
K U E B V A E Z Z R U O K G O S O F B E
J O Y N W R M F M C C M N O C D R C J T
W I N S P H N I L A C O V Y Y E T R O F
```

			RONDO
			SCORE
ACCOMPANIMENT	COMPOSITION	LARGO	SOUND
ANDANTE	CRESCENDO	MELODY	TEMPO
ARRANGEMENT	DUET	NOTE	TIMBRE
BASS	FERMATA	OCTAVE	TIME
BEAT	FORTE	PRESTO	TONE
CHORD	HARMONY	REST	TREBLE
CLEF	INSTRUMENTAL	RHYTHM	VOCAL

CHAPTER 12

Bookworm

Word

Searches

Languages

```
H C T U D M A C E D O N I A N N N S N T
H S I K R U T E N A E R O K O A L A H W
P O L I S H S F R Q F B H R I O I A E N
G K E X C E N R G R Y I W T V N I R A R
T R B Q N N F E M V N E A E O I B I X O
I I E A X A B N A D G O N T C E G N T M
Y R P E E T U C I I R I S E H R A V E A
B A I E K E L H A C A E L E O I U I N N
J A W S W B G N Y N N A S E N V N E G I
C L S S H I A W Y I N P G A Y A D T L A
Y I A Q J T R B R D E U U C L G A N I N
J A B T U T I E I R D H K A Q E N A S H
P F L A I E A C A C T U T R I Z I M H S
I E I A R N N N L I P A V L A Y S E G I
L H R N M A T G L U C A S N A I H S J N
I C H S N O H U N G A R I A N T N E N A
H E S K I I N A I L A T I Z Q Q V I P P
A Z L G U A S R U S S I A N J G H I A S
W C E W U A N H N A I B R E S U E X A N
S Q W Z O H S I D E W S G O L A G A T N
```

JAPANESE

KOREAN

LATIN

LATVIAN

LITHUANIAN

MACEDONIAN

MALAY

NORWEGIAN

PERSIAN

POLISH

ROMANIAN

RUSSIAN

SERBIAN

SLOVENIAN

SPANISH

SWAHILI

SWEDISH

TAGALOG

ARABIC	DUTCH	GREEK	THAI
BASQUE	ENGLISH	HEBREW	TIBETAN
BULGARIAN	ESPERANTO	HINDI	TURKISH
CATALAN	ESTONIAN	HUNGARIAN	UKRAINIAN
CROATIAN	FINNISH	ICELANDIC	VIETNAMESE
CZECH	FRENCH	IRISH	WELSH
DANISH	GEORGIAN	ITALIAN	

Greek Gods

```
G E V J S O E H O Y L C P Q N I K E S B
W T S N P T Q W B N J D Q B N Q Y P T U
G I S E Y S S N M D W N A H I G E R K X
P M C Q R S B I V U C P S U S Y N O I D
T V P R U A C S C M H M T A R E H P B A
B S G L E V Q S N R S E D A H Q O Y R K
A E Y U T T E A O S U E Z R Y S E N A P
R H N T H M E D P S U V G S E A T I S W
K E C Q R E I M U T Z C I I I K A H U V
A I R E S T S E E S H M D J N Q C W L H
Z I H I E U H T J D E O F X Y N E T O E
Z U E S N P T S I T N S U R U E H E E S
X E O G R Y I S R A S E L U C R E H A P
A R P O Y S E A E E N O H P E S R E P E
E Z M H E H H S R A O L L O P A A T S R
L Y T M Y Y R E H S H S I R E V T B U A
T C E L P R H E Z O I P F E Q A H R T S
Q N R N M T B L C K K R E H G V E W O R
A S O O E E M F E K K U I H Q A N Q N O
W S P A X D G S S A E R O B X V A G I M
```

AEOLUS

AETHER

APHRODITE

APOLLO

ARES

ARTEMIS

ATHENA

BOREAS

DEMETER

DIONYSUS	HEBE	HESTIA	NIKE
EOS	HECATE	HYGEIA	NOTUS
ERINYES	HEPHAESTUS	HYPNOS	PAN
ERIS	HERA	IRIS	PERSEPHONE
EROS	HERCULES	MORPHEUS	POSEIDON
EURUS	HERMES	MORS	ZEPHYR
HADES	HESPERA	NEMESIS	ZEUS

Authors

```
W A G V O H K E H C M J O V H H M O I D
G Y T F Q G N Y K S V E Y O T S O D L U
T G I H Z G G P K T S O A L O T M M O O
J W D Q U I H L X H L M Z Z B B K P W S
E O A J S T P F A Z W W A Q V B D V O R
P Q Y I O A P K K C W Y A Z C X M P R E
M P R C N J E Q E V D J Z E K L H E D N
Q J Z T E S H I L L E R M A N O C I P K
I N L E P E F O G F Q L N N C U C N O L
P K R E N L L T J R W W Z L A K Y A E U
T J A E O N P L U H K V E H E D C M E A
C R S O E R L S I A E S C N G A N T S F
E B W T O N H L S V S M S P O R A I P T
I O S U N D L H E W L I I M W N L H I O
H U S A I I I O U W I E M N Q O C W L L
A T M E A A G M N P R F M O G C R B L S
B M Y N O K R E J Q R O T M V W J F A T
L H I O S D I R G B E H T E O G A V N O
V U M C P G V D P N K H G J I Q E Y E Y
R P P T R R U R E L D N A H C A K F A K
```

PROUST

RUSHDIE

SHAKESPEARE

SOPHOCLES

ASIMOV	DICKENS	IBSEN	SPILLANE
AUSTEN	DOSTOYEVSKY	JOYCE	SWIFT
CHANDLER	FAULKNER	KAFKA	TOLSTOY
CHAUCER	GOETHE	MANN	TWAIN
CHEKHOV	HEMINGWAY	MELVILLE	VIRGIL
CLANCY	HILLERMAN	ORWELL	WHITMAN
CONRAD	HOMER	POE	WOOLF

Poets

```
W O N O S R E M E O D L A W H P L A R F
Y R O B E R T B R O W N I N G W G Y E Q
P Z S R Z T S N G D I V O Z K I N W C P
G Q Y O R D V U E U L H N K Y L I Z U P
G D N B A L S G R A S T E E N L L E A I
D S N E P E G R T B U W K M L I P D H U
J I E R O H N U R M I S I I A A I G C T
E R T T U O I B U I L A A L N M K A Y G
N W D P N R M D D R U M D Y G W D R E A
O A R E D A M N E R B O A D S O R A R R
G L O N H C U A S U I H R I T R A L F T
L T L N E E C S T H T T N C O D Y L F N
K E D W F N E L E T R N O K N S D A O U
E R E A H A E R I R E A C I H W U N E L
J S R R J R M A N A V L K N U O R P G J
F C F R Y C U C H A L Y E S G R M O W T
F O L E S T H C E R B D L O H T R E B A
V T A N G R S E M A J Y R N E H G E R B
A T P P B A A L L E N G I N S B E R G O
S Q L O Y H T S E L I O T V I R G I L Y
```

ALFRED LORD
    TENNYSON

ALLEN GINSBERG

ARTHUR RIMBAUD

BERTHOLD BRECHT

CARL SANDBURG

CONRAD AIKEN

DYLAN THOMAS

E E CUMMINGS

EDGAR ALLAN POE

EMILY DICKINSON

EZRA POUND

GEOFFREY CHAUCER

GERTRUDE STEIN

HART CRANE

HENRY JAMES

HOMER

HORACE

LANGSTON HUGHES

OVID

RALPH WALDO
    EMERSON

ROBERT BROWNING

ROBERT PENN
    WARREN

RUDYARD KIPLING

SIR WALTER SCOTT

TIBULIUS

TS ELIOT

VIRGIL

WILLIAM
    BUTLER YEATS

WILLIAM
    WORDSWORTH

Poems

```
X N A R U O H S N E R D L I H C E H T D
S B I H T H E R O A D N O T T A K E N T
S T E A T T A B E H T T A Y E S A C P A
T D A A T A E N Q G U N G A D I N E A C
E U E R U P W N M T H E R A V E N E S E
N O E D S T A A Y Y O G A C I H C L S R
N R E W I P I C I S H G C R W X M L A T
O P H E H R A F Y H G D O L G A N E G A
S T T S E E S N U M F N R F H E V B E E
E O E O C B N E G L N O A O S L E A T H
R N V R I Y T Y R L D I G L C X Y N O T
A E O D D Z U H O E E R A N D N V N I E
E B L E N A L V E U V D E T O L O A N H
P H I R A N Y U S T A E B A P S U C D T
S T O D E T S N P F I R R A M A E A I S
E A D E R I S W I D G G E L N E C H A U
K E W R I U E Y S P Y G E O U N R O T G
A D O A F M S M P A O K B R L A E U L K
H U H S O N G O F M Y S E L F D P R X A
S B O T H E T E L L T A L E H E A R T D
```

SHAKESPEARE
SONNETS

SONG OF MYSELF

STAR SPANGLED
BANNER

THE CHILDRENS
HOUR

THE RAVEN

THE ROAD NOT
TAKEN

THE SONG OF
HIAWATHA

THE TELL TALE
HEART

THE TIGER

ULYSSES

WHEN YOU ARE OLD

A RED RED ROSE

ANNABEL LEE

AULD LANG SYNE

BEAUTIFUL DREAMER

BYZANTIUM

CASEY AT THE BAT

CHICAGO

CONCORD HYMN

DEATH BE
NOT PROUD

FIRE AND ICE

FOG

GUNGA DIN

GUS THE
THEATRE CAT

GYPSY

HOW DO I LOVE THEE

IF

O CAPTAIN
MY CAPTAIN

PASSAGE TO INDIA

PAUL REVERES RIDE

Shakespeare

```
H T E B C A M A T P M J W Y L G N T M C
I B V D C S N D I A I U I I O S U S F T
B W E Q H U Z I M R S L N I V E A E P N
T S C T N C W S O T I I T I E R S P Z I
W Z Y E D I E S N A N U E D S U Y M U A
E R R I C N R E O P O S R R L S O E M L
L A O L Y O H R F O D C S A A A U T S P
F E T U M R S C A E A A T H B E L E K M
T L S J B D E D T L D E A C O M I H C O
H G I D E N H N H C N S L I U R K T O C
N N H N L A T A E D A A E R R O E K R S
I I Y A I S F S N N S R V O S F I I I R
G K D O N U O U S A U S Y T L E T N O E
H M E E T G L P Y N O R H O R H G L V
T I G M X I N I O N E N N E S U A J A O
C P A O B T I O E O V N E L T S M O N L
E D R R C I M R T T X E H L M A L H U A
Q J T N Y Y A T R N Y T Y O N E E N S U
Y D E M O C T V Y A T S L R Y M T E H L
S R O R R E F O Y D E M O C E H T V K B
```

A LOVERS
   COMPLAINT

ANTONY AND
   CLEOPATRA

AS YOU LIKE IT

COMEDY

CORIOLANUS

CYMBELINE

HAMLET

HENRY V

HISTORY

JULIUS CAESAR

KING JOHN

KING LEAR

LOVES LABOURS
   LOST

MACBETH

MEASURE FOR
   MEASURE

OTHELLO

POETRY

RICHARD III

ROMEO AND JULIET

SONNETS

TAMING OF
   THE SHREW

THE COMEDY
   OF ERRORS

THE TEMPEST

TIMON OF ATHENS

TITUS ANDRONICUS

TRAGEDY

TROILUS AND
   CRESSIDA

TWELFTH NIGHT

VENUS AND ADONIS

WINTERS TALE

Fairy Tales

```
L E Z Y M I F N P E A D B K S D W A E E
E H G P E Y O I D L R F R T U I I E N L
Z Z W D F I E L L A D E H G E A Z P R B
N H Z W T D I E E R D G L F T M A E O A
U Q K C P W R B I R I Y D R I R R H H F
P E I I R E E B I N D N Y O H E D T T M
A F P A D U X D N U E I R G W M O D W M
R E C N L I I A C G U V O K W E F N A I
R S I B N N I K E T M B T I O L O A H R
O C I E G B L L E T U H S N N T Z S L G
F N O H A I C I Z M D L R G S T P S E S
B H O R N M U A B K N A R F L I Q E I R
P O A G H T G Z X W S Q S Q S L V C N E
D L I O N A N D T H E M O U S E B N A H
K A N I K S T L I T S L E P M U R I H T
N M P O Q R P U S S I N B O O T S R T O
B E A U T Y A N D T H E B E A S T P A R
G V K O S L E E P I N G B E A U T Y N B
S Z H A P P Y P R I N C E Z R N X S P X
A K O A S R F U E D L A N R D N H Y L Q
```

ARABIAN NIGHTS

BEAUTY AND
    THE BEAST

BLUEBEARD

BROTHERS GRIMM

CINDERELLA

FABLE

FICTION

FROG KING

HAPPY PRINCE

L FRANK BAUM

LEGEND

LION AND
    THE MOUSE

LITTLE MERMAID

NATHANIEL
    HAWTHORNE

OSCAR WILDE

PHOENIX BIRD

PIED PIPER

PRINCESS
    AND THE PEA

PUSS IN BOOTS

RAPUNZEL

RED RIDING HOOD

RUMPELSTILTSKIN

SLEEPING BEAUTY

SNOW WHITE

STORY

UGLY DUCKLING

WIZARD OF OZ

Classics

```
M T E C I D U J E R P D N A E D I R P R
G F S I O W N X Z W N S T A S P R T Y E
G Y E A F F L E O L U E R L A Q H S W T
S P S B E K M R D N O O D I E E T A A T
K M N E J F Y I A E O L D L G I H E I E
A E R C I R E L C M F N I R A A E S T L
I N H A E T S L O E I O A T S W G E I T
V M I N O O I F B O A P T I A D R H N E
B A N N R T O C T A E N L S O H E T G L
T A N I E N L E O S E A D N A L A D F R
C E S I E R G L O W Y V Q M R E T N O A
Q E L S T A A F E D T U O A E G G A R C
S D O M S Y W K Y W I F E M U N A N G S
E W D S A R F I A X E P O K A X T A O E
N M A Z A H N A O N E R A E S O S M D H
O P M T G G V T I H N P A C L L B D O T
A Z H A O P E G T R O A W F R A Y L T F
B E Y R E H T N I R E H C T A C T O Y H
V A C H R I S T M A S C A R O L E A T P
U H B D E A T H O F A S A L E S M A N O
```

A CHRISTMAS CAROL

A MOVEABLE FEAST

A PASSAGE TO INDIA

A ROOM OF
   ONES OWN

A TALE OF TWO
   CITIES

ANNA KARENINA

AS I LAY DYING

CANNERY ROW

CATCHER IN THE RYE

DEATH OF A
   SALESMAN

DON QUIXOTE

EAST OF EDEN

EMMA

FAREWELL TO ARMS

HAMLET

LOLITA

OF MICE AND MEN

OLD MAN AND
   THE SEA

PRIDE AND
   PREJUDICE

SUN ALSO RISES

THE GRAPES
   OF WRATH

THE GREAT GATSBY

THE PEARL

THE SCARLET LETTER

VANITY FAIR

WAITING FOR GODOT

WALDEN

Poetry Terms

```
N A N G L M I E P I G R A M R V H M E A
U O K F G A E R M M K C D S J C Y D S P
T M I F P J N T E A T Q L T N L D I R L
U N K S H E A G A F L Y R E H S B A E R
N V E O S D N L U P R L Y T C A D M V K
M C R C N E E T L A H A M V P K C B A A
Y Z E C C O R R A I G O I I D Y H I B U
H D T D O A M P U M T E R N S H Y C Q H
E L E L Y N B A X T E E T E N N O S E E
P R M G U A S K T E A T R I A J S X H C
I Z E J L K C O E O M R E A H Z A R O Z
C L B L D I I M N O P C E R T M N U T L
E F A U R P Y A N A U O O T E I P A Y M
R D F E F H I O H Z N O E T I L O R T G
X R M V R C D I L X K C E I E L I N I S
A I C N Q Y D Z G A T R E T A C O D E K
L S O N G V H E P T A M E T E R S F S L
M B D T E T R A M E T E R N O I T O M E
H O W N U J R R F E N A R R A T I V E Q
T E C H O R A L S I M I L E E N P X H A
```

LYRIC
METAPHOR
METER
MONODY
NARRATIVE
ODE
ONOMATOPOEIA
PENTAMETER
REFRAIN
RHYME
SIMILE
SONG
SONNET
STANZA
TETRAMETER
VERSE

ACCENT
ALLITERATION
BALLAD
CHORAL
CONSONANCE
COUPLET
DACTYL
ELEGY
EMOTION
EPIC
EPIGRAM
EXPRESSION
HAIKU
HEPTAMETER
HEXAMETER
HYMN
IAMBIC
LANGUAGE
LIMERICK
LITERATURE
LYRE

Science Fiction

```
K E M F D G G T U G E N N O V T R U K X
E T S A A R E T T O P Y R R A H Y U F B
R A S N R X A R T H U R C C L A R K E Z
T G T T T K D L R O W W E N E V A R B B
R R A A H M L L L E W R O E G R O E G T
A A R S V M P I S A A C A S I M O V V H
T T W Y A I M A G I N A T I O N N J A E
S S A M D W A R O F T H E W O R L D S T
X S R I E E N R E V S E L U J Z D A S I
O A S G R S N O W C R A S H G T C L M M
S E L C I N O R H C N A I T R A M D A E
D V F R A N K H E R B E R T X X N O D M
U W F B F R E D E R I K P O H L M U A A
N V U R S U L A L E G U I N O O U S S C
E N I E T S N E K N A R F F N F H H A H
R A Y B R A D B U R Y S C I F I O U L I
N E U R O M A N C E R E C A P S J X G N
P K V I W I L L I A M G I B S O N L U E
X E P K K W C A P T A I N K I R K E O B
K M T O A E L D A R C S T A C K K Y D W
```

ALDOUS HUXLEY

ARTHUR C CLARKE

BRAVE NEW WORLD

CAPTAIN KIRK

CATS CRADLE

DARTH VADER

DOUGLAS ADAMS

DUNE

FANTASY

FRANK HERBERT

FRANKENSTEIN

FREDERIK POHL

GEORGE ORWELL

HARRY POTTER

IMAGINATION

ISAAC ASIMOV

JULES VERNE

KURT VONNEGUT

MARTIAN
   CHRONICLES

NEUROMANCER

RAY BRADBURY

SCIFI

SNOW CRASH

SPACE

STAR TREK

STAR WARS

STARGATE

THE TIME MACHINE

URSULA LEGUIN

WAR OF
   THE WORLDS

WILLIAM GIBSON

Grammar

```
L A R U L P O N K I N F I N I T I V E S
T S I N J S U K R H M S M E F Z N T E N
E F Z O S O K L A A O C R S T E O N C E
N C U I N S R V M D D I Z A C T I E N H
S Y N T A E A O N J I L N R E N T M E P
E U D A R S M C O E F A U H J O A G T Y
D O E Z T P N A I C I T O P B L I A N H
I W R I I E O B T T E I N B U O V R E C
A S L L C L I U A I R Z O R S C E F S O
G E I A L L T L M V L T R E F I R D P M
R L N T E I S A A E N N P V Z M B R I M
A P I I S N E R L A D V E R B E B O W A
M I N P C G U Y C E S U A L C S A W L F
M C G A C R Q H X S R E N I M R E T E D
I I R C R W D Z E P A R E N T H E S E S
N T M S K R A M N O I T A T O U Q T J D
G R N O I T A U T C N U P L E X I C O N
G A C F Q E E H P O R T S O P A I A D C
B P E V I S S E S S O P C O M P O U N D
M U H N O I T I S N A R T D O I R E P I
```

PERIOD
PHRASE
PLURAL
POSSESSIVE
PRONOUN
PUNCTUATION
QUESTION MARK
QUOTATION MARKS
SEMICOLON
SENTENCE
SPELLING
SUBJECT
TENSE
TRANSITION
UNDERLINING
VERB
VOCABULARY
WORD

ABBREVIATION
ADJECTIVE
ADVERB
APOSTROPHE
ARTICLES
CAPITALIZATION
CLAUSE

COMMA
COMPOUND
DETERMINERS
DIAGRAMMING
EXCLAMATION MARK
FRAGMENT
HYPHEN

INFINITIVES
ITALICS
LEXICON
MODIFIER
NOUN
PARENTHESES
PARTICIPLES

Novels

```
H P S E S I R O S L A N U S E H T O B V
O E V T I G L I S M H D N U L I B N A Y
F R A Q H O N U C O I A F O J T R A T A
H N Y R L E G I W L M J R J E X A C T I
U K A I T A G A Y E A D D N U E V L L D
M M T M M O R R L D O U D R V C E O E N
A A R E R D F B A F Y E D O O O N V F I
N E H A S E I D T P R A L I N L E E I O
B T R E F S G H A I E N L T U R W H E T
O G N I I L E N S R I S H I A S W T L E
N D N V F F A T I N K E O G S S O R D G
D A N I L E H M E G R N T F H A R E E A
A I I I V E L M I O E I E A W I L D A S
G J E E N O O A A N M H N S F R D N R S
E S N I R W L D P E A E T P S E A U T A
A U G W E I V A H T I W M O O R A T H P
D H E G N A R O K R O W K C O L C A H A
T L L R S M R A O T L L E W E R A F A G
R Q N O C L A F E S E T L A M E H T A M
P R E I D L O S D O O G E H T E M W D U
```

A CLOCKWORK
   ORANGE

A FAREWELL
   TO ARMS

A PASSAGE TO INDIA

A ROOM WITH
   A VIEW

ANIMAL FARM

AS I LAY DYING

BATTLEFIELD EARTH

BRAVE NEW WORLD

DUNE

HEART OF DARKNESS

HOWARDS END

I CLAUDIUS

INVISIBLE MAN

LOLITA

LORD JIM

LORD OF THE FLIES

LOVING

OF HUMAN BONDAGE

ON THE ROAD

PALE FIRE

RAGTIME

SHANE

TENDER IS THE NIGHT

THE GINGER MAN

THE GOOD SOLDIER

THE GRAPES
   OF WRATH

THE MAGUS

THE MALTESE
   FALCON

THE SUN ALSO RISES

UNDER THE
   VOLCANO

WOMEN IN LOVE

Children's Books

```
N E G Q E L T T I L O D R O T C O D Y T
Z S S R B T C R Z O F O D R A Z I W P C
C A N U E A H U E P T G I L L E K S S M
S A P I O E W E R T E E B T L G E E E D
N S D N A H N R C I T T H A X X R K H T
I F O D O M K E I A O O E C M J O J T H
P D K U I O E R G N T U P R T B M L T E
P S O E N E M R A G K I S Y P A I J E L
O J E M B D W T T B S L N G R A H M I I
P S A L I I E O H Y H A E T E R N Q R T
Y P C S O N B R O G N C N I H O A G R T
R B I J T H I K A D I N R D N E R H A L
A X Y L R K S C K I L N H I H T H G H E
M S T A F F O M E H T A D O B A I A E P
S N I G G U H Y R N E H W O J E M M T R
T H E G I V I N G T R E E N O P H T E I
S S E R P X E R A L O P E H T G O T R N
O Q S S A P M O C N E D L O G E H T M C
O F V X T H E S E C R E T G A R D E N E
Y H W O Y S T E B D O O T S R E D N U N
```

THE CAT IN THE HAT

THE GIVING TREE

THE GOLDEN
   COMPASS

THE LITTLE PRINCE

THE MOFFATS

THE POLAR EXPRESS

THE SECRET
   GARDEN

UNDERSTOOD BETSY

WIZARD OF OZ

A WRINKLE IN TIME

BAMBI

CADDIE WOODLAWN

CURIOUS GEORGE

DOCTOR DOLITTLE

DOMINIC

GOODNIGHT MOON

GREEN EGGS
   AND HAM

HARRIET THE SPY

HARRY POTTER

HATCHET

HENRY HUGGINS

HOLES

JOHNNY TREMAIN

MARY POPPINS

PETER PAN

SKELLIG

SOUNDER

THE BIRCHBARK
   HOUSE

CHAPTER 13

Word
Searches
for
Big
Bucks!

Taxes

```
J I Y F E S C M W P Y E N I L D A E D T
R A B L T H J I A R I L L A U N N A A L
N N B A E W T E D O S E R I N C O M E T
F A T C W H X C R E D I T E B F A V R M
T U K A H P P K Y E T A T S T K D O W K
S M T O E M U T G K S H E I B R P K Z U
U Q L N C T N E D N E P E D R E A P Q G
X D S K A S N R J N O O S Y R S S U E O
C E V V P N T X W E X T E N S I O N Q V
J P F S I E O N Q D E D U C T I O N O E
K Q E A T Y X I I N H E R I T A N C E R
X K D V A F T E T R W R K X M R P M I N
W R E X L E I R M A E C Q Z K E A R D M
S Z R E G H L L E P C V X O R F P O E E
E G A W A S V B I P T I E Q W U E F K N
Y J L W I B E A A N O I L N A N R X M T
D I G Z N A U L P X G R O B U D W Q P M
N R T A S D I F A F A U P N U E O A H L
E T J H I K V Q X S Y T G K Z P R E J B
P O S T T H E P R O F I T U K E K F R U
```

			PROPERTY
			PUBLICATION
			QUARTERLY
			REFUND
			REPORT
ANNUAL	DEPENDENT	GOVERNMENT	REVENUE
AUDIT	EXEMPTION	INCOME	SALES
CAPITAL GAINS	EXPENSE	INHERITANCE	STATE
CHECK	EXTENSION	IRA	STATUS
CREDIT	FEDERAL	IRS	TABLE
DEADLINE	FILING	PAPERWORK	TAXABLE
DEDUCTION	FORM	PROFIT	WITHHOLD

Currency

```
Z A M S G P P A S C F H D T F T U P S U
F A O I R E O E G X F Z I D R G H Z U M
U S B Q S E E U Y W R R N E A C M S Q B
A P U E J P D N N M I S A U N P E S O S
C Z T V U I U L A D H X R T C C R F Z O
F A H R B R Y R I A S X S S S E T H A B
S I N R O E K I I U X W O C R A D N A R
N S I K S K K P U U G C R H U M W J Q S
E H C H A R U S R R O V K E F H E R I L
Y I W A F R T L L E L W Z M Y C F H U K
K L R V X L A E Q S A E P A U A A V E L
Y L I G V J N K Q T D I I R F R R H Q K
Z I N N Z S L E C L Q F S K N D I J A L
A N G H T S S H X S Y O Z S F O R I N T
N G G P M I R S S E R A V I L O B K I R
Z S I O R U L W G S K S M A H R I D D I
J E T O B O A E D C D O L L A R S I L Y
U S S L R O I N E S C U D O S J W U C A
B Q E U X E K R O N E R H C Y T O L Z L
S S E K W A C H A J S T J X Y K D Z D S
```

BAHT
BOLIVARES
DEUTSCHE MARKS
DINARS
DIRHAMS
DOLLARS
DRACHMAE
ESCUDOS
EURO
FORINT
FRANCS
GUILDERS
KORUNY
KRONER
KWACHA
LEI
LEVA
LIRE
MARKKAA
NEW SHEKELS
PESETAS
PESOS
POUNDS
RAND
REAIS
RINGGITS
RIYALS
RUBLES
RUPEES
RUPIAHS
SHILLINGS
YEN
ZLOTYCH

Business Leaders

```
T D R W A D O L P H U S B U S C H D R I
H L E E I A H S J A Y G O U L D N L E C
Y T I S K L V E E R A Y K R O C A I L Z
E N R B U A L E N T U E P F M H O H L H
N O A O R O B I R R A T V V Y M L C E A
N I N G W E H E A Y Y G S J O P S S F R
E H G I R L D G D M F H L M X S P H E V
P O S K Z O O N N U C I E L J G D T K E
C E U B L W M O A I T O S I I V E O C Y
S J F Q K E E P W V T S L H N B R R O F
E A H F Z N Q X J K S S T G E Z F R R I
M D R O F Y R N E H N U E N A R L E D R
A H S A Y A K Y R A M A I W E T A Y N E
J D A V I D G E F F E N R L E M E E H S
J E A N P A U L G E T T Y F E G E M O T
N E E R G L A W S E L R A H C N R L J O
T L E I G E N R A C W E R D N A R O C N
M I E H N E G G U G R E Y E M X H O E E
Q Q Y Y E L G I R W M A I L L I W E C G
S I S S A N O E L T O T S I R A X F N Q
```

			JOHN D
ADOLPHUS BUSCH	CLEMENT	HARVEY FIRESTONE	ROCKEFELLER
ALFRED P SLOAN	STUDEBAKER	HENRY FORD	MARY KAY ASH
ANDREW CARNEGIE	CORNELIUS	HENRY HEINZ	MEYER GUGGENHEIM
ARISTOTLE ONASSIS	VANDERBILT	J P MORGAN	MEYER ROTHSCHILD
AVERY FISHER	DAVID GEFFEN	JAMES C PENNEY	RAY KROC
BILL GATES	FRANK WOOLWORTH	JAY GOULD	WILLIAM COLGATE
CHARLES WALGREEN	GEORGE	JEAN PAUL GETTY	WILLIAM WRIGLEY
	WESTINGHOUSE		

Economics

```
D I S T R I B U T I O N S T O C K S P R
R L Q B S D N O B Y U G W M M I C R O B
G L S T H B O X E T Z F N O T J U A H B
O E G C M Z R H S U P P L Y R A Z J T R
S S P N K X A M G O H I E Q D K N S E Y
V B G X L A I C N A N I F J Q R S M C E
K J N G F I V K R A M H Z D K E U N L X
S T E E R T S L L A W E Y P N S E Y A P
I H I Z Z E S V A V M H I N R N C B O
N M T N E M E G A N A M S O R A I O O R
F O P E B S X U N E K U C U O L T N R T
Y G I O G A E O Q Q B N C L G N M S U Y
N U X T R N R R Y D P Y S E A D U E E
N M B S C T A T V I J O H M C Z E M K N
S Z E T A U M H E I I J T R I H M P G O
C K N P R A D D C R C S O B M N A T O M
N K N H R A W O R X E E Y E A J N I O B
P D L K A T D V R V E I S D T N D O D E
Y I E T E S G E N P R A L L O D K N S B
L T F V W G B I R E S O U R C E S I X A
```

BANK

BARTER

BONDS

BUSINESS

BUY

CONSUMER

CONSUMPTION

CURRENCY

DEMAND

DISTRIBUTION

DOLLAR

EXCHANGE

EXPORT

FINANCIAL

GOODS

IMPORT

INVESTMENT

LABOR

LOAN

MACRO

MANAGEMENT

MARKET

MICRO

MONEY

PRODUCTION

RESOURCES

SELL

SERVICES

STOCKS

SUPPLY

TRADE

WALL STREET

WORK

Finance

```
R C O X P N R Y V Z G P W Z N A O L X I
T E X N X A E R T Y W V U M Z E X B Q M
Q A C Z W T A V M F Z B R X U R Y O K D
T Y X E Z A W F T N N R L X V W S O C O
S B T E I V Y F R D E F P E M H M K M J
A T P I S V I L R H B F A S C K D V X C
M C A Z L N A W J E X R W A G I B A D A
O R F T B I H B X F N D S A V T B L L P
R E D F E K B P L I U H T I S A A U A I
T D T E N M E A N E F P D D L L S E P T
I I D Q A N E G I L I E O A I E S M I A
Z T V D S I S N O L N O N Q E Q E A C L
A P G E M N Z W T D G C U Z T U T R N P
T V S A H N N Q H F E I E B H I S G I A
I J M C O T L R O S D N E M B T D I R Y
O D K V I O H T H I T D Y D O Y G N P A
N G O F L T S E T E L T N C O C S O S B
I G O Q Z O E Y S T N U O C C A N S Z L
E R V G C T T S E R E T N I V Z R I O E
P R D E P R E C I A T I O N C O S T S L
```

LOSS

MARGIN

ACCOUNTS	COST OF GOODS	EQUITY	NET
AMORTIZATION	COSTS	EXPENSES	PAYABLE
ASSETS	CREDIT	INCOME	PRINCIPAL
BALANCE SHEET	DEBT	INTEREST	PROFIT
BOOK VALUE	DEPRECIATION	LIABILITY	RECEIVABLE
CAPITAL	DIVIDEND	LIQUIDITY	STATEMENT
CASH FLOW	EARNINGS	LOAN	TAXES

Business Plan

```
X U Z S L A I R E T A M W A R W G B S S
U C N I R U E N E R P E R T N E V G I N
X L L M G L V V R E V O M T S R I F S I
S V F M O O F E R P K B M A N G E L Y G
P A E A O A U N X Q O S I O K I R Y L R
A L S R D N A T L Y I H S P X N I O A A
E U A K W C U U O Y X J S E A V S D N M
P A E E I E W R E C P O I R F E K F A T
R T D T L P C E U Z R Q O A O S N U Q E
O I I I L Q M C N Y O N N T U T X H J K
F O K N P A P A E J F P S I N O F P E R
O N Z G R M M P V N I R T O D R Q M S A
R L E G V T P I E J T O A N E Q O N T M
M J A X G N P T R M N D T S R C S K R T
A I H M P L L A D O N U E I N S G A A E
D Q T T L D L L L X H C M I R U A N T G
S N O I T C E J O R P T E O I T A R E R
E V I T U C E X E N R U N F S L U L G A
S T A T E M E N T Q O S T E K P B Q Y T
B X W O R K I N G C A P I T A L M N K M
```

ANALYSIS

ANGEL

DIAGRAM	INCOME	PRO FORMA	RISK
ENTREPRENEUR	INVESTOR	PRODUCT	STATEMENT
EXECUTIVE	LOAN	PROFIT	STRATEGY
FIRST MOVER	MARGIN	PROJECTIONS	TARGET MARKET
FOUNDER	MARKETING	RATIO	VALUATION
GOODWILL	MISSION STATEMENT	RAW MATERIALS	VENTURE CAPITAL
IDEAS	OPERATIONS	REVENUE	WORKING CAPITAL

Banking

```
F Y L A R E D E F T S R I F J F C N C Z
S I C R E D I T U N I O N V I U L I D Q
N N R W E L L S F A R G O R C D P O D C
N A E S K E Z F H Y K Y S N O K R G A F
S O T Z T F D N L Q B T V O M H O J Z N
X B T T I N J I X M U Y O I M K C J M B
T A R S A T A V W S M Q G N U N I W S W
Z I C Q O H I T A Y E O S U N A T A R O
S E S I C B N C I H T G A T I B I R E S
M N K O R A F A W O I I E S T T C D M F
F W D Q P E P O M T N L C R Y E V H R V
Z Z V P A E M I K E R A X I N E Y T A S
O Z M M D U D A T N S U L F A L E I F A
N A G R O M P J F A A A S Z T F N W U V
P R O V I D I A N O L B H T I E O A O I
C H E C K I N G R U K O W C O W K N P N
M O N E Y M A R K E T N N D N G N U X G
U A C I R E M A K N A B A E A N A N T S
Y R U S A E R T X J D K M B L O B F J Y
R E K N A B L L E W D L O C R E L L E T
```

BANK OF AMERICA

BANK OF BOSTON

BANK ONE

BANKAMERICA

CAPITAL ONE

CD

CHASE MANHATTAN

CHECKING

CITICORP

CITIZENS

CITYWIDE

COLDWELL BANKER

COMMUNITY
    NATIONAL

CREDIT UNION

DEPOSIT

FARMERS

FDIC

FIRST FEDERAL

FIRST NATIONAL

FIRST UNION

FIRST USA

FLEET BANK

JP MORGAN

LOAN

MONEY MARKET

PROVIDIAN

SAVINGS

TELLER

TREASURY

TRUST

WELLS FARGO

WITHDRAW

Retailers

```
N Y Z L Z K R N R X P C H U Q K N E T U
O M O R T S D R O N O W J Y F E X O L A
A E O Q W O O L W O R T H S E I P A N A
F T H E G A P L R U L T S R K E V X L N
E U O N O K P T E I L E G E D R T B D C
V B K G W D Y O Q R W L A E E O E P A M
P L L P G I T P V O A O M P Y R C Q V B
E T A R G E T E L W N O U S T A L Y K Z
J E W H V X J D X Y H S R S S L H O K Z
C O N X Q Y D E A T N U O B E S T B U Y
P H W M T R Y C M I S N W A L M A R T H
E V I V A A K I E C S S R H Z L A C R Z
N Z U N W M R F C T T H E L I M I T E D
N A E E W B O F I I D D S R E J I E M D
E M F K I S G O F U S I I E C O S T C O
Y A L M Y Z E P F C U E A L L K H M A I
S W P A X H R G O R K S A E L P H J G P
V Y Q R Q R Q E F I K Q U R T A A A K A
Y G R T X T L Z S C S K A S S I R T J C
D F F L R Z H I K V W R I W E J R D S B
```

ALBERTSONS

BEST BUY

CIRCUIT CITY

COSTCO	KOHLS	OFFICEMAX	TARGET
DILLARD	KROGER	RITE AID	THE GAP
HOME DEPOT	LOWES	SAFEWAY	THE LIMITED
IGA	MEIJER	SAKS	TOYS R US
IKEA	MENARD	SEARS	WALGREEN
JC PENNEY	NORDSTROM	STAPLES	WALMART
KMART	OFFICE DEPOT	SUPERVALU	WOOLWORTHS

Corporations

```
R U Q C H E V R O N T E X A C O G W E P
W M S X D O W C H E M I C A L S E U F E
B A B B L I O N O H T A R A M J N O I P
K J L I C L I B O M N O X X E E E K L S
U D N T N C R O T O M D R O F Y R U T I
R V L D D O O E L E T N I M G F A M E C
V X U O A I R M T S P U H O T A L R M O
U E M Y C Y S T M A L T U C N N E A F J
E L R D M K T N H U T Y P A I N L F R U
D D E I K M H I E R N S R I R I E E A C
Y L X N Z F Z E M Y O I L V P E C T L I
L S P V J O B U E E T P C L S M T A O T
G N I E O B N S X D W F G A A A R T R I
L A I T N E D U R P M A O R T E I S O G
T R A M L A W X K U P A R S U I C S T R
X E R F U R E Z I F P V R N O M O V O O
Y E L N A T S N A G R O M T E R M N M U
Z G E N E R A L M O T O R S I R C A S P
F G H C N Y L L L I R R E M L N L I N S
N L S P I L L I H P O C O N O C L V M I
```

NORTHROP
   GRUMMAN

PEPSICO

PFIZER

PRUDENTIAL

SBC COMMUNI-
   CATIONS

SPRINT

ALLSTATE	EXXON MOBIL	LOCKHEED MARTIN	STATE FARM
BOEING	FANNIE MAE	MARATHON OIL	TIME WARNER
CHEVRONTEXACO	FORD MOTOR	MERRILL LYNCH	UPS
CITIGROUP	GENERAL ELECTRIC	METLIFE	VERIZON
CONOCOPHILLIPS	GENERAL MOTORS	MICROSOFT	VIACOM
DELL	IBM	MORGAN STANLEY	WALMART
DOW CHEMICAL	INTEL	MOTOROLA	WALT DISNEY

Dot Com

```
X G T H I K Y A B E M P T T H Y B Y Q L
R S R K O C C X M Y S Q A W D V A B J X
V D F E E E X P E D I A W N H E L Y I A
R S Z W T C W O H O X Z T H L B R L V W
D X X E V S O O L I F D I V A D F I R A
M B D E T L P M S Y O T E F G T K U W J
T K V J R G J A M I R Y X V E C R S Y Q
R W Z B A H Y C N E A O B N A M A Z O N
P V D S V V S C T H R H T I N I W L C O
W D Y L E T Q W O I B C J A N O A E H V
I V K N L U G O Z J M E E E G T L W B E
N C A I O E G N T T F E T N S I T A O R
T X L M C P L Q A F F S W I S V V P S S
E C V J I D R G B Y C O V A C M W A P T
R E L E T C K E O A Y A S Y R U W M N O
N U E Y Y A Z U P O T R C O I N W P Y C
E G V Y P O P E R L G F R I R E E N D K
T F J Q S W D J A L O A M E Y C P R H E
E X P L O R E R E L B B U B J S I Y Q Y
U V Y T V F O D T S E U Q P A M W M P I
```

ALTAVISTA

AMAZON

AOL	EXPLORER	MICROSOFT	SALON
BUBBLE	GOOGLE	MSN	TIME WARNER
DAVID FILO	HTTP	NAPSTER	TRAVELOCITY
EBAY	INTERNET	NAVIGATOR	WEB
ECOMMERCE	JEFF BEZOS	NETFLIX	WIRED
ETOYS	JERRY YANG	NETSCAPE	WWW
EXPEDIA	MAPQUEST	OVERSTOCK	YAHOO

Billionaires

```
C W S O Z E B F F E J E G A P Y R R A L
F I R H P C V V P G N A Y Y R R E J D F
N L V Z S U M N E R R E D S T O N E S Q
O L O F L N N E L L A L U A P K Q C T W
S I Z J R U P E R T M U R D O C H A E J
I A N E G R O G E R P E N S K E Z R V B
L M N L S A C U L E G R O E G L L L E A
L W P H I L I P K N I G H T Q L E I N W
E R Z N I R B Y E G R E S Y W S N C S H
Y I V O K I R K K E R K O R I A N A P C
R G T T E F F U B N E R R A W M C H I S
R L R E M L L A B E V E T S S B Q N E S
A E M I C H A E L B L O O M B E R G L E
L Y P D O N A L D T R U M P I M S O B L
Z T L E R O O M N O D R O G X J I P E R
T G Z O F M I C H A E L D E L L X H R A
E W X B R B N E R U A L H P L A R B G H
H H D A V I D F I L O D A O R B I L E C
N E F F E G D I V A D S E T A G L L I B
M M G L J I Z J G E O R G E S O R O S K
```

BILL GATES	GEORGE LUCAS	LARRY PAGE	ROGER PENSKE
CARL ICAHN	GEORGE SOROS	MICHAEL	RUPERT MURDOCH
CHARLES SCHWAB	GORDON MOORE	BLOOMBERG	SERGEY BRIN
DAVID FILO	JEFF BEZOS	MICHAEL DELL	STEVE BALLMER
DAVID GEFFEN	JERRY YANG	PAUL ALLEN	STEVEN SPIELBERG
DONALD TRUMP	KIRK KERKORIAN	PHILIP KNIGHT	SUMNER REDSTONE
ELI BROAD	LARRY ELLISON	RALPH LAUREN	WARREN BUFFETT
			WILLIAM WRIGLEY

Investing

```
W N B N L Z W V S Y D S O F C S F Z R R
O N O L Q F B A N A S D A Q Y L Y K J A
W E T V M U O G L J R V F U C Q B Z W G
O B E P R T N J K L D E R I V A T I V E
W A A V E U D N F F S S S L N Y S E A T
Q N X A T R S X N S N T W K A Y Y K S B
A K Y K T E U E S O G C R M C G Q E S E
M P L I R S Z W I P L U G E P O T Z E D
L D X M O K P T D C F P L U E A T A T B
F V H U H C P E N E I I T O T T T S C A
U S J M S O M E D A U O N S N N C R R M
I F A U O Q H N V X G L E A E G E I E O
V O U V Y N U P B T E L A M N K T G D D
W U L Y I O E E J E A M E V O C D E Y Z
H U B Z P N R Y C E C R A R J E I C R O
V E U M F U G W R A I Y B D H U T A I M
U I O B T J V S D T S N I G R A M F L M
P C P A C A L L E J J H H B Z S V U Y I
X U M H N U O R M N P B W J L R H N D S
N I L Y S D T X V D T I Q R F L Z D T N
```

AMEX

ASSET

BANK

BONDS

BROKER

CALL

CASH

COMPOUND

DEBT

DERIVATIVE

FINANCIAL

FUND

FUTURES

HEDGE

IRA

LONG TERM

MARGIN

MATURE

MONEY

NASDAQ

NYSE

OPTIONS

PUT

REAL ESTATE

RETIREMENT

SAVINGS

SHORT TERM

STOCKS

VALUE

WALL STREET

Stock Symbols

```
W Q J C N A O Q M D I E M W I W L Q A K
C C T E H Z J U P X P M F Z U Z A M H T
T G I E R P U K P Y B Z N T R I Y M H U
N C C N M Z C T L Z X O M M X L S V O N
I O X C D J N E Y H H Y Z H A F V R B A
N T N X V N Z D F F X E O D T A C R Y O
L M M W B N G M E P X M N A S L P T T G
X B K J S S G P E L X D F I N R G L J S
O U H Z V D H N H O L N S N Q F V U N F
K Q Q H Z I X S M Y Y X J S U N W N J I
Q E T Q Q B N L P T L T Q J X K C O B W
J M G J J J P S T W L P Y C A Z M M M V
Y E K M C U M X W X H O S I P M Y T M G
B N S H D M S J M G A C N Z W O S V D P
L C U J U A C D R J L A P I R C O L P N
Y B T L S H T S J H T L O R K Q O G T W
U N A A R U F D A A T V I I S U H M P K
K U Z C M B O Z J B J K K S V L Y O N K
B V V X B A N U K M X O C S C N X T R P
R S T Y A L S N O K O G P X G U M M S O
```

NWS

NXTL

ORCL

OSIP

PFE

PLMO

QCOM

SANM

SGP

SIRI

SPY

SUNW

SYMC

TWX

TXN

VRTS

WMT

XOM

YHOO

AAPL	DELL	IBM	LLY	
AMAT	FDX	INTC	LU	
ATVI	FON	JBX	MOT	
BAC	GE	JDSU	MRK	
CIEN	GTW	JNJ	MSFT	
CMCSA	HEC	JPM	NOK	
CSCO	HPQ	LDG	NT	

CHAPTER 14

Word Searches' Opening Night!

Television Shows

```
N E A G J E D Y Q L T N L B N T N Q U I
T V N N U U Y E B Z K D I E H V K C S W
E I O I D L N N I P J G R E L U Z I F Y
G L T W G B A R A Q B D B D U X P L I J
D O H T E D S A X R L A A F R I E N D S
A T E S J P T B O I C Y J A C K A S S M
G E R E U Y Y T H H S O O D Y B O O C S
R F W W D N H C E O S E U L C S E U L B
O I O E Y E Y L F P E Y T O N P L A C E
T L R H R M O O A M E R I C A N I D O L
C E L T L R U S E X A N D T H E C I T Y
E N D L E R K E E R C S N O S W A D D T
P O A T L L A T I P S O H L A R E N E G
S F T I A S T H E W O R L D T U R N S M
N E V D E B O B T H E B U I L D E R F M
I E G U I D I N G L I G H T S A L L A D
S T T E E R T S E M A S E S U C O R I H
K J Y I E R I A N O I L L I M E O J R I
T H E O S B O U R N E S S U R V I V O R
R U G R A T S D A R K S H A D O W S X U
```

NYPD BLUE

ONE LIFE TO LIVE

PEYTON PLACE

RUGRATS

ALL MY CHILDREN   BLUES CLUES   FRIENDS   SCOOBY DOO

AMERICAN IDOL   BOB THE BUILDER   GENERAL HOSPITAL   SESAME STREET

ANOTHER WORLD   DALLAS   GUIDING LIGHT   SEX AND THE CITY

AS THE WORLD
TURNS   DARK SHADOWS   INSPECTOR GADGET   SURVIVOR

DAWSONS CREEK   JACKASS   THE BACHELORETTE

BARNEY   DAYS OF OUR LIVES   JOE MILLIONAIRE   THE OSBOURNES

BIG BROTHER   DYNASTY   JUDGE JUDY   THE WEST WING

Broadway Players

```
D Q S Y Y R U B S N A L A L E G N A Z W
U J A M E S E A R L J O N E S J U N Q V
S V S U V P P L S T T S D G B O H R H D
T N D N T W E Z S D R E D E B V N U H G
I O R A L N C A E A U D O R E O I B E H
N S E M H A N L N T H D N A A F L P J H
H A N G E M E B N S H E A L T R K E A A
O E R R U E R E I N T G L D R E N H S R
F L U E R E W R U O E L D I I M A Y O R
F G T B S R A T G R B E P N C M R E N Y
M E N D E F L F C A Y B L E E U F R A B
A I E I D N E I E D R A E P A L E D L E
N K E R E A V N L N A R A A R P I U E L
P C L G C G E N A I M A S G T A N A X A
E A H N R R T E Y L R B E E H D N E A F
Q J T I E O S Y V G W R N T U N O E N O
U C A D M M S K T W H A C D R A B A D N
O T K G E G I K H Z X B E M B M T S E T
R O L Y A T H T E B A Z I L E A I W R E
L A U R E N C E O L I V I E R S H I E C
```

ALBERT FINNEY	BEATRICE ARTHUR	HARRY BELAFONTE	LINDA RONSTADT
ALEC GUINNESS	BONNIE FRANKLIN	INGRID BERGMAN	MARY BETH HURT
AMANDA PLUMMER	DONALD PLEASENCE	JACKIE GLEASON	MERCEDES RUEHL
ANGELA LANSBURY	DUSTIN HOFFMAN	JAMES EARL JONES	MORGAN FREEMAN
AUDREY HEPBURN	ELIZABETH TAYLOR	JASON ALEXANDER	STEVE LAWRENCE
BARBARA BEL GEDDES	GERALDINE PAGE	KATHLEEN TURNER	
		LAURENCE OLIVIER	

Playwrights

```
S E Y T R E T N I P D L O R A H B V R Z
E H W D H O E G V S J E T S R E I T F S
R S S O R O I J W O R E E N R K E L F X
A M E N L D R N A I K M A T Q R B X N W
E A H O C R A N A M A E O N R S W P A S
P I G S S V A T T J E L H E G M G H H R
S L U L H A L M Y O D S N C A E S F R E
E L H I E O M R R B N C B H N D N E Z L
K I N W V E N U R E E W G A R O L E T L
A W O T G E B E E M H U I A L L T E T U
H E T S H O C L C L A P N L I D M N T C
S E S U S H R N A M B R O M D A W R A C
M S G G T T A E T D E E R T M E A I E M
A S N U M L A E V B R U C D S H R Q N N
I E A A L A S E E I H A I K S I T D X O
L N L Y X R M G Y T D V W S E T R I K S
L N G B E X R V R B A A O D Z T T H V R
I E P M Z O S A T D W M L C E A T E C A
W T O B E E I T S I R H C A H T A G A C
V S F G T T O B B A E G R O E G Q R L W
```

AGATHA CHRISTIE

ANTON CHEKOV

ARTHUR MILLER

AUGUST WILSON

BERTOLD BRECHT

CARSON MCCULLERS

CHRISTOPHER
    MARLOWE

DAVID MAMET

EDWARD ALBEE

GEORGE ABBOTT

GEORGE
    BERNARD SHAW

GORE VIDAL

HAROLD PINTER

HENRY JAMES

JAMES BALDWIN

JEAN GENET

LANGSTON HUGHES

MOSS HART

SAMUEL BECKETT

SOMERSET
    MAUGHAM

TENNESSEE
    WILLIAMS

TERRENCE
    MCNALLY

THORNTON WILDER

VOLTAIRE

WB YEATS

WILLIAM
    SHAKESPEARE

Magic Show

```
E J F W K P L H D L Q Q U O B K X P D Z
U A L V Q F C K N H G P B H T B Y H I H
I J E K A F Z F H W L Y X Z O E R S S C
X T T E X M R R E A R A B B I T U C A O
S U R P W R N L U F S D Z S I P A Y P N
A E P E R F O R M O R S C Q E R D F P J
A R C T S I W T Q O S T I R D J S I E U
A B X R T S B S J L N W N S X Z Z T A R
F S R G E K L T R E C A O O T D W S R E
T Y C A R T B N R D T N L R Z A X Y T E
D L K A C Z H Y A U X P S W D J N M Q U
O E E C R A U O R N O I S U L L I T H C
T E H J O F D A U H C W A N D B O N H D
S K V V B L L A F D P A O C Y H A A Z R
E R O E N J M S B F I W P R S I I W C A
R A B Q E Z H G K R H N J E C N H A T Z
P O X S D L A N C L A U I I S Q G N Z I
T A L I U V S I I Q H D G E S C A P E W
D F G G B E L R R C H A B R O P E S W B
K M H F H T U U T N M Q Z K B I J A L M
```

ABRACADABRA			
ASSISTANT			
CAPE	FOOLED	PERFORM	SLEEVE
CARD	HAT	PRESTO	SUPERNATURAL
CHAINS	HOUDINI	RABBIT	SWORD
CONJURE	ILLUSION	RINGS	TRICK
DISAPPEAR	LOCK	ROPES	TWIST
ESCAPE	MAGICIAN	SCARF	WAND
FAKE	MYSTIFY	SECRET	WIZARD

Comedians

```
Q R N Q Q C J X J B D Y G F M I M O S V
W X O X S D I A R O O E E A T W M R N B
S D F D Z H C Z M E O B D T L D E U N O
D T I X N K E D R R N R N A W T P S Y B
O U C C B E E C G O E D T E N A E M Q G
G B D E K L Y E K T Y S A I W G N C V O
U E N L O S C D S Y Y R W R O H H T G L
Y N O U E A M M A R G N P O A A A N Y D
Y A I R R Y A O C N A R T D R D I R C T
E S R L G Y M Y T H G S E L R L L H T H
E P I R E E L O T H E E I E D A I I T W
L N O R U L B A O E E E R N N C H R G A
L Z O H I M N U R R C R A F O E K C K I
I M H B B O L H R H E H S M I A P Y I T
H D T E J O T L A N S U A D R E Y I L R
Y E Z T K E B P I Y S R V O I Z L K U H
N T Q P H A L F R B X X Y J J J M D L W
N F S T P I C R T T E K C A H Y D D U B
E D J G N S A R O B I N W I L L I A M S
B D D E H G J O H N N Y C A R S O N E L
```

BENNY HILL	CHARLIE CHAPLIN	GEORGE CARLIN	ROBIN WILLIAMS
BILL MURRAY	CHICO MARX	GILDA RADNER	RODNEY
BILLY CRYSTAL	DICK SMOTHERS	JACK BENNY	DANGERFIELD
BOB GOLDTHWAIT	DOM DELOUISE	JOHNNY CARSON	SHECKY GREENE
BOB HOPE	DUDLEY MOORE	JONATHAN WINTERS	THE THREE
BOB NEWHART	GARRY SHANDLING	MOREY AMSTERDAM	STOOGES
BUDDY HACKETT	GEORGE BURNS	RICHARD PRYOR	

Funny Movies

```
Y Y R O T S A I H P L E D A L I H P C E
N R T T A F R I C A N Q U E E N A Y R I
G I O H O H N A M N I H T E H T R O T L
D N A T E B S L L A H E I N N A S U T E
F Z I R S I E U P U O S K C U D E N O M
O G J T E S N O R H D I K E H T N G H A
Z E A R S H A C R D S J N N O Z I F T H
N X S C O E T M R N L I N W A Y C R I I
H A R V E Y H N T E O O F I D P A A E S
C H A R A D E T I S D T G G Z Z N N K G
N A T T A H N A M N I I T E I M D K I I
C I T Y L I G H T S I R B O H B O E L R
F I N D I N G N E M O G H L B T L N E L
R O M A N H O L I D A Y N C E E D S M F
D R S T R A N G E L O V E I A S L T O R
B R I N G I N G U P B A B Y S Z A E S I
R O T A T C I D T A E R G E H T C I L D
S U L L I V A N S T R A V E L S E N C A
E S I D A R A P N I E L B U O R T S X Y
B T X N I G H T A T T H E O P E R A E T
```

A CHRISTMAS STORY

AFRICAN QUEEN

AMELIE

ANNIE HALL

ARSENIC AND
  OLD LACE

BIG FISH

BRINGING UP BABY

CHARADE

CITY LIGHTS

DR STRANGELOVE

DUCK SOUP

FINDING NEMO

HARVEY

HIS GIRL FRIDAY

MANHATTAN

NIGHT AT THE OPERA

PHILADELPHIA
  STORY

ROMAN HOLIDAY

SINGIN IN THE RAIN

SOME LIKE IT HOT

SULLIVANS TRAVELS

THE GOLD RUSH

THE GREAT DICTATOR

THE INCREDIBLES

THE KID

THE STING

THE THIN MAN

TO BE OR NOT TO BE

TROUBLE IN
  PARADISE

YOUNG
  FRANKENSTEIN

Actors

```
D D A L N A L A E Y E N R A C T R A Z H
C H I C O M A R X S E H C E M A N O D Y
B J A M E S D E A N E Y E S U B Y R A G
J Y D N A C N H O J Y E A L P A C I N O
E N Y A W N H O J G K M L S E S O G Q A
T Q P E T E R F O N D A G C N R K V A R
Y O E E L B A G K R A L C O N Y K C V R
N U M R Z A A R F G Q R T I B H H Q O W
E X L M R K D C X F E T I S V E O C I A
L E T B I O M L T R U N O P V E K J D D
L A C G R X L Y A B A R E Y T H C L A N
A L A E N Y U F D N C M C K U O I X N O
Y A R N A W N E L G A H O D E Y R C A F
D N Y E A Y R N N Y A L S P Z L E N Y Y
O A G A C K V I E S N O A A R X L H K R
O R R U S N B R E R N N Q P H A V Y R N
W K A T E R E P O O C Y R A G R H F O E
N I N R M C O M A I C R A G Y D N A Y H
B N T Y A K C A S U C N H O J Q U E D I
U O Q F J V J O H N N Y D E P P X D O V
```

AL PACINO	CARY GRANT	GARY BUSEY	JAMES DEAN
ALAN ALDA	CHEVY CHASE	GARY COOPER	JOHN CANDY
ALAN ARKIN	CHICO MARX	GENE AUTRY	JOHN CLEESE
ALAN LADD	CLARK GABLE	GENE KELLY	JOHN CUSACK
ANDY GARCIA	DAN AYKROYD	HARPO MARX	JOHN WAYNE
ART CARNEY	DON AMECHE	HENRY FONDA	JOHNNY DEPP
BING CROSBY	ERROL FLYNN	JAMES CAAN	PETER FONDA
			RED BUTTONS
			RIP TORN
			ROCK HUDSON
			TOM MIX
			WOODY ALLEN
			YUL BRYNNER

Actresses

```
W I R E F D N A L R A G Y D U J O I J F
W L L M O Q N P M E R Y L S T R E E P Q
F L K E C A P S Y S S I S M E G R Y A N
Z E H R W X F R E G N I W A R B E D W E
P N H Q Z K Q T F O R C N A B E N N A J
E I I T E H G I E L N E I V I V P L E D
L M R E D Y R A N O N I W H H X Z S S R
L A H J O D I E F O S T E R Q S S D W O
A Z H A N N E B A X T E R U J I N I E F
C I K I R S T I E A L L E Y C Y A A R W
A L S O P H I A L O R E N A B A M N D A
B G E E N A D A V I S F L T E W R E N R
N G L E N N C L O S E A C S T A E K A C
E G N I V R I Y M A N H N E T N M E E N
R W O B A R A L C G E M S W E U L A I A
U L B W N X P K E R I D B E D D E T L O
A R E L D I M E T T E B V A A E H O U J
L E L B A R G Y T T E B R M V Y T N J F
B D N Y T S R U B N E L L E I A E N Q B
H H C L E W L E U Q A R E S S F P E L C
```

AMY IRVING

ANNE BANCROFT

ANNE BAXTER

BETTE DAVIS

BETTE MIDLER

BETTY GRABLE

CHER

CLARA BOW

DEBRA WINGER

DIANE KEATON

ELLEN BURSTYN

ETHEL MERMAN

FAYE DUNAWAY

GEENA DAVIS

GLENN CLOSE

JESSICA LANGE

JOAN CRAWFORD

JODIE FOSTER

JUDY GARLAND

JULIE ANDREWS

KIRSTIE ALLEY

LAUREN BACALL

LIZA MINELLI

MAE WEST

MEG RYAN

MERYL STREEP

RAQUEL WELCH

SISSY SPACEK

SOPHIA LOREN

VIVIEN LEIGH

WINONA RYDER

Theatre

```
I B W C R E T I R W K R C Y O P X Q T J
J E F S B N V U J D Y H H J E W W B L N
A C D E S I G N E R T P E C I O V O J A
J Y V U M S Y E K E A R H A S Y P G H P
I Y G K Z F C T D R L I G H T I N G F S
G Z X C F V H R G E C N A M R O F R E P
C D A C T E D O E C M K J L T N H E T A
V H I V A Y E Q D E T O S D P O E C I Y
S C Z T H R T E S C N K T T J S C N C R
Y M R Z O L A S R A E H E R U D R E K O
P E D H C S M N G F P G D A O E Y I E T
K L C Z S A O A R N K R L L V G N D T S
L W L B W I T H N J I P O I B C G U C K
J T V D T E N W V A P K E D L Z S A S X
E M R C X I Z A A A G W C O U A M A R D
D G I Y A L R N L L U E S O N C K E Q G
U D A T S E D M H K K E R F L O E H Z K
B C R T M V F R G Y U Z E S X B U R F O
L U Y A S H V P O P D I R E C T O R N P
C P C D L W C O S T U M E S C R I P T J
```

ACT

APPLAUSE

AUDIENCE

BLOCKING

CAMERA

CATWALK

CHOREOGRAPHY

CLOSEUP

COSTUME

CURTAIN

DESIGNER

DICTION

DIRECTOR

DRAMA

LIGHTING

MANAGER

PAN

PERFORMANCE

PRODUCER

REHEARSAL

REVIEW

SCREEN

SCRIPT

SET

SHOW

STAGE

STORY

THEATRE

TICKET

VOICE

WRITER

Television Channels

```
S P B O T G T M F M Y C S O E N C O R E
Z U C B L B S R W O L F U H C C B N S M
C Q N H L E S O A Q O T Y O T T V L I L
C T G D J E C S X V D D M O C I E G E Q
L I T M A F N K U O E E N B B N J N U N
S T A R Z N Q N O P D L S E N Y N H O N
P U H S H M C R A Y E K C A T A A I Q E
H P G B G E C E C H R R H H H W S L N G
T N T P M H M E C D C C S C A I O D P Y
T E V E A V N I I H G I Y T V N Q R A X
N O C N R T J S T N A R F I A I N B K O
T V N H R H C P I W O N N I B T C E Z V
D E V A T O P N P T O U N X C W I X L T
L N L T V V R N S S S H O E C S E O E X
B B N E M A M I W R H F S N L C K H N A
R C R C E U H U S A N E T W O R K X T P
A Y B L L E N N A H C Y H P A R G O I B
V B E L E N N A H C R E H T A E W B E T
O H X V P T P B L O O M B E R G E S P N
T W Y D C O U R T T V L I F E T I M E W
```

ABC

BBC

BET

BIOGRAPHY
  CHANNEL

BLOOMBERG

BRAVO

CBS

COMEDY CENTRAL

COURT TV

DISCOVERY

ENCORE

ESPN

FOOD NETWORK

FOX

HBO

HGTV

HISTORY CHANNEL

LIFETIME

MSNBC

MTV

NBC

OUTDOOR CHANNEL

OXYGEN

PAX TV

PBS

PLAYBOY

SCI FI CHANNEL

SHOWTIME

STARZ

SUNDANCE
  CHANNEL

TBS SUPERSTATION

TECHTV

THE LEARNING
  CHANNEL

THE WB

TNT

TRAVEL CHANNEL

UNIVISION

UPN

USA NETWORK

WEATHER CHANNEL

Art Gallery

```
I N R N P J K G E X A N R Q K D B E T H
R A V J Z A X H H C G S Z P O S T E R Y
F R V L Z R W Y K C S A H Z A Q Q H W C
R D F P L E D N Z D H I K M D J G Y P Y
A U V S I C I X C N G I S E D A V N H W
M F D A F C C O M P O S I T I O N P A L
E F H V D H T M U S E U M C L E A T E P
Y O H N Q D R U T C G T O E T R E T A R
D B Q A O U C U R E W L S T G R S P V M
C N T C C E H P W E O A E O C A E M J K
Y G B D I W E T J R E L T O P R Y O H R
T X Q C S H S U V I A O L C P C D D B Q
S C U L P T U R E P H O C S I A E E R O
Z F N I B T A I H P R O E H E L T L U I
G S M R H R C T K C R M I N A R Y R W L
V E U D E T N E T Z T Y W D G R U R O S
D S J P F I P Z J K N E U H U S C G C N
H A M O A C O S B B L A K H W T F O I A
R E L P L T S T E V U J H S M J S K A F
T P A I D T E U X K T S S Q A P E N Q L
```

			PHOTOGRAPHY
			PICTURE
			POSE
ACRYLIC	EASEL	OILS	POSTER
BRUSH	FIGURES	PAINT	SCULPTURE
CANVAS	FRAME	PALETTE	SKETCH
CHARCOAL	INK	PAPER	STUDIO
COLOR	LOFT	PASTEL	SUBJECT
COMPOSITION	MODEL	PATRON	TEMPERA
DESIGN	MUSEUM	PEN	WATERCOLOR

Western Movies

```
Y V S J K S D M P K D E T Z R Z S T S S
R E R R O W E Y R U I R H S A J E H L E
T H E U L S S R H R S E E H T S L E O L
N C H P D N T E T N T T O C I L A M N D
U A C S Y A R T F R L H X N U A W A E D
O P R D E C Y F R M I G B U G N Y R L A
C A A E L I R I E A T I O B Y O E K Y S
G T E K L H I R V N T F W D N I S O A G
I R S A E O D D I F L N I L N S O F R N
B O E N R M E S R R E U N I H S J Z E I
E F H E E S N E O B G C W O E W O T Z
G H T L D H A I H M I E I E J F A R H A
N I D D N T G A T L G H D H W O L R E L
A G E O A F A L F A M T E T Q R T O B B
R H A R R O I P O R A K N R C P U U R Q
N N D A G T N H D A N I T X R E O O A L
E O M D O S B G N M S H A N E H I I V M
P O A O I A C I E I O C U Z C T S K E X
O N N W R L N H B E W A Y O U T W E S T
S E V L O W H T I W S E C N A D S E Q L
```

BEND OF THE RIVER

BIG COUNTRY

BLAZING SADDLES

DANCES WITH
    WOLVES

DEAD MAN

DESTRY RIDES
    AGAIN

EL DORADO

FORT APACHE

HIGH NOON

HIGH PLAINS
    DRIFTER

HUD

JOHNNY GUITAR

LAST OF THE
    MOHICANS

LITTLE BIG MAN

LONELY ARE THE
    BRAVE

MAN FROM
    LARAMIE

NAKED SPUR

OLD YELLER

OPEN RANGE

OUTLAW JOSEY
    WALES

RIO GRANDE

SHANE

THE GUNFIGHTER

THE MARK OF
    ZORRO

THE OX BOW
    INCIDENT

THE PROFESSIONALS

THE SEARCHERS

THE WILD BUNCH

WAY OUT WEST

On the Stage

```
G Q H F K W T G S H U D K A T B B O L A
H U X Q P Y A H U D I U Q E I U E A Y D
G R Z E L F C I E Y O T Z D X S T N S O
O K L A H O M A T P S O J E E S R T I L
A R C A D I A J G I I A W M O T A I S L
D L R M Y P T J P E N A N E N O Y G T S
O D Q J M U C J F Y V G N D H P A O R H
C L A T U R I S T A L K F O D T L N A O
T J B V R G I L G W B E K O L O O E T U
O X T H E C R U C I B L E J R E L T A S
R D R S O U T H P A C I F I C G S L N E
F A N G E L S I N A M E R I C A O S S I
A P N D H X Z O E D I P U S R E X D O I
U X B U R I E D C H I L D Z J I N W O N
S V E P S F H A A I E T S E R O E H T T
T C G A S A V A G E L O V E F E N C E S
U H U R L Y B U R L Y A S S A S S I N S
S Y N W Q U P E T E R P A N P I C N I C
G L A S S M E N A G E R I E T D Q F T H
O G A C I H C V R N R E B M U N A H Q J
```

OKLAHOMA

PETER PAN

PICNIC

A DOLLS HOUSE	BURIED CHILD	HURLYBURLY	SAVAGE LOVE
A NUMBER	BUS STOP	INTO THE WOODS	SOUTH PACIFIC
ANGELS IN AMERICA	CHICAGO	LA TURISTA	THE CRUCIBLE
ANTIGONE	DOCTOR FAUSTUS	LYSISTRATA	THE ORESTEIA
ARCADIA	FENCES	MEDEA	THE PIANO LESSON
ASSASSINS	GLASS MENAGERIE	NO EXIT	WAITING FOR
BETRAYAL	GUYS AND DOLLS	OEDIPUS REX	GODOT

CHAPTER 15

Decades

of

Word

Searches

1890s

```
C W E H D N A L E V E L C R E V O R G Z
W O C N O P S E U G E N E D E B S L M E
N I L H I M U T C T E M I T G A R L S L
W O L U I A E L E I S N I D A H O I I A
W Y D L M C M S L P T E O U U O H B L S
X C O N I B A E T M H Y W S X H A O A U
K L N M O A I G H E A E S D I X T L N O
B Q Y M I L M A O T A N N L L D U A R S
X U O I S N K H N W R D S C U I E F U P
S U B W A Y G C E E O E S T R M W F O I
W X C J O F L S A A X R B T R A S U J L
H E N R Y F O R D J R P L M R I N B W I
B I L L Y S U N D A Y S O D E I K E O H
S T H G I R L I V I C G T S S M K E L P
A N D R E W C A R N E G I E I F E E L N
P L E S S Y V F E R G U S O N T A R E H
L A U Q E T U B E T A R A P E S I I Y O
R E D B A D G E O F C O U R A G E O R J
V R E L L E F E K C O R D N H O J A N D
S H E R M A N A N T I T R U S T M T E U
```

RAGTIME

RED BADGE
OF COURAGE

REMEMBER
THE MAINE

SEPARATE
BUT EQUAL

SHERMAN
ANTITRUST

SIOUX

STEPHEN CRANE

ANDREW CARNEGIE

BILLY SUNDAY

BUFFALO BILL

CHICAGO
WORLDS FAIR

CITY SLUMS

CIVIL RIGHTS

COLUMBIAN
EXPOSITION

EDISON

EUGENE DEBS

GROVER CLEVELAND

HENRY FORD

HOMESTEAD STRIKE

IDAHO

JACK LONDON

JOHN D
ROCKEFELLER

JOHN PHILIP SOUSA

PLESSY V FERGUSON

PULLMAN STRIKE

SUBWAY

UTAH

WILD WEST

WILLIAM HEARST

WYOMING

YELLOW
JOURNALISM

1900s

```
S N C I S U M T E E H S Z N E S H Y J E
U T C M K W A H Y T T I K I L U U G S H
S P E T O Y E L N I K C M L L S R N Z Y
N E T T L N G N U O Y Y C P I A O I I K
H O A O R E T T Y C O B B O V N C C E J
R E I R N A V G F W U F O J E B K N G S
A A N T S S U E O F Z K Q T D A E A F U
E L E R A C I Q S M X P U T U N F D E N
H M O B Y R A N P O E X T O A T E M L D
C T I R Y F G T C O O R O C V H L O D A
H A P T T D O I A L H R Y S Z O L O F Y
I F A D G C D R M L A S E W X N E R O D
L T K V L A I E D M O I R R A Y R L L R
D T R Z Z A R V T K I G R E O R V L L I
L Z N O E D O L E K C I N K B D D A I V
A E I G E N R A C W E R D N A R O B E E
B G W R I G H T B R O T H E R S A E S Z
O F A U G N I L R E B G N I V R I B H J
R E L Z Z S W E E T A D E L I N E Z J T
P W Q M H E Z A S I L E N T F I L M S N
```

ANDREW CARNEGIE

BALLROOM
  DANCING

BARBERSHOP
  QUARTET

CHILD LABOR

CY YOUNG

HENRY FORD

IMMIGRATION

IRVING BERLIN

KITTY HAWK

MCKINLEY

MONTGOMERY
  WARD

NICKELODEON

RAGTIME

ROCKEFELLER

SCOTT JOPLIN

SEARS CATALOG

SHEET MUSIC

SILENT FILMS

SUNDAY DRIVE

SUSAN B ANTHONY

SWEET ADELINE

TAFT

TEDDY BEAR

THEODORE
  ROOSEVELT

TY COBB

UPTON SINCLAIR

VAUDEVILLE

VICTROLA

WRIGHT BROTHERS

ZIEGFELD FOLLIES

1910s

```
M T G G T T Z N P U F O X T R O T C M Y
S D A I E Z I P G D B E X L J K U A E G
I K R R X R S T M U Z P S J C B S W S Z
A J Z D Z O S A A E G N B T I S E H S T
D C F H T A Y H Z N O S N S E D G J O I
A A A S L H N R W I I O M M N U S I M L
D W D R G L A O T I S C B H O Z G M E G
T D T M L P E I F L N L O R Q A O T R E
V S L E O S B W O T Y J R A F N L H S I
Y O O U S I A J K L H U C R P E N O E T
S S N R H R L N I C B E E Q U G L R T S
U D A O F A O N D E O D A G S R O P M D
F F R E B T E T C B A R F P N E C E A E
F P Q F K M R I C S U O N U E Y N Q U R
R E V W O A R E T E G R H A T S I G G F
A I E D Y R E A B N R Q G Y M U L A H L
G O E W A R I P A O N E O I A R R N A A
E L W G Q R K T S L R G Z O L G O I M M
T I D R E W I L L I A M T A F T Y N S K
S E S L T W O O D R O W W I L S O N K M
```

ROBERT FROST

SOMERSET
   MAUGHAM

SPEAKEASY

SUFFRAGE

AL JOLSON

ALFRED STIEGLITZ

ASSEMBLY LINE

CARL SANDBURG

CUBISM

DADAISM

EDGAR RICE
   BURROUGHS

ERECTOR SET

EZRA POUND

FOXTROT

FRED ASTAIRE

FUTURISM

GERSHWIN

JIM THORPE

JOHN DEWEY

LINCOLN LOGS

MODEL T

NORMAN ROCKWELL

PROHIBITION

TANGO

TARZAN OF THE APES

TITANIC

WILLIAM TAFT

WOODROW WILSON

WWI

ZANE GREY

1920s

```
S H C F O U R H O R S E M E N T Z R S B
A S H T A O C N O O C C A R H T E C E O
C A A A I R P L A N E D N E I L O Y L O
C R R J R O K N I W R D J L L P A C B T
O C L A A I K Z B O A A G U E D H A B H
A T I Z D O C V F L Z E M S S N T R U T
N E E Z I D A Y J Z I S M R E E I L B A
D K C A O J R O S T S O U Y G D M S C R
V R H G V N L I S I N H P M N L S A I K
A A A E E S N D E K T L X M A I E N M I
N M P H O G E W E K X Z G A R T I D O N
Z K L N E R Y Y C J F P J M G L S B N G
E C I R F N T A S T O S J T D L S U O T
T O N L N R L B I G B A N D E I E R C O
T T A H I B A L C A P O N E R B B G E N
I S O A F S C O T T F I T Z G E R A L D
W J L H A R L E M R E N A I S S A N C E
K L H G R E B D N I L S E L R A H C V P
M S C O L L E G I A T E S T Y L E K G T
G E W E R N E S T H E M I N G W A Y W R
```

AIRPLANE

AL CAPONE

AL JOLSON

ALFRED STIEGLITZ

BESSIE SMITH

BIG BAND

BILL TILDEN

BLACK THURSDAY

BOOTH TARKINGTON

CARL SANDBURG

CHARLES LINDBERGH

CHARLIE CHAPLIN

COLLEGIATE STYLE

ECONOMIC BUBBLE

ERNEST HEMINGWAY

F SCOTT FITZGERALD

FOUR HORSEMEN

HARLEM
    RENAISSANCE

HENRY FORD

JAZZ AGE

JOHNNY
    WEISSMULLER

MAMMY

RACCOON COAT

RADIO

RED GRANGE

SACCO AND
    VANZETTI

SCOPES
    MONKEY TRIAL

STOCK
    MARKET CRASH

THE JAZZ SINGER

1930s

```
J L Z E P S T A H Y O H E W N T Z Z J H
W P R R L W H E K C I N O A H H Y O D O
N O E I U I D N E R I R M E H U E R N O
D A N A T N H D O G L D W Q T L R E A V
J S K T O G T H N D O I X J O H D L B E
B R L S O R I E W O Z G F U V K F T G R
O E U A A T T A G A B M I H P R K I I A
R G A D O E R Y R P P S O I D A R H B M
I O F E J I N D D N A L R A G Y D U J E
S R M R I N O Y A I N I L O S S U M Q L
K R A F E F N O T G N I L L E E K U D I
A E I B O G N O R T S M R A S I U O L A
R G L Z P I S O G U L A L E B H D Y L E
L N L K A T H A R I N E H E P B U R N A
O I I N I L A T S J E S S E O W E N S R
F G W D S R E H T O R B X R A M E H T H
F P S O E D E P R E S S I O N L L R Y A
B R U S H A Q A B I N G C R O S B Y Q R
R E L L A W S T A F B I D V P Z T N B T
S Y Q E H C H B O I A H X S N G K B G Q
```

			KATHARINE HEPBURN
AMELIA EARHART	DEPRESSION	HITLER	LOUIS ARMSTRONG
ART DECO	DUKE ELLINGTON	HOOVER	MUSSOLINI
BELA LUGOSI	FATS WALLER	JESSE OWENS	PLUTO
BENNY GOODMAN	FDR	JET ENGINE	RADIO
BIG BAND	FRED ASTAIRE	JOE LOUIS	STALIN
BING CROSBY	GINGER ROGERS	JUDY GARLAND	SWING
BORIS KARLOFF	HIROHITO		THE MARX BROTHERS
			THE WIZARD OF OZ
			WILLIAM FAULKNER
			WORLD WAR II

1940s

```
R J A C K S O N P O L L O C K S S Z Q K
S N E D R A G Y R O T C I V Q M O R C A
I X T L L A C A B N E R U A L A L E J T
S T T R S M O O B Y B A B E S I L L S H
D U S N A I I I W W F R B N A L E I P A
Y O G A A W V V K A F E O Y T L T A E R
T B U A W L E A G E A L B A C I S M N I
O N S G R O P T D Z Z T H W H W O N C N
T K A O L R N L S E C I O N E E C A E E
I F V R R A A D L Y T H P H L E D M R H
H A O P G C S Y E A M T E O P S N R T E
O Z U V B Y G M R R H M E J A S A O R P
R J N Y D U R N A O F S I B I E T N A B
I T R U M A N A I C B U R J G N T G C U
H L A E D W E N C B A I L A E N O A Y R
Y E N G A C S E M A J R N L M E B N U N
A R T A N I S K N A R F T S I T B D K W
N A M G R E B D I R G N I H O F A H R B
H U M P H R E Y B O G A R T U N E I I L
Q J A C K I E R O B I N S O N R W J X N
```

ABBOTT AND
    COSTELLO

BABY BOOM

BETTE DAVIS

BING CROSBY

BOB HOPE

CARY GRANT

DOUGLAS
    MACARTHUR

FRANK SINATRA

GANDHI

HIROHITO

HITLER

HUMPHREY
    BOGART

INGRID BERGMAN

ITS A WONDER-
    FUL LIFE

JACKIE ROBINSON

JACKSON POLLOCK

JAMES CAGNEY

JIMMY STEWART

JOHN WAYNE

KATHARINE
    HEPBURN

LAUREN BACALL

MARSHALL PLAN

NEW DEAL

NORMAN MAILER

SATCHEL PAIGE

SPENCER TRACY

SUGAR RAY
    ROBINSON

TENNESSEE
    WILLIAMS

TRUMAN

VICTORY GARDENS

WWII

1950s

```
G N T M Y J S C H B N X R N O D N A L R
F B C Q M P A A H O C O F D W N U J E E
V O H D U A I M I U C O N P P Z O L E D
T I V T U R R N E K C A L O O L Z E Y S
Z K N R T E U I Y S R K L D L Y G A O C
R I C O O T L M L B S I B E W R N V O A
K E N O E L A V N Y O T T E O A R E M R
L I T I C R Y O I V N S E U R E R I I E
C L V S C H L A A S O M C W N R Y T C F
J O O I I R C C T C P H O I A L Y T K I
S A A R A N C T D H O R L N L R Y O E D
K N C M D I N N I M T R E O R H T B Y E
O I D K N N A A A H I E H S T O Q E M L
Z B N E B T A R B A D Y B R L K E A A C
W M U T T E X K T R D E A A B E L V N A
Z X I O A S N E C D E C R W Z L Y E T S
N E B Y E E J N U O C G Y F D I T R L T
S B K O Y V B B Y M R H O K L I L H E R
A S A T I N U Y N N H O J R O A H E H O
N H O B X G K I L R O Y W A S H E R E N
```

ABBOTT AND COSTELLO
ALFRED HITCHCOCK
BEATNIK
BUDDY HOLLY
CHUCK BERRY
COLD WAR
DNA
ELIZABETH TAYLOR
ELVIS PRESLEY
FIDEL CASTRO
GROUCHO MARX
HAIR TONIC
JACK BENNY
JAMES STEWART
JET AIRLINER
JOHNNY UNITAS
KILROY WAS HERE
LEAVE IT TO BEAVER
MARILYN MONROE
MARLON BRANDO
MCCARTHY
MICKEY MANTLE
POLIO VACCINE
RED SCARE
ROCK AND ROLL
ROCKY MARCIANO
ROGER BANNISTER
SOVIET UNION
SPUTNIK

1960s

```
W C J N O L A V A E I K N A R F B S O K
N C X U B R E D I R Y S A E R B I E T Y
P O U M L E V E N H Z E R B E R R X T D
U G I B A I R V S Z T O B E H I T U N E
N N N T A N E L C O C O L C C G H A O N
S O I I U N O A I U V Q W O D I C L S N
Y S S A K L M N N N H Q Y L N T O R T E
O B T N L R O I T D W H X O A T N E R K
B U O H A R E V S H R A Y G Y E T V E T
H I E B G M E H E S E E L Y N B R O B R
C J T C D I S B T R I M W L N A O L O E
A X B K A Y R E M U L L O S O R L U R B
E I F L L P L L L A L A E O S D P T R O
B J T R Z Q S A I R H N R C N O I I A R
E H I P P I E S N V A C I U R T L O C E
H B A Y O F P I G S I H T T T I L N S X
T A D N O F R E T E P C C L R L S U O N
U Y T E I C O S T A E R G D I A U I T N
W B T I M O T H Y L E A R Y R W M C S J
O R L O L L E C I N U F E T T E N N A D
```

ANNETTE FUNICELLO

BAY OF PIGS

BERLIN WALL

BIRTH CONTROL PILL

BOB DYLAN

BREZHNEV

BRIGITTE BARDOT

CHARLES MANSON

CIVIL RIGHTS

CUBAN MISSILE CRISIS

CULTURAL REVOLUTION

EASY RIDER

ECOLOGY

FRANKIE AVALON

GREAT SOCIETY

HIPPIES

JFK

JULIE ANDREWS

LBJ

MAN ON THE MOON

MARTIN LUTHER KING

OSCAR ROBERTSON

PETER FONDA

ROBERT KENNEDY

SEXUAL REVOLUTION

SONNY AND CHER

SPACE

THE BEACH BOYS

TIMOTHY LEARY

WILT CHAMBERLAIN

1970s

```
S A L T T R E A T Y R R D O R N L N S P
N J O H N T R A V O L T A O O A B V O N
O R D D E O G R A B M E L R N X Z L M N
G E N A A D N N T N Y Y A A G D Q A J A
I T O V R I E K T Z A A C N A X R H I D
A R M I T S E C X T Y A I V F G R B M I
S A A D H C U G S R M K I H A D O A M A
R C I B D O Q E N A N D C R R G S R Y C
E Y D O A I M E N A C A E O A R S R C O
T M L W Y A H A E A B T F C D O E Y O M
U M I I J Q P J S U T D P H L B C M N A
P I E E Q E E S A H L R O I A N O A N N
M J N L V I I T A A C O L C N R R N O E
O V Z D L D S T R E F C P A A O P I R C
C Y H L Y R C E P P O K O G L J O L S I
E S I C E H G O B Q F Y T O A B R O A X
M B N G E L E D Z E P P E L I N C W B Y
O C O R K U R T V O N N E G U T I T B T
H R U N E M P L O Y M E N T K H M Q A S
C G R E I Z A R F E O J K C O R K N U P
```

MARGARET THATCHER

MICROPROCESSOR

NADIA COMANECI

NEIL DIAMOND

OPEC

PANAMA CANAL

POL POT

PUNK ROCK

ABBA	DAVID CASSIDY	JAMES TAYLOR	QUEEN
ALAN ALDA	DISCO	JIMMY CARTER	ROCKY
BARRY MANILOW	EARTH DAY	JIMMY CONNORS	ROGER STAUBACH
BILLIE JEAN KING	EMBARGO	JOE FRAZIER	SAIGON
BJORN BORG	GERALD FORD	JOHN TRAVOLTA	SALT TREATY
CHICAGO	HENRY AARON	KURT VONNEGUT	STYX
DAVID BOWIE	HOME COMPUTER	LED ZEPPELIN	UNEMPLOYMENT

1980s

```
C S R E K L A W E C I L A E F O K U X D
U J O H N M C E N R O E S M L T A T X Z
L C Y O N Y A S T S U J O O A U N C C A
S R B K L S R E A G A N M S S O Z E D Z
Y A O R S A C E J P W U S E H Y M N E S
O C M Y F E R I Q A G K O W D U N O S E
V D N S L E O R B Q V L C A A B O I T N
N D N A H I L B Y O L X Z Y N D S T E O
O X L E L E C E N B R W T L C E N A P J
S F B P T C P H E A I E X L E G H R H A
I Y B E J N M A T T V R A A P A O E E N
R J I Q E E I O R E S I D T I R J N N A
R U L R R I C N T D N E I O B E C E K I
O H S U B E G R O E G S L T C V I G I D
M S N H O J R E P S A J T L H E G E N N
I V I D E O G A M E S G Z E E L A M G I
N G Z D F A M I L Y T I E S I I M V R T
O Z Y E L S M L E H A N O E L N N M T V
T J M S E L T T U H S E C A P S X A W M
H S D I A P M U R T D L A N O D V X D Y
```

AEROBICS

AIDS

ALICE WALKER

COSMOS

DANIELLE STEEL

DONALD TRUMP

FAMILY TIES

FLASHDANCE

GEORGE BUSH

INDIANA JONES

IVAN BOESKY

JASPER JOHNS

JOHN MCENROE

JUST SAY NO

LARRY BIRD

LEONA HELMSLEY

LEVERAGED
    BUYOUT

MAGIC JOHNSON

ME GENERATION

MTV

NINTENDO

REAGAN

ROY LICHTENSTEIN

SAM SHEPARD

SPACE SHUTTLE

STEPHEN KING

TOM CLANCY

TONI MORRISON

TOTALLY AWESOME

VIDEO GAMES

1990s

```
T B Y R F U H D N O S H H U R Y F E H K
O M E O E J S I F E U G I O N T R C J J
T A X A V T L E U F U X D O I O I T O N
I D C F N A A L I A G N J M G R L I H O
C O P F T I B W B N E O O L G J L G N D
K N O I C D E M E Y F T A N M G I E G R
L N R V P L I B K T H E I R U P B R R O
E A O Y O L I I A Y I G L L N O Y W I J
M R N R H S N N M B T H F D Y H D O S L
E T I S S G O C T W I W W A P P A O H E
E B U A I W V K E O A E L F M I R D A A
L R O T N E G N K R N G S O E H B S M H
M L I S I I S L R I G E C I P S E H T C
O A Q G N H H E G A R T H B R O O K S I
H B H D O I J T E B O L A V I R U S U M
S P E W Y G A L O C E L L P H O N E B R
S A L L Y R I D E T S O U T H P A R K D
Q C O L U M B I N E N T E N R E T N I T
K D F E G N U R G M M I S O M A L I A H
W N O T H C I R C L E A H C I M Q B I R
```

AL GORE

BEANIE BABIES

BOSNIA

BRADY BILL

CELL PHONE

CLINTON

COLUMBINE

EBOLA VIRUS

GARTH BROOKS

GRUNGE

GULF WAR

HAITI

HIP HOP

INTERNET

INTO THIN AIR

JOHN GRISHAM

KOSOVO

MADONNA

MICHAEL CRICHTON

MICHAEL JORDON

NEWT GINGRICH

NYPD BLUE

RITALIN

RODNEY KING

RUSH LIMBAUGH

SALLY RIDE

SEINFELD

SOMALIA

SOUTH PARK

THE SPICE GIRLS

TICKLE ME ELMO

TIGER WOODS

TIMOTHY MCVEIGH

WHITEWATER

2000s

```
E V J N I E S S U H M A D D A S U C U I
S E A G L O B A L I Z A T I O N W O D N
Y N C F W N F H A R K Y D B N O G L P T
A R Q L N O T Q F E B V W A O C E D I E
V U U E K T R G I T D L R R D D N P R R
O O E B C L A J P N N K T R R A S L S N
K B S R E I W P I E I H A Y O L M A K E
I S C O L H E L C C T S F B G E A Y C T
N O H N F S T K K E U U A O F E I K I H
R Y I J F I S O R D P B R N F A L C H A
U Z R A A R N B A A R W A D E R L I C R
O Z A M N A O E P R I E R S J N I D E R
K O C E E P J B N T M G E M P H W D I Y
A I F S B E W R I D I R S O Z A A O X P
N E M I N E M Y K L D O S C W R N R I O
N K E R H S G A N R A E A T N D E Y D T
A S R A S Y C N I O L G Y O U T R D A T
N A B I L A T T L W V V P D W J E N J E
X S E R E N E G E D N E L L E R S A O R
T R G N O R T S M R A E C N A L I R A Q
```

ANDY RODDICK

ANNA KOURNIKOVA

BARRY BONDS

BEN AFFLECK

COLDPLAY

DALE EARNHARDT JR

DIXIE CHICKS

DOT COM

DVD

ELLEN DEGENERES

EMINEM

GEORGE W BUSH

GLOBALIZATION

HARRY POTTER

INTERNET

IRAQ

JACQUES CHIRAC

JEFF GORDON

JON STEWART

KOBE BRYANT

LANCE ARMSTRONG

LEBRON JAMES

LINKIN PARK

OZZY OSBOURNE

PARIS HILTON

SADDAM HUSSEIN

SARS

SERENA WILLIAMS

SHREK

TALIBAN

VLADIMIR PUTIN

WORLD TRADE
    CENTER

YASSER ARAFAT

CHAPTER 16

Word
Searches
Get
Technical

Electronics

```
A L T E R N A T O R N R F T R G O D O D
G U L P K R A P S O R U E R I S M E S N
T Q A G G H R R T U S H D G C M D N C U
T Q N U E E F T O E R O E I R O E R I O
B E L A P N U G R T R E L O H A E R L R
R P N M E B E O A G I L S T S G H Q L G
R E U G H L T R N L A C A I R T E C O R
E J K S A C E I A T V C A A S P A C S O
M R U A U M N C O T E A H P O T O T C T
R P E D E T R R T L O C N C A M O R O U
O L N I H R T O E R E R S O P C E R P B
F I A G F E B C T L O O A E S S E B E I
S D I N L I T T K A R L N R N C A R T R
N L Y T I R T C I T L S Y E M T O E M T
A A U N O M I C C U A U D T T A K P E S
R O E D A R R E E T C N S E I C T D E I
T H E N T M L E O R O R R N O C O U R D
Y A L E R E O R T C E Y I S I N V X R L
C I T A T S O R T C E L E C A C O I L E
D R R O T A L U G E R E G A T L O V I G
```

INDUCTOR

INSULATOR

JUMPER

LIGHTNING ROD

MAGNET

OSCILLATOR

OSCILLOSCOPE

OUTLET

PLUG

PUSH BUTTON

RECTIFIER

RELAY

RESISTOR

RHEOSTAT

SOCKET

ALTERNATOR	CIRCUIT BREAKER	ELECTROLYTIC	SPARK PLUG
ANODE	COIL	ELECTROSCOPE	TERMINAL
ARMATURE	COMPENSATOR	ELECTROSTATIC	TIMER
BATTERY	CONDENSER	FUSE	TRANSFORMER
CAPACITOR	DISTRIBUTOR	GALVANOSCOPE	TRICKLE CHARGER
CATHODE	DYNAMO	GENERATOR	VOLTAGE
CHARGER	ELECTRODE	GROUND	REGULATOR

Fabrics

```
N N U S B M V H O I S H C C N R A Y O N
W Q M B U O T P U C B A R H Z O M N F Y
E R K S W O A V S Z M I T E S U L E V K
Q T L R L V M J K E A D I E E E L Y D J
T I J C X R M N L H P L N S E T B J N S
N G L K F U I S O C P D K E R T W E E D
W I K G I T H M V S G V E C S L I N E N
O B S S W A P N P M P S L L U S E S S N
R J K E I L E N N A L F B O C A N A I C
Z E A R E L L I N E H C U T K V I T L O
S R T G N I T T E N A O O H E N K I K O
E A A S J G X M N H B G D W R A S N K Y
G R C T E T E R R Y C L O T H C E Z D K
V I E K E Y C C O R D U R O Y Y L M P B
D E N M C F L S C H I F F O N K O L U F
W B L G H L F O X E D N A P S U M R L M
D H G V H S O A P O E Z U A G W L E F I
K R Q U E A A T T G W X X X O A E D Q N
K I T J Z T M C H L H X T O P C I G E E
T C O T T O N X K F D K L L E Y J I T D
```

BURLAP

CAMELS HAIR

CANVAS

CASHMERE

CHEESECLOTH

CHENILLE

CHIFFON

CORDUROY

COTTON	GINGHAM	NYLON	SILK
DENIM	KNITWEAR	OILCLOTH	SPANDEX
DOUBLE KNIT	LINEN	POLYESTER	TAFFETA
FELT	MOHAIR	RAYON	TERRY CLOTH
FLANNEL	MOLESKIN	SACKCLOTH	TWEED
FLEECE	MUSLIN	SATIN	VELVET
GAUZE	NETTING	SEERSUCKER	WOOL

Lights

```
T F I R F P S L N G C N Y V A T T H A A
T H I N H U T E I A I H S Y D R D J R A
C O G L F T S H A T H G I L G O F C Z G
T T V I A R H T G R T H G I L E M I L A
O O N D L M A G U I C C I R T C E L E S
D H R E F L E R I N L H N S T R O B E L
H Q C C C L I N E L G H L R F L A M E I
C E Q T H S U A T D T S S I E T I P O G
Z S A V E P E O T O W H T A G T O Z R H
G T S D X L M D R N D K G E L H N P O T
P A K L L A O A N E A I A I N F T A S Q
R N J I T I F I L A S R H Q N I C E L S
O N E G D G G Z V K C C H E A D L A M P
J X I O R S Z H I A S N E T Z K I E Y V
E A S A N G P B T F R E I N W L Y L V C
C P I L O T L I G H T T D J T I K D R S
T L G B L U B H S A L F L C X E D N F I
O V F A F I A L F D Y I D U N G L A K L
R B B N U S H T H G I L D O O L F C I V
J G K Q X D M K F O O T L I G H T O A S
```

NIGHT LIGHT

OIL

PILOT LIGHT

PROJECTOR

SEARCHLIGHT

ARC	FLASHLIGHT	HEADLIGHT	SPOT
CANDLE	FLOODLIGHT	INCANDESCENT	STROBE
DESK LAMP	FLUORESCENT	INFRARED	SUN
ELECTRIC	FOG LIGHT	KLIEG	TAILLIGHT
FILAMENT	FOOTLIGHT	LANTERN	TORCH
FLAME	GASLIGHT	LIMELIGHT	TUNGSTEN
FLASHBULB	HEAD LAMP	NEON	ULTRAVIOLET

Inventors

```
M N G U E N L E S E I D F L O D U R N V
Q E A L S O G A L F R E D N O B E L I F
I S D Y U T R P V D F Q S C S H W C L Z
I N S Q O G E A W R G N Z G A A I H K I
I U K T H N B L C A C I K A M N L A N N
N B T H G I N E H D B K D L U S B R A O
A T H O N M E S A D L O P I E G U L R C
M R G M I E T S R O A L H L L E R E F R
T E I A T R U A L G I A I E M I W S N A
S B R S S M G N E T S T L O O G R G I M
A O W E E A N D S R E E I G R E I O M O
E R E D W I N R B E P S P A S R G O A M
E Z L I E L A O A B A L P L E M H D J L
G N L S G L H V B O S A R I Q G T Y N E
R E I O R I O O B R C J A L N X G E E I
O B V N O W J L A E A A T E E V U A B L
E L R Q E S D T G D L G T I D L R R J G
G R O G G P Q A E Y E N T I H W I L E U
X A T I E H N E R H A F L E I R B A G G
L K S N E M E I S N O V R E N R E W U U
```

ALESSANDRO VOLTA

ALFRED NOBEL

BENJAMIN FRANKLIN

BLAISE PASCAL

CHARLES BABBAGE

CHARLES GOODYEAR

ELI WHITNEY

GABRIEL
  FAHRENHEIT

GALILEO GALILEI

GEORGE EASTMAN

GEORGE
  WESTINGHOUSE

GUGLIELMO
  MARCONI

HANS GEIGER

JOHANN GUTENBERG

KARL BENZ

NIKOLA TESLA

ORVILLE WRIGHT

PHILIP PRATT

ROBERT BUNSEN

ROBERT GODDARD

RUDOLF DIESEL

SAMUEL MORSE

THOMAS EDISON

WERNER
  VON SIEMENS

WILBUR WRIGHT

WILLIAM REMINGTON

Soap

```
D E T E R G E N T X S I L F A J T R C W
N I R E C Y L G M H X P A F H X D S L G
R Q G Z W M W P A D W N U O Y T O T E C
H L M S H R D V D P F N N A B D A S A R
Z R O N X Z I L N S A W D M A U O B N X
G R L S W N B A K T D M R M C D T A I A
G T J P G A M U U M B U Y O I B O Z N U
D T X Q E F S R B K A L S U A T I L G N
V C O U X L A H T B T R M R D D L C F Z
O I L E Y L I D I Y L C I W T I E M L B
P Y B X O W K T F N A E B N S U T M U L
E Y Z I N M P A S R G O S D E Q K T I E
H T L L O U A T B A R P I E M I L N D A
W S N Y H U P O C A C C O E N L C V J C
P O W D E R N S X D A L F W C E O C M H
W C L T L A E L K Y S O A P D I Z M I Y
J P F E T K K A T E L D D A S E M N B O
A O I E A N V T J X Q O D E A E R U E V
S Y N L I C A G R A N U L A T E D L P B
R G F M U F D E O D O R A N T C G R H J
```

PUMICE

SADDLE

SHAVING

BAR	CLEANING FLUID	GRANULATED	SOAP
BATH	DEODORANT	LAUNDRY	SODA
BENZENE	DETERGENT	LIQUID	SODIUM CARBONATE
BLEACH	FATTY ACIDS	LYE	SOFT
BORAX	FLAKES	MARINE	SUDS
BUBBLES	FOAM	NATURAL OILS	TOILET
CASTILE	GLYCERIN	POWDER	WASHING POWDER

Nineteenth-Century Inventions

```
S M H P A R G O M S I E S N T O I P C N
E O T I N C A N R O T A L A C S E L O O
W R E P O C S O R Y G R E P P I Z A N Y
I S G N A U T O M O B I L E E L T Y T A
N E D J U N I A T N U O F A D O S E A R
G C N I Q F C E N O H P O R C I M R C B
M O P H O N O G R A P H R A D A R P T A
A D F Z H Q T G E L E V A T O R J I L R
C E R E V O L V E R Y R E T T A B A E U
H T E N G A M O R T C E L E O C E N N C
I T R A F F I C L I G H T I N D Z O S S
N S D U S T E A M L O C O M O T I V E B
E N U G E N I H C A M A R C L A M P T O
H T H T J N E P O C S O R T C E P S V A
M A T C H E S S T E R E O S C O P E G R
R E L P A T S E S T E T H O S C O P E E
E L C Y C R O T O M N I P Y T E F A S M
C T Y P E W R I T E R D Y N A M I T E A
B I C Y C L E B A R B E D W I R E T L C
E J U W Y H P A R G O T O H P A S T D Y
```

ARC LAMP

AUTOMOBILE

BARBED WIRE

BATTERY

BICYCLE

CAMERA OBSCURA

CONTACT LENS

DYNAMITE

ELECTROMAGNET

ELEVATOR

ESCALATOR

GYROSCOPE

MACHINE GUN

MATCHES

MICROPHONE

MORSE CODE

MOTORCYCLE

PHONOGRAPH

PHOTOGRAPHY

PLAYER PIANO

RADAR

RAYON

REVOLVER

SAFETY PIN

SEISMOGRAPH

SEWING MACHINE

SODA FOUNTAIN

SPECTROSCOPE

STAPLER

STEAM
    LOCOMOTIVE

STEREOSCOPE

STETHOSCOPE

TIN CAN

TRAFFIC LIGHT

TYPEWRITER

ZIPPER

Computer People

```
N J B A W Z N G A R Y K I L D A L L X U
I I V A N S U T H E R L A N D P S W N R
L E G E O R G E B O O L E C P I W O G I
K D J O H N V O N N E U M A N N C M K C
C S Y D U P T O M M Y F L O W E R S J H
I G M E G A B B A B S E L R A H C C S A
R E H E R M A N H O L L E R I T H Z E R
B R N T R A B L E G N E S A L G U O D D
L D O S T E V E W O Z N I A K R A L Y S
E I S N O S T A W S A M O H T Q L A K T
I J P A D A L O V E L A C E M V A C S A
N K M H D O N A L D K N U T H L N S N L
A S A R E P P O H E C A R G R A K A I L
D T L E O S E T A G L L I B P W A P M M
A R R R I A L C N I S E V I L C Y E N A
Y A E N O R B E R T W I E N E R O S I N
N X L B R I A N K E R N I G H A N I V D
E L T K O N R A D Z U S E L T Y G A R R
E Y U G D E N N I S R I T C H I E L A K
Q D B S E Y M O U R P A P E R T L B M Z
```

ADA LOVELACE	CLIVE SINCLAIR	GARY KILDALL	MARVIN MINSKY
ALAN KAY	DANIEL BRICKLIN	GEORGE BOOLE	NORBERT WIENER
BILL GATES	DENNIS RITCHIE	GRACE HOPPER	RICHARD STALLMAN
BLAISE PASCAL	DONALD KNUTH	HERMAN HOLLERITH	SEYMOUR PAPERT
BRIAN KERNIGHAN	DOUGLAS ENGELBART	IVAN SUTHERLAND	STEVE WOZNIAK
BUTLER LAMPSON		JOHN VON NEUMANN	THOMAS WATSON
CHARLES BABBAGE	EDSGER DIJKSTRA	KONRAD ZUSE	TOMMY FLOWERS

Computers

```
E E T I U C R I C D E T A R G E T N I S
R L J K J I C I N O R T C E L E W B S U
K M K V Q C L C T O M O C T O D O D K U
P E W R M O N I T O R P U W Z D R V Z I
C T O E R P K I A D I A M C O H D D J V
V S I K I O G U J S N N V S E X P T E R
U Y G U I I R W R B U C D V T J R E V O
S S N R C T S B W S N W A Z V X O E I S
T G D A T A P R O C E S S I N G C H R S
M N Y R E T N I R P P T C R M S E S D E
U I A L Z C N S M D A E W P E C S D D C
L T M H P C A E L K R R W P U I S A R O
T A U M Q P D B T L A M W W S H O E A R
I R M O J O U E L C L I F F G P R R H P
M E O U M D N S W E L N D T F A F P J L
E P R S B R I W R S E A G Y S R K S S M
D O D E E P D S F E L L J Q L G Q D S R
I C C T W H J F K U W K E Y B O A R D B
A F N W I R E L E S S O E S A B A T A D
W I B M E M O R Y V U L P L A I R E S I
```

CABLE
CDROM
CPU
DATA PROCESSING
DATABASE
DISK
DOT COM
DSL
DVD
ELECTRONIC
GRAPHICS

HARD DRIVE
INTEGRATED CIRCUIT
INTERNET
KEYBOARD
MEMORY
MODEM
MONITOR

MOUSE
MULTIMEDIA
OPERATING SYSTEM
PARALLEL
POWER SUPPLY
PRINTER
PROCESSOR

SERIAL
SPREADSHEET
TERMINAL
USB
WIRELESS
WORD PROCESSOR
WWW

Gadgets

```
R F Q Q P H B I W I R E L E S S L K I S
Y W Y O Q P R H V F M T U N E R A R E J
H P G Q A W H E V Q J P L T G B T C K R
H D G P G U E J M T O C O C J P I I V S
O H I B Y S D B X O Q Y I N W P G N T W
X J A G H T T I N T T S J T R B I O H W
C E L L U L A R O L U E S X O O D R Z L
I D F A T Y E A F M E F C E E O V T Y E
E E A Y J R P K B H E M F O Y K D C P N
L R D R Y R E T T A B D A G N V I E D A
B A M S E S E S V H Q N P G D T B L A P
A R P R F M T R C X D S J K V K R E Z T
T F B K E E A T E D L E H D N A H O A A
R N Q N R Q A C P T R E D R O C E R L L
O I O E S W S E T L U H V A G C T M K F
P H O I T A R B F Z A P I I D M T F D H
P E J S M U Z A W J J S M O D T T W I W
X G I M K O M P I G K T M O W E S J P T
T R K M I N I B Q Q S C M A C A O V B D
W Z M I D X W A L K I E T A L K I E F N
```

REMOTE CONTROL
STEREO

AUDIO	DVD	MINI	TOY
BATTERY	ELECTRONIC	MUSIC	TUNER
CAMERA	FLAT PANEL	PDA	TV
CD	GAME	PHONE	VIDEO
CELLULAR	GPS	PLASMA	WALKIE TALKIE
COMPUTER	HANDHELD	PORTABLE	WIRELESS
DIGITAL	INFRARED	RECORDER	WRISTWATCH

Acronyms

```
E G C O R O U X Y V G N M H A W E S K Y
E E W W X V H B Z I Z A Y J U B Z M G Q
N P F Y B N N O C W L T N T R D W N J Y
A M L A N N A S C A R O A C A R V M H C
S T L C K C F F G X M W B E M E C D B R
D Q T O I I A M L Y S W C O P B I S Y S
A M D A W Y Q I U C W B S C A I I F B I
Q T E C M A M Y T N N I O D C L C N M U
P I R D C L A C I J I T S T J R S Q A X
O O T Y O D S Q M O D C R Y R A A T F L
E C C K F M H X G A N A E W W D U M Z B
W W S L A S E R Q C B P B F M A S G S D
L X J E E S P N M N A B D U E R J R S J
Q X Q P N A L F J S A W A E C E I L G N
G K O Q V U P J A S Q S A W T S U W A A
N L F Q X H R C D X U E A U X Q X I B M
J D Y J F D A I J W S K P O W Z D Q E Z
N D M F E Y A T Y X Q L Q F D S I P R F
Q Q D F X M H J B A L J S B P N S D V L
O K E A O T V K B R T D E X S Z T O B W
```

AARP

ABBA

ABC

AIDS

ASAP

ASCII

AWOL

CBS

CD

CEO

CIA

CNN

DC

DVD

EPCOT

ESPN

FAQ

FBI

GMT

IMF

IRS

JFK

LAN

LASER

LCD

LSD

MASH

MIT

MODEM

MPEG

NASA

NASCAR

NASDAQ

NATO

NBC

PBS

POW

RADAR

RAM

RIP

SCUBA

SWAT

TWA

UNESCO

UNICEF

WYSIWYG

Numbers

```
B H G A I N F E W N Y R N T T N P N Z T
G K L E E S V S O T S I B W O T G M Z Q
S E N V M L C I R G N E E I K M U X R M
U E E F E F L O O E I N L H U P M X Z J
A L X W O L F O T G T L T H O U S A N D
E N T T I U G Y H Y I S E V E N T E E N
T P D M I O R T A L E Z E O N K H Q E
D A M Q L L E T N D N Q U Z E S U U I E
N E M H K E L I E I Z S R E N N A G I E
O N C H N W U I N E I P T O D D H G R V
N O W I F Q Y N O X N E I R R T H K A I
I I F U L T D T T N N L E I Y T C H Q F
L L T I F L H Y S I L D L B I L L I O N
L L Y I F I I E N I W L N E E T X I S Q
I I F T R T V O T P I X O A N E V E S Q
O R T T R E E C N O S E P T I L L I O N
N T E E N I O E N T H R E E R H C O S N
C E D T N N H O N K R M K I P U E N I B
N C Y D I H S T W F Y B X Y A O O E X V
T K Q G P Z M E Y T C Y G M I V I F W U
```

QUADRILLION

QUINTILLION

SEPTILLION

SEVEN

SEVENTEEN

SEVENTY

SEXTILLION

SIX

SIXTEEN

SIXTY

TEN

THIRTEEN

BILLION	FIFTY	MILLION	THIRTY
DECILLION	FIVE	NINE	THOUSAND
EIGHT	FORTY	NINETEEN	THREE
EIGHTEEN	FOUR	NINETY	TRILLION
EIGHTY	FOURTEEN	NONILLION	TWELVE
ELEVEN	GOOGOL	OCTILLION	TWENTY
FIFTEEN	HUNDRED	ONE	TWO

About Time

APRIL

AUGUST

BEAT

CALENDAR YEAR

CENTURY

DAY

DECADE

DECEMBER

FALL

FEBRUARY

FEMTOSECOND

FINANCIAL YEAR

FORTNIGHT

GENERATION

GREGORIAN CALENDAR

HALF LIFE

HOUR

```
D Y N S F M C Y D N R J E I D E H B O X
N J R O E O A A L N C E E T L K M E E D
O U I A I A R R L U O L B C U I O A Y N
C N R H U T S T C E J C Y O L N R T R O
E E B T E N A O N H N C E L T X I A Y C
S R F N D A A R N I C D E S E C D M R E
O A I O A P R J E I G N A F O N O E A S
R E N M C R O N N N N H I R E N R I U O
C Y A L E I I O T I E L T L Y O A O R T
I R N E D L T H U S F G A R C E F N B M
M A C A S E G M U L C C Z S W I A F E E
T L I P M I T M A E N M O M E N T R F F
S O A Y N L M H N A D N O C E S O C I P
U S L E U E H T I M I L L I S E C O N D
G S Y A R O U R S E P T E M B E R V A G
U P E R U R O D E C E M B E R L L A F P
A R A R Y G R A D N E L A C N A I L U J
O I R D E D T P N O V E M B E R K E E W
X N A R A S P L N W O J R E T R A U Q Q
Q G G Y S K V I R Y W I N T E R Y A M T
```

JANUARY

JULIAN CALENDAR

JULY

JUNE

LEAP YEAR

MARCH

MAY

METONIC CYCLE

MICROSECOND

MILLENNIUM

MILLISECOND

MINUTE

MOMENT

MONTH

NANOSECOND

NIGHT

NOVEMBER

OCTOBER

PICOSECOND

QUARTER

SCORE

SEASON

SEPTEMBER

SOLAR YEAR

SPRING

SUMMER

WEEK

WINTER

Nuclear Power

```
E O X K O P X M I X M N G O G O A F N R
S R Z X K M U M N O I S S I F C D O T E
Z U Y E H I Y K W Y X O A R D C I H B T
Z Q I T N G G D X K T T E E O T R N M A
L H N A I I E L C U N T C N A E R O O W
E P R R O C H A H B A A T I E N H I B Y
V U I P O T I Y D W Y A D M W E P T U V
I G V S T T H R T X M A I F E U G C A A
T L L W O I C H T I R L L E A T H A E E
C R G E I T G A N C E F T I P R I E N H
A B O C U I O A E I E S N O O O L R I B
O F K T L F T P S R A L W Q N N Y N R R
I L I L A I O L E W A L E S S U B I A E
D F B S O R A L E U F T N E P S O A M E
A L U N S N E P P L A S M A M A N H B D
R X B S D I O N T A G Q Q S M Z R C U E
E B K H I W L M E M T F B B N G E A S R
U N W M E O I E W G I O B S X G H K V N
V M F R G F N N W R L D M D L S C D D W
L V W G A U Y Q U X M U I N O T U L P M
```

ATOM

BOMB

BREEDER

CHAIN REACTION

CHERNOBYL

CONTAMINATION

DECAY

ELECTRICITY

FISSILE

FISSION

FUEL

FUSION

GENERATOR

HEAVY WATER

ISOTOPE

LIGHT WATER

NEUTRON

NUCLEI

PLASMA

PLUTONIUM

POWER

RADIATION

RADIOACTIVE

REACTOR

SPENT FUEL

SUBMARINE

THREE MILE ISLAND

URANIUM

WASTE

WEAPONS

CHAPTER 17

Your

Life

in

Word

Searches

Clothes

```
M N B N B D C Y M W W T T I Y P E W O V
F V S K O K I H L B R U M S U V W W O D
Q Z O B E T B J X S N Y J U W S H Z C Y
V Y Z F J B T G G S U U J C U L F Y L G
V C Y J S L S O T Z T Y O L U X B M P B
L B Y K M G E H C S N W O G T H G I N B
C G Q W G G C V I S R R S D T S Z H W A
N A B U T T O N N R K E S H T A Q A U Z
T F A C T C X A S C T R S H O B O N R P
E C B C N A E A O Z E L G U X R D C A E
O Y Q W G J M S Y K M I A L O E T S L T
V A T D U A M H A E T T R D R R T S L T
E D E I J W P E T S A A S S N N T T O I
S R D A C A R R K O I G H T A A E T C C
T E P F N B I L C N L I Y P O K S L E O
T S F T D K I R C O R W R Q C C U E O A
A S S N S S E O V T D E Q A T Q K B H T
H R I L G V A E Z G D Z J S U I T I S T
P W T W O T E I T N P F R A C S K I N J
D T U N I C F C U L O O W G C B O O T G
```

			SHORTS
			SILK
			SKIRT
			SOCK
			STOCKING
			SUIT
			TIE
			TIGHTS
BELT	GLOVE	PANTS	TROUSERS
BOOT	HAT	PETTICOAT	TUNIC
BUTTON	JACKET	RAINCOAT	UNDERPANTS
COAT	JEANS	SANDAL	UNDERSHIRT
COLLAR	NIGHTGOWN	SCARF	VEST
COTTON	OVERCOAT	SHIRT	WINDBREAKER
DRESS	PAJAMAS	SHOE	WOOL

Genealogy

```
Q A X H V C O Z Y U S D E C C Y W F A O
N X E Q Q X F N X C T V U X J B R O Y O
P W C R O R H Q O U D V G B A A L L Y L
G G R A N D F A T H E R R G R B T L A E
R L D B Y L E E G X T U A Z V O I K G Y
N H I E V O V G B D C F N M X M T A A B
D E J D S E S J T S O C D M A H E H I U
V G T F W C T H Y A U D M F M N S R E R
E F H J C R E A X I S T O Q I Q T N O R
R C E N S U S N C L I R T L A H I T Z Y
O R Z Q D P R X D I N E H Q D E S A R H
N E G A I R R A M A F E E I C E U E S A
E E I A A D O Q R D N I R E C N T H I R
P F P I T M E E X X I T T N T E E U S E
N J I H C Y S K J N N V A R M X L S T C
Q O H W E E Y C H I L D O E E R C B E O
F S S J A W I V U V H L C R N C N A R R
R M A R D X D A U G H T E R C E U N S D
R U C R E H T O M V T W V M X E A D F S
D H N U W L L C Z Y T U S F A T H E R T
```

ANCESTOR

AUNT

BABY

BIRTH

BROTHER

CEMETERY

CENSUS

CERTIFICATE

CHILD

COUSIN

DAUGHTER

DESCENDANT

DIVORCE

FAMILY

FATHER

GRANDFATHER

GRANDMOTHER

HUSBAND

LINEAGE

MARRIAGE

MOTHER

NEPHEW

NIECE

RECORDS

RESEARCH

SISTER

SON

TREE

UNCLE

WIFE

Last Names

```
P W R B L Q V S A H S H I D V W L L S N
N A A E A L O O S T K L L E B P M A C O
F O R L T K A P I I Z G A R C I A G Q S
H N S K K R E H R M E S P I L L I H P P
I I E L E E A R R S N H G B G B P I G M
E A L E I R R C A Z I R O B I N S O N O
M A J L R W N M H K T X N T C N M Z S H
I H E J S G L I F K R O E U B O K E C T
I M F E Z O E L R Q A H L R R S R R O Y
D P N E P T J L F Z M C S N O R A O T A
T O R E I O A E B S E N O E W E L O T S
J E Z H H L H R A C A L N R N D C M M R
P C W N L D G M B O V S A V X N V A A O
F L S E L N O W R I G H T Z N A I E D L
P O N E U H M I T C H E L L N L C E A Y
N Y W O T H E R N A N D E Z L O F L M A
I I Y I N I T R A M Y T N I L T G F S T
S Y T Y V W Z W F T T I W J A C K S O N
R O D R I G U E Z S T R E B O R K I N G
U C K W I H W K Q D A V I S G T Z P M C
```

NELSON

PARKER

PEREZ

PHILLIPS

ROBERTS

ROBINSON

RODRIGUEZ

SCOTT

SMITH

TAYLOR

THOMAS

THOMPSON

				TURNER
ADAMS	CLARK	HERNANDEZ	LEWIS	TURNER
ALLEN	DAVIS	HILL	LOPEZ	WALKER
ANDERSON	GARCIA	JACKSON	MARTIN	WHITE
BAKER	GONZALEZ	JOHNSON	MARTINEZ	WILLIAMS
BROWN	GREEN	JONES	MILLER	WILSON
CAMPBELL	HALL	KING	MITCHELL	WRIGHT
CARTER	HARRIS	LEE	MOORE	YOUNG

Wedding Bells

```
M C E R E M O N Y M A R R I A G E F N T
J C P H F K V J O G T W R S R O V A F T
X D G U K E R E E B X H E G P R K C U G
A B I M D X Y N N U H L H N G K A X R W
R R O N O H F O D I A M P O V K E O W C
R E V Y A W B A A K K W A S E D O W M K
W E C O M C Z P D R Q P R G O M H U B J
E T R E W C E F G E E K G N T X S R P L
D L S A P S P O F G C Z O I X I I G R E
D N A I E T O J O I Q G T D C D O I N H
I R O S L B I B Q S V G O D E W G G R O
N R E I O T G O N T O V H E N R A H E N
G L C H T P S N N R L Z P W E G C N H E
P Y J T S A O E I Y Q U G W E R A T E Y
A X H I W U T R U R O Q O M U G Q F A M
R R E W O H S I P G K L E H R R Q I R O
T H Q R R Y Q V V N F N C O P D T G S O
Y P I C T U R E S N T B E S T M A N A N
F B W L N E C I R T I F L O W E R S L K
V J M S N O I S S E C O R P C O U P L E
```

BEST MAN

BRIDE

CAKE

CEREMONY

CHURCH

COUPLE

ENGAGEMENT

FAVORS	HONEYMOON	PICTURES	RING BEARER
FLOWER GIRL	INVITATION	PROCESSION	SHOWER
FLOWERS	MAID OF HONOR	PROPOSAL	TUXEDO
GIFT	MARRIAGE	RECEPTION	USHER
GOWN	MUSIC	REGISTRY	VOWS
GROOM	ORGAN	REHEARSAL	WEDDING PARTY
GUEST LIST	PHOTOGRAPHER	RICE	WEDDING SONG

Parenting

```
P J U X H T N G Q Y L V A R D N C W E I
E R S L I H L T M P G H D R E L V S J P
P T O A F F A S U R N H O I Q H K R C E
R E C I I D G C I H C C U F A L T S G D
L U C Y P N C R A L L O W A N C E A D I
H F E M I M D A B Z B I A G S B U I F A
F L R L O E I F D A D E D M A E S X D T
O S B M N J I T H B B C H N D C M A Q R
T I X T Z K Z S J T S L P A I N Y A S I
S P I S E I T I V I T C A P V C A T G C
J S S K W K A N H O M E L V A I O R Q I
T H Z A B P H U H Z D I X R F R O H G A
P D I E D V T T E S N M E G Y T R R I N
R P I N S W R R F E A L P H A B E T N L
I E A A Q N I I R Q L A S D L I H C F O
W R L G P P B T T K D A S E L U R O A O
G X Z D M E J I A E F Y B A B S G C N H
M T H M D T R O M E A B E D T I M E T C
I T N N N O Q N T T T C T E E N R H K S
A G L V U U T Y A R G O H P J M A N U R
```

			NUTRITION
			PEDIATRICIAN
			RULES
			SAFETY
ACTIVITIES	CHILD	FATHER	SCHOOL
ALLOWANCE	CRAFTS	GAMES	SIBLINGS
ALPHABET	DAD	GRANDMA	SOCCER
BABY	DAYCARE	GRANDPA	STORY
BEDTIME	DENTIST	HOME	TEACH
BEHAVIOR	DIAPER	INFANT	TEEN
BIRTH	DISCIPLINE	MOM	TODDLER

Weather

```
O N M K S T Z G J N O D A N R O T U B T
D A J X F N P B V D V I C I C L E E P O
N G O I T S S R G M X H X M P H V E J Y
J S R B P L J K E L S U N F K F T R X K
M D L R E C X H M C P A M R E H T A E W
P I T E U K T A F U I H Q C R L T S T P
V I T S W U S S Y A A P L N Z A R N N K
A D T U I Z I K F T H O I U E E D I A F
G X B N G G M V R L U R D T W Z A A I O
N S T O R M O O W D O P E O A R O D R R
I K W O N S P L Y R E O H N G T C R D E
Z S I P M I S C O Z A S D N H T I U F C
E Q M P C J M A A R T I I C Y E O O W A
E J Y A S E V E R E O Z N X N O I H N S
R O L H K T Z K Q P E E I Y N U O T N T
F G W S Z N Z Z J E X H T J U T C A L M
P O A H N A K Y R O R A H E S L D L O C
G F M K Q Z H F J G Y I G E M O M R A W
X E R E H P S O M T A L I Y E O S K Y K
T C N F F T S A C R E V O O D K J F U D
```

ATMOSPHERE

CALM

CLOUDY

COLD

DRIFT

FAHRENHEIT	HAIL	PRECIPITATION	SNOW
FLOOD	HOT	RADAR	STORM
FOG	ICICLE	RAINY	SUNNY
FORECAST	METEOROLOGIST	SEVERE	TORNADO
FREEZING	MIST	SHOWERS	TROPICAL
FREEZING RAIN	OUTLOOK	SKY	WARM
FROZEN	OVERCAST	SLEET	WEATHER MAP

Colleges

```
E E D S F Y K K U N P M D L R M V T X E
V H W D U W S O W Q A V O N A L L I V L
J D Y A N O L L E M E I G E N R A C S A
O T R R E H N T S N S R E G T U R D B Y
Z S O T R A O K S M O Y E L S E L L E W
M R M M O R T A I E E T Z P S C C E C E
S E E O M V E T T C R S E I O O F O S K
T H C U H A L H I N N O E C L N R Z E U
A M L T T R R R G I W D F G N N S N M D
N A E H R D A J K I N O A E E I K P A A
F R M R A F C P F A H T T L K G R G D I
O A S D W V O Y R P E E L E V A R P E B
R S O E S H A B P P D K L I G X W Y R M
D S N M S L F S M A I L L I W R P S T U
O A C N U W N N N I L R E B O E O X O L
E V H G N U O Y M A H G I R B C H E N O
V O K N W O R B Y U Z D I O C S U Z G C
J Y B D T F N O R T H W E S T E R N R Q
L L E N N I R G H C E T L A C S T F U T
W E U D R U P M Y R S A P I T D A B L H
```

NOTRE DAME
OBERLIN
PRINCETON
PURDUE
RICE
RUTGERS
STANFORD
SWARTHMORE
TUFTS

AMHERST · CLEMSON · GEORGETOWN · USC
BRANDEIS · COLGATE · GRINNELL · VASSAR
BRIGHAM YOUNG · COLUMBIA · HARVARD · VILLANOVA
BROWN · CORNELL · JOHNS HOPKINS · WAKE FOREST
CALTECH · DARTMOUTH · LEHIGH · WELLESLEY
CARLETON · DUKE · MIT · WILLIAMS
CARNEGIE MELLON · EMORY · NORTHWESTERN · YALE

Astrology

```
R B L Y Y R Z Q N R O C I R P A C B S L
R D D Y V P O D M K U P E W S R A T S S
C C C J E J R F N W S Q C Y R E P J A O
O E C T F T N E J Y U Q N M Y I E Q H F
V N L X A S N Y D W X V U B A Q B U K E
S R Y E Z U Z E Y I H O R O S C O P E C
M A K H S M R S M J C X W E D O M M P R
A T G Z F T L U T N R T W M Z X C D E X
O S I I R M I N S E G K I B G S L C N D
I G T N T S O A T T N I I O Q Q N D I E
P P Q R I T T O L D S A L F N A W V A T
R A I W O M A I N B G A L A C G I Z Q A
O P R S Q L E R S S O C C P H N N O U D
C T O I C N O G I N J D M E A I G D A H
S R G Y E E U G A U A H I T R G I I R T
Q A R Z S S S R E A S R I E R O S A I R
V H I Y L C B N Y R H O T V S H F C U I
V C V E W I C V O Q N H E A V E N S S B
A I O T L F W L G T J P N U S M U K M C
H M V B L B I R T H P L A C E L S U L N
```

ALIGNMENT

AQUARIUS

ARIES	CHART	LIBRA	SIGN
ASTROLOGER	DIVINATION	MOON	STARS
BIRTHDATE	FORECAST	PISCES	SUN
BIRTHPLACE	GEMINI	PLANETS	TAURUS
CANCER	HEAVENS	PREDICTION	TRANSITS
CAPRICORN	HOROSCOPE	SAGITTARIUS	VIRGO
CELESTIAL BODIES	LEO	SCORPIO	ZODIAC

Boy Names

```
C E E K R N D R U K S T A N D R E W Y J
T A C Y W N H A L E X A N D E R K H Y R
E Y A D I N O O O V Z J H Y H N Q C P O
V N L S P I P D J B O R R S N P A U A K
O J A E A C K I N S K A C M A A E L A J
U A V A R H L E H A H Y A W I M D S Y Y
C N R F J O A U V C R M M H V C U I O D
B O Z A W L A N A I F B E W N U H E A J
N E C P E A R Z G S N E R E A Q I A L B
Y O L N N S L E A E U Y O H D V S H E J
B W J A O R P U H N L R N T R R A S V L
X C T E C A O J R P T F X T O U I J P Z
D A V I D S H N H N O H P A J L A O H O
E W I L L I A M N L I T O M T V H N A R
T Z B J L R W L E O N T S N B L U A J E
H W E O O J U I B N C A S I Y J C T I T
A H G B O K N S E M A J T U R C C H L N
N A E S E A S A M O H T L H J H C A E U
N R E H D G K N O S A J F Z A I C N Z H
T L V D N A Q B E N J A M I N N E V A N
```

JORDAN

JOSE

JOSEPH

JOSHUA

JUSTIN

KEVIN

LOGAN

LUKE

MATTHEW

MICHAEL

NATHAN

NICHOLAS

NOAH

ROBERT

RYAN

SAMUEL

THOMAS

TYLER

WILLIAM

ZACHARY

	BENJAMIN	DAVID	ISAIAH
AARON	BRANDON	DYLAN	JACK
AIDAN	CALEB	ELIJAH	JACOB
ALEXANDER	CAMERON	ETHAN	JAMES
ANDREW	CHRISTOPHER	EVAN	JASON
ANGEL	CONNOR	HUNTER	JOHN
ANTHONY	DANIEL	ISAAC	JONATHAN

Girl Names

```
S F X X M P S H Y L A B R O O K E A V A
Q F Y A A O A I A W M L A U R E N N O C
F J R I S O M J O R G A E L O C I N S U
C I G D L B A X U H A K C Y N I T S E D
A E U I B Y N C J L V S A K A A I O S Y
N J V T N M T L H R I A H T E S N F M L
Y I I Q O E H A S L L A T E H N S N G I
A R E R L U A S M E O D E A N E Z Y A M
V J G I L I A F X M F E B M C I R I L E
I A R A L V A A O A E N A S A I M I E A
N I L E A A N G L X Y U Z Y S D S S N O
N L S N F D T L I L V A I D T T I S A E
E A N A R I I A T B L Y L N E A L S E J
K A D A B S N I N E A E E E P Y E A O J
H U L R O E A N X L G L S Y H L H S G N
I F D N O K L I E Z O I Q P A O C H R E
A L Y A K J S L N J V A H B N R A L A I
M C F H R F M X A A S H Z Z I M R E C L
K T A N N A I R B Y E L A H E C U Y E Y
Y D J X V B S O P H I A M H A N N A H K
```

ABIGAIL

ALEXANDRA

ALEXIS

ALLISON

ALYSSA

ANNA

ASHLEY

AVA

BRIANNA

BROOKE

CHLOE

DESTINY

ELIZABETH	HANNAH	KAITLYN	MARIA	SAMANTHA
ELLA	ISABELLA	KATHERINE	MORGAN	SARAH
EMILY	JASMINE	KAYLA	NATALIE	SAVANNAH
EMMA	JENNIFER	KYLIE	NICOLE	SOPHIA
GRACE	JESSICA	LAUREN	OLIVIA	STEPHANIE
HAILEY	JORDAN	MACKENZIE	PAIGE	SYDNEY
HALEY	JULIA	MADISON	RACHEL	TAYLOR

Grocery List

```
Q H O C T C C S E A D O S M V M O G K S
R M H V X C E S C G F U I B Z P H X F J
B T Q B G L E S J D P B A T T E R I E S
B U R C P E M F J A E S D P F E O J W V
K I A P H C O C P Y S T D A G I I N A J
Q U A C S S V E U Z N M E G E C L V X H
I X D R S E R X L T A S S R E R P M P V
J U I C E T R J I J S R B C G P B J A P
D S X L O U E Y G D Y N R A S E P T P I
R U R W I V T K H T R E I K N I N P E R
U Q E I M D T O T T A A C K C A Z T R A
Z L N D C T U G B M R A T K P A N U S C
S N O B K E B S U S N U L S K A B A R A
R B O E L E T O L S U E G W U P N A S D
L Q D D I I U A B B S T Z O P M C P N Q
I A L W M D N P D F L O U R Y K R P C K
S L E D A B A D O O F T A C E E I S B H
Q X S L J T E B L Q W I S R P G G W X J
X D A Z L G P T D B F B S H O T D O G S
U S Z K N Q M J K G X S E I K O O C Z H
```

PAPER TOWELS
PEANUT BUTTER
PICKLES

APPLES	CRACKERS	JAM	RICE
BANANAS	DETERGENT	JUICE	SALAD
BATTERIES	EGGS	LIGHT BULB	SNACKS
BREAD	FILM	MILK	SOAP
CAT FOOD	FLOUR	MUSTARD	SODA
CHEESE	HOT DOGS	NAPKINS	WAX PAPER
COOKIES	ICE CREAM	NOODLES	YOGURT

Living Room

```
H X G D B A F H U G X E T Z W N G P D N
I D H K Y P A D N F S A Q A W V Q M Z L
Z O A X U A X V H U W S U S B T Q Q D F
X C T Y X C T C Q R A G A E C L X V W T
M P A E P D U M Q N L W A N B D E U C R
O C S T L O M V F I L O Y I C X L V C C
M R E W C E G D X T P L A Z P M U H A I
S E R W O U V U P U A L O A O X A B C L
I N U B G X P I R R P I I G V I I F Y S
G I T R G B G H S E E P D A R N C J W Y
A L C M A N B T O I R Y A M E T H G I L
I C I M I E O A V L O K R T S E D A H S
Q E P L N C O E B S S N C U R T A I N S
H R I C A Z S S T Y K T W I N D O W V Q
P E H R E I A E V R E O E F L E H S M J
C I P K L Z E V E M M Q O R S T E R E O
M E A P A O R O A J K O D B Y F B N H S
T W M N K H O L C N E W S P A P E R O R
I D Z V O L N T F H I U U A E R W F J N
E S R E W O L F S C W M S Z L K A V T L
```

BENCH

BOOKS

CABINET	FURNITURE	PILLOW	STEREO
CARPET	LIGHT	RADIO	STOOL
CEILING	LOVESEAT	RECLINER	TABLE
CHAIR	MAGAZINES	RUG	TELEVISION
COUCH	NEWSPAPER	SHADES	UPHOLSTERY
CURTAINS	PIANO	SHELF	WALLPAPER
FLOWERS	PICTURES	SOFA	WINDOW

Cosmetics

```
E B F U E X P K Z X E C N A R G A R F V
O L K P N Z M X I Q B X C F X V S S W F
F K G L G I O A Y V N E H K E E H C K A
G V B R O G Y Z J E U F N W E V C D O R
N N K S L O S U E L S K I N C A R E E V
C R I M O A P R T I Y Z M N I Y K S O R
U O K T C X C M A P G T R A B J N R O J
S D M P A S Y A L G L P U U K A A U Z T
G Q W P N R L N Y L Y O Y A E E G L B N
R M G U A X D E O O J R J L E E U S C A
D A S L N C K Y D S K G C O X B J P Q I
P S N S N C T K H S W O D A H S E Y E L
E C O X R E N I L E Y E L A I C A F L O
R A I V P O W D E R U K C I T S P I L F
F R T C N Q N B M L A B F X C E H F P X
U A O M K N O I T A D N U O F Y D J O E
M O L M A E R C Z E Z I R U T S I O M V
E A G H S I L O P L I A N E T T E L A P
A E T S I G O L O T A M R E D P K I E J
L Q Q Q R O L O C K E E H C R S D S E H
```

BALM

BEAUTY

CHEEK

CHEEK COLOR

CLEANSER

COLOGNE

COMPACT

CREAM

DERMATOLOGIST

EXFOLIANT

EYE SHADOW

EYELINER

FACIAL

FOUNDATION

FRAGRANCE

GEL

HYDRATING

LIP GLOSS

LIPSTICK

LOTION

MAKEUP

MASCARA

MOISTURIZE

NAIL POLISH

PALETTE

PERFUME

POWDER

ROUGE

SKIN CARE

SUNSCREEN

Shoes

```
L S X H R N M Y B M N M C X R D E Y T Y
Z L Y E S H N N I S A C C O M D H B N E
W A Y I F W H E W T O O F B A E A O U C
Q D X W I S C O W S A M D C E D C M S A
R N Z T M T T D N B H L J L G U I O G L
L A Q W V F R O V A A O A V A Q C D I J
P S T I D B B N O S T L E S M K M W A B
K S E Z V W O D H B T U A S U Y Y M R S
P O N R R N R O S C R J R N H B G F S R
R L N C R E E W N G O P E A C I X E E W
E E I X S S K E E V P O K L L E N F O H
E J S S T I R A A G P L I S T I A E I T
B I Q R A G T B K D U F N B H O Z G E R
O J I C N H U J E V S P H J L M H E I E
K N I I L M H O R V E I L F V H E E R H
G X K E V N N Z S W L L U V E F P F L T
E I T K D I S R P A K F Q E A C O K W A
H I S H O E T R E E N R L C A S U A L E
C U S H F Y J G O S A S R U N N I N G L
U Y Q H Y T I M B E R L A N D P Z Q R V
```

ADIDAS

ANKLE SUPPORT

ATHLETIC

BOOTS

CASUAL	HIKING	NIKE	SHOETREE
DRESS	LACE	REEBOK	SNEAKERS
FLIP FLOP	LEATHER	RUNNING	SOCK
FOOT	LOAFER	SANDALS	SOLE
GYM	MOCCASIN	SAUCONY	TENNIS
HEEL	NATURALIZER	SHOESHINE	TIMBERLAND
HIGH HEELS	NEW BALANCE	SHOESTRING	TOE

You Can Move Mountains

```
P I K E S P E A K W E T T E R H O R N A
A O L A N U A M W H I T N E Y D B B T G
B O R Q K J G H N I T J U I M W O S K P
V T E T M P M F Z O W Z V H T Z A O D H
X G R A N D T E T O N G B T B H Y H H P
W K Y S P P G Q K Y Q H Z R S A V G E D
F V R Y L G V I N S O N M A S S I F E S
Q C V F U J I C N A L B T N O M S V L F
O A I N O D W O N S D R A R R C I L M A
L R K U N D N P X J C D V O W L E R A O
F O A G L A C I E R P E A K S B A A T L
O E N J J U T V E G W S M T N I N N T R
X V X G N D G J I L B K O O N R O R E A
A E Z P S A W L G I X W O I U N L O R G
Z R U M I P M X E X E R E P F E Y H H U
X E H W S T E I R R A R A O B S M S O S
E S A I J W X A L M U N C D U S P S R X
F T N J S G C F K I N H N B T A U I N I
N A H K T N Z C S A K S J D J L S E Q E
I Y T A R R E S T N O M M Y U Y R W K I
```

ANNAPURNA	HOOD	MONT BLANC	SNOWDONIA
DEVILS TOWER	KILIMANJARO	MONTSERRAT	SUGARLOAF
EIGER	LASSEN	OLYMPUS	VINSON MASSIF
EVEREST	LONGS PEAK	PIKES PEAK	WEISSHORN
FUJI	MAROON BELLS	RAINIER	WETTERHORN
GLACIER PEAK	MATTERHORN	SHASTA	WHITNEY
GRAND TETON	MAUNA LOA	SINAI	

CHAPTER 18

Word Search Adventures

Camping

```
O O E T X F U A G P F G M H F U W I B F
J K P O J M D A R A A K O A M R O I D O
I Z W K E V W O E T B T C K T W N U V C
N D A E A V A S T U U G H A P C S Y S D
R O S P F E W K L I D D N P P M H L R U
E G B K P I Q L E Y N I Z I A K A E H T
T D N O I O N I H Q Z G A R P T C J S C
N D R I I L S K S S P G S T R E T A M H
A D N B L D L C T S S H R I S S E Z B O
L B V U N D S E R E M E N I Y R T L H V
S B T F O M N O T A K E N T L T I O S E
N P A R C R O I L Z F C V R E L P F V N
I C G K A D G L K L A Y O T E H E X A E
A O T M T I O P A F I R E P N D C F P F
T O S U G W L M M S T C E S N I L T H R
N K O O S W E E Y A N E E T N A C I A Y
U N A T U R E A R T C H I K I N G D W H
O D B F W J Q R E P E L L A N T T N E T
M P C T D X E T I S P M A C S E K A T S
D E X C P G U J F V P O L E S S D O O W
```

OUTDOORS

PATH

POCKETKNIFE

POLES

REPELLANT

ROPE

SHELTER

SKILLET

SLEEPING BAG

SNOW

STAKES

STOVE

TENT

TRAILER

WILDERNESS

WOODS

AXE	FIRE	KINDLING
BACKPACK	FIRST AID	LANTERN
CAMPGROUND	FLAME	LATRINE
CAMPSITE	GRILL	MARSHMALLOWS
CANTEEN	HATCHET	MATCHES
COOK	HIKING	MOUNTAINS
DUTCH OVEN	INSECTS	NATURE

Lakes

```
H F C Y P V S S G D T B N A E M A X U A
O C T A N G A N Y I K A A Y C R E H Z G
T K I A G A U T J S O A O L A E I A N O
A U E R T F B X I B U J I H K S N E D D
H P X E U H C O I T W P U R G H A E E A
O F O D C Z A A T I I R E A O E A N S L
E V Z R H H C B N I M C D R K T O S E N
N N R S T A O N A I N E A A I T C J H I
L I D A R C I B A S A A L C S O C I L P
T C A A E P H M E D K T M W A O R A V I
U S M L E B B A S E L A O K A N U E S G
O Q I G P A T E R A S L M A R T L S N N
Z N H N I M A A S T L L M R A A U N E O
A M E K G A A T E E R C E I L R E A R N
O L A I G H A H Y R V A O B S I W I R C
N L B O D E A X C M G C I A E O G P O A
E S I E R A C I H U R O N N A G N S T Y
G K P G R G T U N G T I N G Q H A A V U
A M E O T T U M I C H I G A N M B C W G
G W B N O T A L A B A K N A H K U M Y A
```

ALBERT

ARAL SEA

ATHABASKA

BAIKAL

BALATON

BALKHASH

BANGWEULU

CASPIAN SEA

CAYUGA

CHAMPLAIN

DEAD SEA

ERIE

GREAT BEAR

GREAT SALT LAKE

HURON

KARIBA	MICHIGAN	PORTCHARTRAIN	TSING HAI
KHANKA	NIPIGNON	SENECA	TUNG TING
KIOGA	NYASA	SUPERIOR	URMIA
LADOGA	OKEECHOBEE	TAHOE	VICTORIA
MANITOBA	ONEGA	TANGANYIKA	WINNIPEG
MARACAIBO	ONEIDA	TITICACA	YELLOWSTONE
MEAD	ONTARIO	TORRENS	ZURICH

National Parks

```
S T J N U N O Y N A C E C Y R B R A A K
R D R Y T O R T U G A S E N Y A C S I B
G F I I K E N A I F J O R D S Y R Y U P
N O Y N A C S G N I K A L A K A E L A H
N Z Y E L L A V K U B O K A R C H E S S
S N I A T N U O M E P U L A D A U G N S
Y T S E R O F D E I F I R T E P C R F E
E R Y G E S R D D K A T W S S H E B E D
L O E R D D E E R U Z J S D A V I E E A
L C L A R N I N V H X E N N A G D V R C
A K L N E A C A H T R A N C T N A A L S
V Y A D V L A L V P L E D H E Z I C O A
A M V C A D L I Y S L A I B I U D D T C
G O H A S A G C I I B C G O Z H A N I H
O U T N E B G N S S K I N X R L C I P T
H N A Y M I I L L E B Q X H D N A W A R
A T E O B G A R T L A K E C L A R K C O
Y A D N R N A M O U N T R A I N I E R N
U I H I D C G R E A T S A N D D U N E S
C N V S L A S S E N V O L C A N I C Y U
```

KENAI FJORDS

KINGS CANYON

KOBUK VALLEY

LAKE CLARK

LASSEN VOLCANIC

MESA VERDE

ACADIA	BRYCE CANYON	DRY TORTUGAS	MOUNT RAINIER
ARCHES	CAPITOL REEF	GLACIER	NORTH CASCADES
BADLANDS	CARLSBAD CAVERNS	GRAND CANYON	PETRIFIED FOREST
BIG BEND	CHANNEL ISLANDS	GREAT SAND DUNES	ROCKY MOUNTAIN
BIG CYPRESS	CUYAHOGA VALLEY	GUADALUPE	VIRGIN ISLANDS
BIG THICKET	DEATH VALLEY	MOUNTAINS	WIND CAVE
BISCAYNE	DENALI	HALEAKALA	ZION

Sea

```
A A E W A Y I P N I Y L M S V Z V B R L
M Q I F H T O P I A B F N C V C X Y E Y
L W T V U K I E N V F N Z O Y P C V P Z
L U U Q W S O D E C B E X A A J Q O P A
E T K D W I U V E Q E U D S C H J S I V
S B T C D S X G L S J R S T H N L K L W
S P M U T O Z D A C A T Y J T A W E C I
E O S T I Z C I L O J Z N D C T A T U N
V R L T W N L K B F W A U I A O V C I D
X T O E N X Z R R D R V T O H J E H Y J
Y M O R C K A W N A J U B M H K S B G A
A A P Z T T D Y M A A R E N O O H C S M
S W W S S X R A H N Y E L L A G H F N M
B M I L D K T A M G S E T E T L K E N E
J Y Y M D A M S D E N R K S G N B R C R
A H J U C P A H E D F I A A A A N R V B
C J B L R R N I R M O M D E L R Y Y X R
B G Z E J N Q P P G R S C B E Q X O S I
N B W V O W Q N I D E O E T O K X K V G
C K A X Q Y C E A N N M S M G W L V V S
```

AFT

BOAT

BOW

BRIG

CATAMARAN

CLIPPER

COAST

CUTTER

DINGHY

DOCK

FERRY

FORE

GALLEY

KETCH

LAKE

MAST

NAUTICAL

OCEAN

PORT

SAIL

SCHOONER

SHIP

SLOOP

STARBOARD

STERN

TIDE

VESSEL

VOYAGE

WAVES

WINDJAMMER

YACHT

YAWL

Desert

```
Z C M F H R P P A O H I S S M S T T I R
P S S O B E R L N E K U O O S H E S B B
Q S C H Q P E U A G T N I E I M S A O J
M N L O B I C X K C O S L R P P K N G O
A A I N M D I L A R T N S E D A D D Y I
K R M L Q O P C A U I T R U D T C Y E M
W O A T T F I N R A Y A S I Y A L G L X
E J T R O B T E R W T T R H G G D S L N
C V E Q H H A L L U B A H R P O O Z A E
M T A B X R T J R O W Z W W L N E E V T
A O H P N B I E W B A R R E N I H Q H A
D R J G O N O L S N A K E S Y A U P T L
E U A A U R N N A F L A I V U L L A A O
M A N H V O A D Z A L R U M C I Y O E S
E R X E A E R T W A S T E L A N D R D E
R R L V S S H D I C R Q X O O D M N D D
T O A Q W W R S C O T A L F T L A S U J
X Y N Q Z X R R R R N X N Q Z Z Q D M S
E O E S R A P S B A H T K S K G J V F D
T M Q C V H D N D G H L E U B Q D Y P E
```

			RAINLESS
			SAHARA
			SALT FLAT
			SANDY
ALLUVIAL FAN	DESOLATE	GOBI	SNAKES
ARID	DROUGHT	HARSH	SONORAN
ARROYO	DRY	HOT	SPARSE
BARREN	DUNES	MOISTURE	SUN
CACTUS	DUSTBOWL	MOJAVE	TEMPERATURE
CLIMATE	EVAPORATION	PATAGONIA	THIRSTY
DEATH VALLEY	EXTREME	PRECIPITATION	WASTELAND

Space

```
D M J U Z E U T Z G F P L A N E T F Z C
O G E U V R N L E U R P W N S M O O N U
Q K Q T P R A M U K Y A K R S E I U K W
U F O I S Q L L H J C E F I E S M T O S
V E N U S Y M Q L Q G O P O N R A S B J
E B R B R E S C S E E M R T I E R U V I
E B E K T P X R J G T W S U T V S N E J
P K B E A A M G A X X S I L P I M F U I
T W O A V E Y A E L O O R P M N J P G A
M R N J O O O L N N O A U E E U I N L H
S L E U N M X A U S F S I W T T D I Q D
M H D U U F N X T Y J M Y W E N E K E E
R G I U Y O E Y P C R F R R W N I E S T
X J C P G E B N E J C K E F S F P A H I
S A O W O A U Z N H C N U A L S P L U L
V T S E U J L N A S A I O O T O U S T L
J N A A N O A Z V V N P E H L N E W T E
D K G R S J C T C B X Y G L A C K B L T
B P V O S W H E Z Z X I O R J T C Z E A
P K D Z G X O R Y B L D I O R E T S A S
```

ALIENS

APOLLO

ASTEROID	LUNAR	NOVA	SOLAR SYSTEM
EMPTINESS	MARS	PLANET	STARS
GALAXY	METEOR	PLUTO	SUN
INTERSTELLAR	MOON	ROCKET	UFO
JUPITER	NASA	SATELLITE	UNIVERSE
LAUNCH	NEBULA	SHIP	VACUUM
LIGHT SPEED	NEPTUNE	SHUTTLE	VENUS

Forest

```
B W M F I R E F L Z R P Q U M O G V J H
V U G F I S U Z B I Z X N Y M Z Y A C B
C F S D G F B P X J C Q R G T E V A U Z
R B I O D I V E R S I T Y O P U P H N E
W O X O D Q J P W T S T Q L I L B B D V
Z S R T P E E J A B P S N O N E T D E R
R B A M O R V T Z Z Z X K C E L Q R R E
R E T K U Y I M Q U L X M E N M N A B S
T W G T V B C U D R A H C R O O G I R E
U O A N A R E S E R V E D G I D R N U R
E N A H A D E D S J L L L T J N E F S P
X H B E S R W V G Q G W A K B A E O H I
G T H E Y D C G O E J V I L H L N R J Z
C C R R E B M U L R R U P L O S E E M S
C C D P N E L W R E G D N L D G Y S A M
A P A P E E O E S D A P I G A L G T N K
G T A R S O B N A T R A I L L N I I W Z
H R T N D M O J M Q D U I N Z E T F N P
K B E K I C E N V I R O N M E N T S E G
R D O T U G I V W D I Z E O U U K E T O
```

			RAINFOREST
			RANGER
ACRES	GREEN	NATURE	RESERVE
BIODIVERSITY	GROVE	ORCHARD	TIMBER
CONSERVATION	HABITAT	PARK	TRAIL
DENSE	JUNGLE	PATH	TREE
ECOLOGY	LAND	PINE	UNDERBRUSH
ENVIRONMENT	LOGGING	PLANTS	WILDLIFE
FIRE	LUMBER	PRESERVE	WOOD

Cruise

```
W R O S S R M Y S G N V L C O B F P A W
A H C A F T F R T N E T U O R O X J Q H
Q Y E L M G M A R I Y X J Y O O T V Q K
L U A X L Z Y R O N L R A D G Y Y J Q L
D R N Q R X C E P I K S E U W B G V P X
Q R Q U Z T L N V D N B E R W E A G I V
A Y P O U V T I I Q O K L A O C Y T H P
H D K B Q J V T X K M Q K I A Y N N S C
C C B Z P K S I S N F W C T A E S I Y X
M M C A E F O R E U T C I A M S K A Q R
T A S T A R B O A R D O R N U Z I T C Y
W R R B O A T S W C N E I W A Q P P I E
O A A I L W Z P M V I A C E E A P A N L
K N T V N E R T O V T Y J R H Q E C A L
N W B E E E D Y I R H Q A C Y O R X T A
F I D O R L A R E E R U S A E L P Z I G
A E B L A G M T C A R I B B E A N J T D
P P R A E R N H T R E B Z L E S S E V C
Q F L R C E D Z A M O Z E D K E O Q T Y
H E Y B Y E U M Y W U I G C E B S G K U
```

AFT			
BERTH			
BOAT			
CABIN			
CAPTAIN	FORE	PORTS	STARBOARD
CARIBBEAN	GALLEY	RIVIERA	TITANIC
CREW	ITINERARY	ROUTE	TRAVEL
DINING	MARINE	SAIL	VACATION
ENTERTAINMENT	OCEAN	SEA	VESSEL
FERRY	ONBOARD	SHIP	VOYAGE
FOOD	PLEASURE	SKIPPER	WATER

Vacation

```
Z J J C J R W M B L L J U M G U W D S L
Q E A Z M H R E O Q Q D U N G W Z M E Z
B Z S O D J S D I D G N I T U N R O P O
A P T G C X G B C B P T N I V F Y A N V
N E H T Y I E P U Q N E T H G I L F C H
L O Z G N A M G K Q M P I R T R P G N H
D L I G S I D A N N E L I B O M O T U A
M A X T I W R I I I S S R T H H A E V L
N C Q Q A Q I A L O L W U D C B J R P V
S I B O X T T M K O U E A A A E A A L C
N P J T U R R P M J H O K C E O I H E R
C O U W E I I O C I R A J R B O Y S A U
Y R O T R Q P T P C N C F T O O R E S I
P T N T U J T F V S R G U R R N S M U S
Z E L E I S U R E T N E M V D U S I R E
O D T F R G Y N S F B A S O R R O T E H
H S U E G U E E U H R D R O N B I T E O
T N L J J Y R S P S R P R T R N R V S T
C A M S T R O P S R E T A W A T O P E E
X U T R A V E L U O T R N T V X A P O L
```

			SWIMMING
			TAN
AUTOMOBILE	FUN	RELAX	TIMESHARE
BEACH	HOLIDAY	RESORT	TOUR
CAR	HOTEL	REST	TRANSPORTATION
CRUISE	LEISURE	ROAD	TRAVEL
DRIVE	LODGING	SNORKELING	TRIP
ENTERTAINMENT	MOTEL	SPA	TROPICAL
FLIGHT	PLEASURE	SUN	WATERSPORTS

Rivers

```
O O G T T R I B U T A R Y C Y G K E D L
S W J I A E E T Y Y A W R E T A W O O F
X S V L H R Z I K P E S I T Y E T F A R
B C P L L O T Q Z L U K H K D L D L W K
O S B K E S G N Z S P L T O E I R V S P
X Z T S D I N P G H H I S J R N I Y B I
H C I S X O A E B S R Y R J E E V E X J
V M R P T N Y J I I A S I W T Q E N O X
P K I T P E C X Y Y T E V D O I R I N X
A O V M H I A O D F E I E R H J B H L F
M S E Z R A S M N D S N R G A J E R P E
L R R I Z N M S B G E E F N U P D B W G
J A B B A N K E I O O D R Z O U I O G E
Q F O U B F D C S S A U O D F Z L D G P
V R A Z L D G N S S S T N V E L A D S E
M I T O Y A A T Z R Y I T H A L I M Z E
C K W P Y D R R E G I N M H G R T L A D
O E R T R E Z A R Y T E S X B C X A L J
E K Y O A K P J A W B A Z W O L L E Y K
C R J M K S F C B E R P T I G R I S I B
```

AMAZON

BANK

BRIDGE	JORDAN	RIVERBED	STREAM
CONGO	MISSISSIPPI	RIVERBOAT	THAMES
DEEP	NIGER	RIVERFRONT	TIGRIS
DELTA	NILE	SEINE	TRIBUTARY
EROSION	RAFT	SHALLOW	WATERWAY
EUPHRATES	RAPIDS	SHORE	YANGTZE
FLOW	RHINE	STEAMBOAT	YELLOW

Oregon Trail

```
B K P R H W S W R O D I R R O C E L U M
K Y S K H L Y U S W E S T A L O Q R N W
T N A J E N F E M H Z K M M E L P Q K P
K N A E T P I H S D R A H G W A A Y O D
B Q H T S N D N A L R E V O I F C R L N
O W U G I Y A E N L M I U A S F K Y N R
O Y U A R V C R I N W C O O A U G W G I
W N J E S E E W G R L T X R N B K N U V
A M C H B E E A E I I I E O D B U A O E
R M A A T V F N M U M A N G C D A E S R
E H N U M P S B O E P E R N L L E C C S
L S O O J P P M N I R J W P A T Q A O H
O R R O P E U D Y D P I Q O R G R V W N
H K W H P F R Y K U F Q C X K G F Y W M
C E C N E D N E P E D N I A O E S R O H
M X L K F L S E T T L E R S N B Z G S T
T O L Y E L B D T N O M E R F S V M N R
B A O X U Q V M O U N T A I N M E N U A
W M I S S O U R I R I V E R N O G A W C
V F E J S Q J O T E R R I T O R Y Z T J
```

PIONEER

PRAIRIE

RIVERS

ROPE

BACON	DUNG	MISSOURI RIVER	ROUTE
BUFFALO	EMIGRANT	MOUNTAIN MEN	SETTLERS
CAMP	FREMONT	MULE	TERRITORY
CARGO	HARDSHIP	NATIVE AMERICANS	WAGON
CART	HORSE	OVERLAND	WALK
CHOLERA	INDEPENDENCE	OXEN	WEST
CORRIDOR	LEWIS AND CLARK	PACK	WHEELS

ANSWERS

1 Word Searches on Main Street

Restaurant

Bowling Alley

Shopping Mall

Grocery

Library

Places Around Town

Service Station

Car Wash

Hospital

School

Bookstore

City Hall

Park

Hotel

2 Global Word Searches

U.S. Capitals

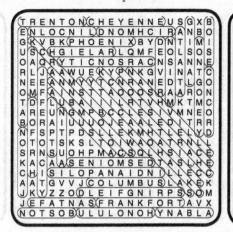

U.S. States

Islands

African Nations

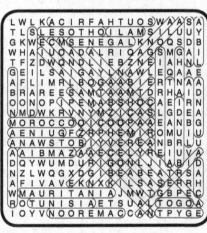

Small Towns

Canadian Cities

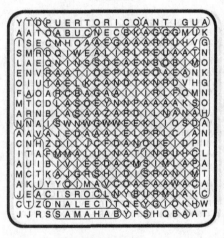

South American Cities

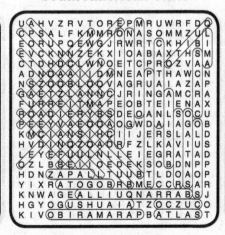

U.S. Cities

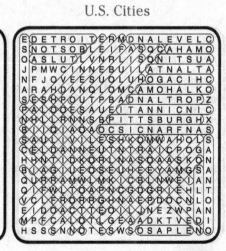

European Nations

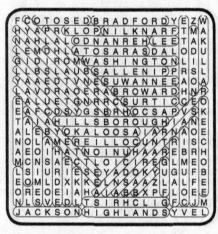

Asian Nations

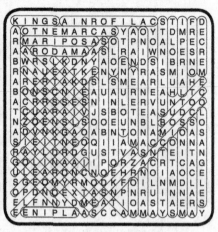

California Counties

Florida Counties

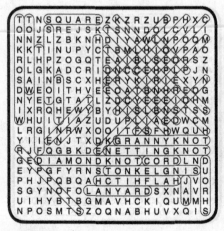

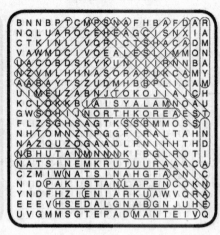

3

Word Searches on the Job

Careers

Know the Ropes

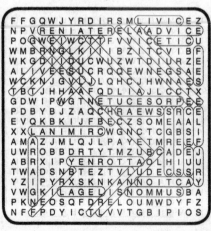

Lawyers

Firefighters

Artists

Doctors

Engineers

Fashion

Police Officers

Teachers

Waiters

Chef

Postal Worker

4

Word Searches Alive!

Mammals

Dogs and Cats

Gardens

Insects

Birds

Fish

Flowers

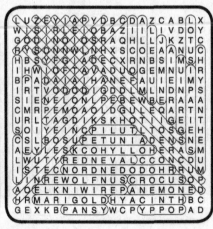

Herbs

Trees

Snakes

Monsters

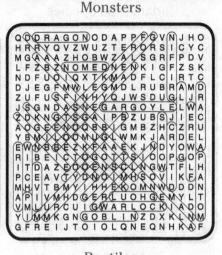

Shrubs

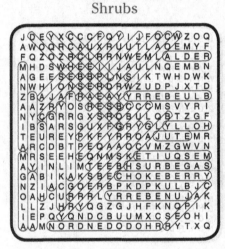

Weeds

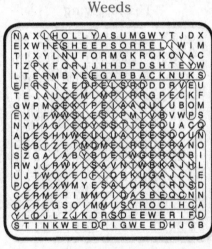

Reptiles

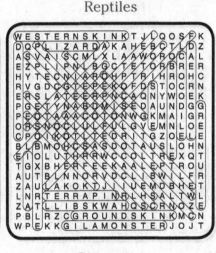

Cats

Horses

Dinosaurs

Endangered Species

Pets

5

Celebratory
Word
Searches

Halloween

Thanksgiving

Christmas

Easter

Labor Day

Holidays

Fourth of July

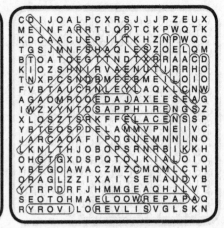

Birthday Party

Traditional Anniversary Gifts

Parades

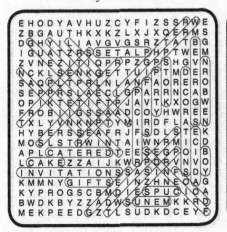

Valentine's Day

Party Supplies

Baby Shower

Hanukkah

6 Delectable Word Searches

Cocktails

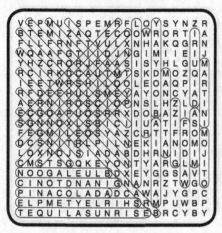

Fruit

Vegetables

Pies

Sandwich

Breads

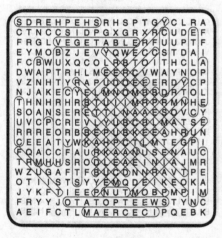

Candy

Cheese

Condiments

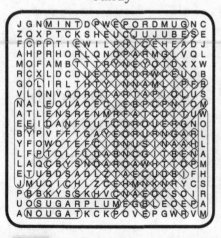

Wine

Salads

Pasta

Liquor

Beverages

Soups

Sauces

Seafood

Italian Foods

7

Scientific Word Searches

Body Parts

Constellations

Diseases

Elements

Minerals

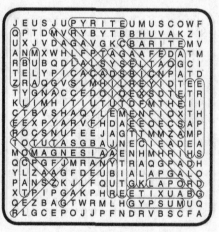

Scientists

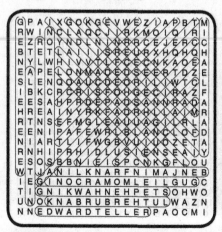

Medicines

In the Lab

Bones

Geometry

Astronomy

Fields of Study

Physics

8

Compound Word Searches

Ball Words

Book Words

Day Words

Green Words

```
Q B N A V N U I D S Q B Y I P C F Y L F
T F V N U G P C A R D P E A K J E S S C
F C Z V M Y J E H J E O T L K Q B B T L
O R R M J J Y N A B R K A K G E P M R P
W I N T E R Y H P C C L E D R O L U O V
R X K C S P T W N A E L E E M N S H P B
E P D W C U R B B F L Y T A Y I S T A J
V D Z I T B A K L Y E F Y I O X Y V Y
E X M F L A P F E H C L X F E N M O O R
P D B E V J D K G T F N J B L N W Q P W
T A X S R F Z W A P E P P E R E S U O H
M A P G D W T O L T S V N C N E W W W G
X M Z V N B L M L P J A O A V T L E B E
V O R G Q J O K I W S L K E D A E S
G T A P L S T W V C D H L A R B X N S F
R W G U F V W T L Y D O Y O D H T C A P
K V C B M D V B U H W C P O G L H X L
S S B J X B M Y U P N E C R F A E T B U
O D Q V G C T P E S R G N C T Y A N S A
A L V B W N G E R M J R E P M P G G C A
```

Snow Words

```
T O H K E N E M Z Z M O N X K G K S F S
K F R Z T X Q G M M W F N Z U H S N X T
W W J E C J U B D L A P F O W P Y I E N
X X H B V M O P X L Q I N S L M M A R B
T F Z I L Y O B T L A C U G S E Q H T E
R M D G T J G B L C Z I D S X N I C C W
U P P Y J E I B X J Z I T O Q G E V P F H T
K U I Y G D I O A L C R A N X U E O D I
L Z F L A K E L J Y E I E K N A B R L F
N N A E J P W Y X L P T B W A K I A R N
H I Y A D R D D A B L M R A O B F P N V
H Q U O V B A L L E C Y A A V I H I Y E
A M J R E Y E X M G W A I N B G B C N E
Y L T H R O W E R M R P Q U A O I G T
S Z Z K C X X M Z A J Q A Q U N L R L Q
T U Z T M N L H A K P R L P E T R L L S
O A R V J F I O U I D P E E P P I P P H
R K Y D X G L Z N D Q A Y W O T N R K O
M Q J C N W R C W G V B V R K C A P E W
B L I N D L Z V T O L V Q G S D K Q O D
```

Anti Words

```
L A G N U F T U S T A T I C I P L O Z U
C U N M W L T O R T E T V U E H E R O D
U H U A S D W D X N H K H R T H T Y T V
L O D R N Z Z J C I E P S E M K R D N U
I D L G D U L I B G N P H V S O X K A O
A E X A Y U T V L I I C I T I R D D M
T P H K M O O F T R S M R A Z L S J I N
G R E N I H R Y A T K E M V Z A C D X V
G E W B T E A N A U T M L L P I S D O V
H S I E E N T M K T A Q S O Z R Y D O B
T S A Z E K I T A L P V O G H E Y W P L
Z A E L J N K M F S A A C L P T H M J C
Z N U O E K K N C N R C I Z O C A L I T
B T K K T D I C C Y I I A R D A U T F Y
R A E L C U N X O R I T L A Q B C A T C
Q X H V I R U S L L C P V E T A R I T H
Q G D I U R E T I C L E R F M C V R I R
A Y H T R C T I Q H E S E I R A U J T I
V V X Q L M G H Q V C H L I R S E U B S
N E Y N Q S O K I M T C A G T U C Q R T
```

Mail Words

```
S B I E I R D F Q K V V C X I H X X W M
S N A T R A I N B T N I G L Q H T A S I
E E K G F N A F V N M N D M Y U F K B B
R E P D D Y K O K P Y V R I T B M D B B
P R K L Q F G A R R S E B S I S Y H R G
X G S G Y Y O Y G E G E B P R O W G W A
E F E A L Y J I G R G M A U O R A V N T
V V Y M I A N Z O G O I G I T S J C L
O V L K N Q Z S C B X D S X R E O E J
E Z S C I N O R T C E L E T P R M I A
C M J U D U A R F K Y V Z H E I K B F N
G B K O R E Q U H C U N X T O R N N I S
Y R D B V F B A A A D R O P O W E U I R
S C N O G S A N T L E K G U C L A D E J
C N H C E L R C E B K A L A G C S J E A
V R Y A E L I K E W L H O K N I R T Q G
K U H G G P W S F U Y O J S R P J I R
T F B C F N X O B J B U V L A E C I O V
R E K N Z Z S G H L T K Q C F X A S X C
D E I F I T R E C K A S U Q S K T X N B
```

Cross Words

```
E R J R A P V S E I X F T E L B U O D N
H F S H T Q Z B K G D A O R X A Z F T Z
Y S G J O N U I A O G T E S C M Q M C N
H U W Y E A R O K K O L A A M Q Y Q N I
U Y Z Q H H S E F K F I L E P G U T N I
R Y T F K R Q T H R A I D O B N P U I T
W V I C W Q R A Y T L S L G T B M C M C
A O B H C A V F T W U L P R K F F O A E
P O R R B S C G Z K I O Y L R P Y E X S
V N M D E S I T A N F W S G R W C E H
E L D E G E T W A E S K L E E N W O T A
O Y D D G A D T R S C H W E C A U U I
K B Z W L A E T D E T O O R H U L R O R
W B O K Q R I T H N K E L R L K T D W
C E M W S L R C E Y F X R Y T K D X E
Z A T B I S I E S E W B C F U D O R D
S M Z Z N O R I O R T U S W H R Y I E D
C U E M D V Y I H U P C H A T C H A F Y V G
U N S Y P I H U P X E D N I V L E F Y U
O Z I J S D Y J R E S S E R D X M L I G
```

Card Words

```
O J Y I M W P A M I G N I D A R T A A M
M S X Z G H P J R D C W N H T O W P E R
G G W I O T J E B E Q I H F X A G M L U
V H T C T O K X F N W L F Y A B B Q Z F
Z N Q T F J D U C T A D R L O E P N S S
R M S B V N R I F I Y D A C R H P A W Q
Z E C O G F E R Y F Y U S T A M P I T
Y G G Q A N K Y T C I C J H T H M O O R
I X S R S L A D D C X I U P S S L A J E
T U K D B N L R E A P R G J L Q A D G
L N W I G U P Z Z T O P R N R A A L D R
E B N N W O S M F I E H Y G I E Y M F A
S H A G K T L O O C V A R Y Y P I E H
T C L S F H A N N W O E D V K R O N C
R P O B E C A E T E L K H E A X N R R G
U O E R N B M C C A S B N G J V A A T
M O U E I A J E M C S R T A B L E E D
P P A T P E L Z K U R I T R I C K R F
S J X R M K R Z L T Q R B C H P U E U B
C A L L I N G Z S T S O P T G W R R A X
```

Step Words

```
H I G H P M I S J Q Q O E H N J R K S Q
R O R F S D I X N V M C V B H U O Q D T
I P A E B E L U L O R Y S A C P N Q J C
L Y V K T L R X T T V L B Z A R E F T
N A W V A H Y U M Q E F A X Z Q Z Q T
Y F W K K P G L J N I J A B T G W A J R
E C D V E R Y U Q X L W T T H E R E I
P B T D X Y K B A K G B O R G L N X K F
A Y D R D M T Y B D D E O Q V C H I L D
H A L E H O X H S Y P A F E U M J Y S R
L N W T T T A H E D I S N D N J X F O K
N C M S V H Z U R G T Q R C E U C O D C
R B O I U E T N E R A P E T E S O D S
Z F N S I R R D B N J H W G L O O Z L
S N A J X D E K R P P I T O W O N O J X
L E E T M N V J S D N F O F Y O N W G P
O I Q X H T O H E O U P R U A T T M W W
L G U Z T E G X U W R T B K F S B U S P
Y Q Z B N H R P G N U V G R O A S O R
Z P J V E J Y L K D W L J K F K Z J U B
```

Back Words

```
J I V X H K G L A Y P M O P E D A L F H
P D X Z U D X I M B J Y D Z A C H E A P
P Q L R W Q I S K W S U P A U P C N A X
E A B O P H R C O O K T K M A V O C B S
C F O Q H O B K Q I O X R N Z M K D J W
U M N I O L L A F U C L C E X N O Q O T
T P E D Y Y A P V K A C Y P E U K G R O
P J A Z R T G W O I R R K B B T R U F B
K V I N T L E N N A H C T L B O O F C R
X W F Y N S U N H C J G E E U G I Y A E
T U O L U G V C A R A S O N R C B N X A
B P R K O U R L W E L Q O L E W R E L K
Y R E L C O L A P N E W N A O C A V O S
O E V S P X R M G R O G T M Y P C K E T
E P G R W O U T U U H G R E E N E X A D
P A D P O H X A H B Z O K L A T A E G E
Y P B T O V W D L F S S R P F T B M G E
O W D Y S R E K R H S A Q S O N E B T F
N W U U U D B W F L A S H R E H U N C H
F G H Z B X J X G D I M P O R D Y U B Q
```

Out Words

```
S P R W R X S X Y V V A J O G V T F H L
N V E Z E Z X K S G X F B N U A K X Y K
M I B A T K R S N U P Z E T I L O C K A
P G M Y L M C N L P F H O U S E O P M C
N T U F A L R E A E V I L D U V E N T W
O S N R N R K T H C O O K G S R K P A S
Y L T M X V U G C P D Q D W F W A L N H
D D I U S E L X F Q Y B L O T A R U N N
K R P C N D F A N U L I R R R H K A F R
P O E T E V L Z B A H M J R U G Y T Z H
Y P G P D L Q H C R C W O T H G I R A T
K A D U A A H K P D A O E L Y K B N S R
R I P L F R U F M E A K K O S G A A E
Z I W B R E A K B R R T O O A S L D S B
U R A E E D S H I D E X O Z O T E D U S
J O Q R X B Y S H I N E I O V L S R T R
O N U V J K L L E S S Z B H T N A O J
G S U I O Q F N S T R E T C H S N L A Y
A B L O W C N J A Q D L E R U O L Y T H
X Q O Z D O O V O R P O R K T P A L Y A
```

Point Words

Dances

9 Word Search Fun and Games

Hobbies

Cartoons

Baseball Players

On the Baseball Field

Football Players

Picnic

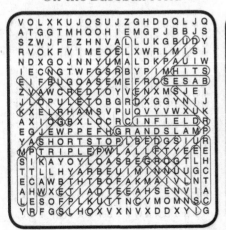

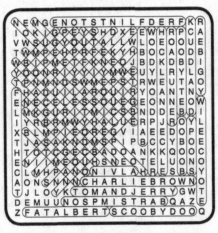

Swimming Pool

Tennis Men

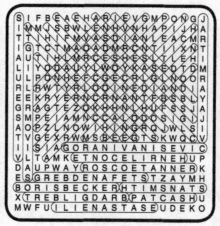

Basketball Players

Sports

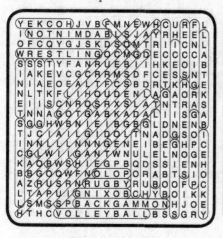

University Teams

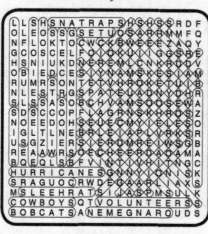

Olympic Hosts

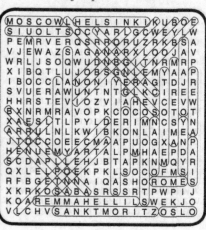

Chess

On the Football Field

Hockey

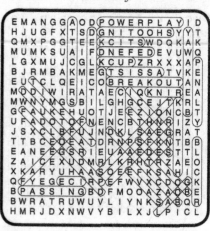

On the Basketball Court

On the Tennis Court

On the Golf Course

Olympic Sports

Golfers

Auto Racing

Cards

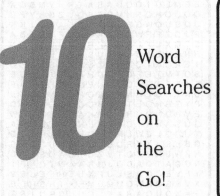

10 Word Searches on the Go!

Transportation

Bicycles

Automobiles

Fast Food

Rockets

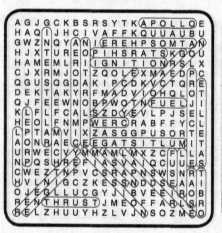

Sailing

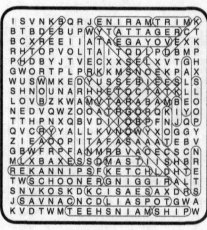

Railroads

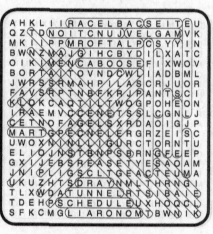

Airplanes

Submarines

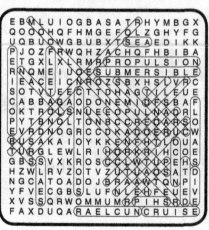

Car Names

Ships

Bus

Racers

11

Word
Searches
Melodies

Popular Bands

Jazz Musicians

Musical Instruments

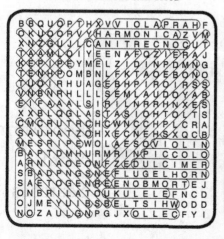

Country Music

Song Writers

Play Jazz

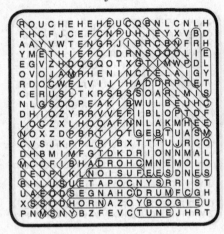

Rock and Roll

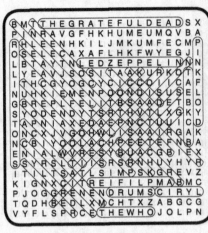

Classical Music

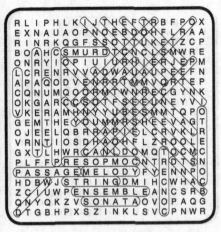

Opera

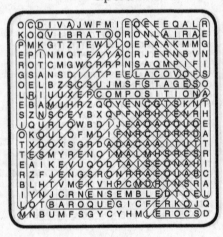

Composers

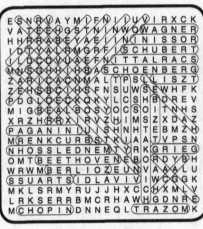

Musical Genres

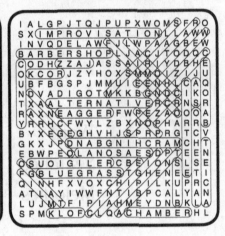

Movie Music

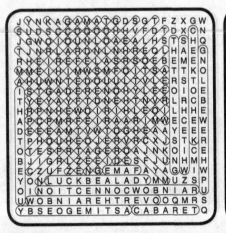

Musical Words

12

Bookworm
Word
Searches

Languages

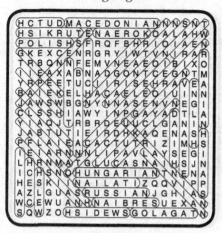

Greek Gods

Authors

Poets

Poems

Shakespeare

Fairy Tales

Classics

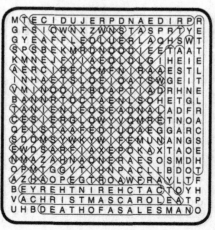

Poetry Terms

Science Fiction

Grammar

Novels

Children's Books

13 Word Searches for Big Bucks!

Taxes

Currency

Business Leaders

Economics

Finance

Business Plan

Banking

Retailers

Corporations

Dot Com

Billionaires

Investing

Stock Symbols

14

Word Searches'
Opening
Night!

Television Shows

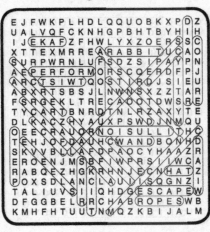

Broadway Players

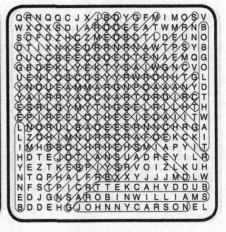

Playwrights

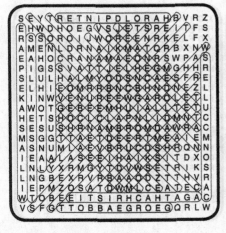

Magic Show

Comedians

Funny Movies

Actors

Actresses

Theater

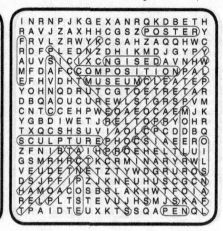

Television Channels

Art Gallery

Western Movies

On the Stage

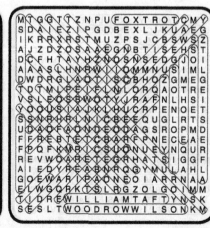

15 Decades of Word Searches

1890s

1900s

1910s

1920s

1930s

1940s

1950s

1960s

1970s

1980s

1990s

2000s

16 Word Searches Get Technical

Electronics

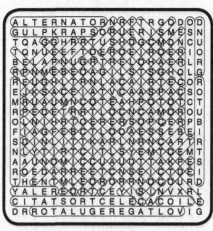

Fabrics

Lights

Inventors

Soap

Nineteenth-Century Inventions

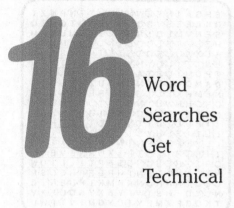

Computer People

Computers

Gadgets

Acronyms

Numbers

About Time

Nuclear Power

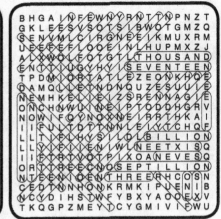

17 Your Life in Word Searches

Clothes

Genealogy

Last Names

Wedding Bells

Parenting

Weather

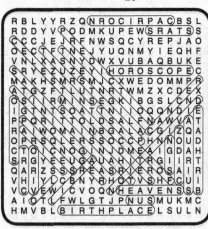

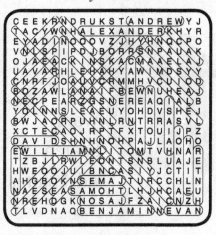

Colleges

Astrology

Boy Names

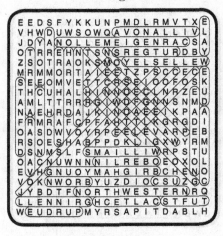

Girl Names

Grocery List

Living Room

Cosmetics

```
E B F U E X P K Z X E C N A R G A R F V
O L K P N Z M X I Q B X C F X V S S W F
F K G L G I O A Y V N E H K E E H C K A
G V B R O G Y Z J E U F N W E V C D O R
N N K S L O S U E L S K I N C A R E E V
C R I M O A P R T I Y Z M N I Y K S O R
U O K T C X C M A P G T R A B J N R O J
S D M P A S Y A L G L P U U K A A U Z T
G Q W P N R L N Y L Y O Y A E E G L B N
R M G U A X D E O O J R J L E E U S C A
D A S L N C K Y D S K G C O X B J P Q I
P S N S N C T K H S W O D A H S E Y E L
E C O X R E N I L E Y E L A I C A F L O
R A I V P O W D E R U K C I T S P I L
F R T C N Q N B M L A B F X C E H F P X
U A O M K N O I T A D N U O F Y D J O E
M O L M A E R C Z E Z I R U T S I O M
E A G H S I L O P L I A N E T T E L A P
A E T S I G O L O T A M R E D P K I E J
L Q Q Q R O L O C K E E H C R S D S E H
```

Shoes

```
L S X H R N M Y B M N M C X R D E Y T Y
Z L Y E S H N N I S A C C O M D H B N E
W A Y I F W H E W T O O F B A E A O U C
Q D R N Z T M T T D N B H L J Q O G L
L A Q W V F R O V A A O A V A Q C D I J
P S T I D B B N O S T L E S M K M W A B
K S E Z V W O D H B T U A S U Y Y M R S
P O N R R N R O S C R J R N H B G F S H
R L N C R E E W N G O P E A C I X E E W
E E I X S S K E E Y P O K L L E N F O H
E J S S T I R A A G P L I S T I A E J T
B I O R A G T B K D U F N B H O Z G E R
O J C N H U J E V S P H J L M H E I E
K N I L M H O R V E I L F V H E E R H
G X K E V N N Z S W L L U V E F P F L T
E I T K D I S R P A K F Q E A C O K W A
H I S H O E T R E E N R L C A S U A L E
C U S H F Y J G O S A S R U N N I N G L
U Y Q H Y T I M B E R L A N D P Z Q R V
```

You Can Move Mountains

```
P I K E S P E A K W E T T E R H O R N A
A O L A N U A M W H I T N E Y O B B T G
B O R Q K J B H I T J U I M W O S K P
V T E T M P M F Z O W Z V H T Z A O D H
X G R A N D T E T O N G B T B H Y H H P
W K Y S P P G Q K Y Q H Z R S A V G E D
F V R Y L G V I N S O N M A S S I F S
Q C V F U J I C N A L B T N O M S V L F
O A I N O D W O N S D R A R R C L M A
L R K U N D N P X J C D V O W L E R A O
F O A G L A C I E R P E A K S B A A T
O E N J U T V E G W S M T N I N N T R
A E Z P S A W L G I X W O I U N L O R G
Z R U M I P M X E X E R E P F E Y H H U
X E H W S T E I R R A R A O B S M S O S
E S A J W X A L M U N C D U S P S R X
T N J S G C F K I N H N B T A U I N I
N A H K T N Z C S A X S J D J L S E Q E
I T A R R E S T N O M M Y U Y R W K I
```

Camping

```
O O E T X F U A G P F G M H F U W I B F
J K P O J M D A R A A K O A M R O I D O
I Z W E V W O E T B T C K T W N U V C
N D A E A V A S T U U G H A P C S Y S D
R O S P F E W K L I D D N P P M H J R U
E G B K P X Q L E Y N I Z A K A E H T
T D N O I O N I H Q Z G A R P I C J S C
N D R I I L S K S S P G S T R E T A M H
A D N B L D L C T S S H R I S S E Z B O
L B V U N D S E R E M E N I Y R T L H V
S B T F O M N O T A C E N T L T I O S E
N P A R C R O I Z F C V R E L P F V N
I C G K A O G L K L A Y O T E H E X A E
A O T M T O P A F I R E P N D C F P T
T O S U G W L M M S T C E S N I L T H R
N K O O S W E E Y A N E E T N A C I A Y
U N A T U R E A R T C H I K I N G D W H
O D B F W J Q R E P E L L A N T T N E T
M P C T D X E T I S P M A C S E K A T S
D E X C P G U J F V P O L E S S D O O W
```

Lakes

```
H F C Y P V S S G D T B N A E M A X U A
O C T A N G A N Y I K A A A Y C R E H Z G
T K I A G A U T J S O A O L A E A N O
A U E R T F B X B U J H K S N E D D
H P X E U H C O I T W P U R G H A E E A
O F O D C Z A A T I R E A O E A N S L
E V Z R H H C B N M C O P K X T O S E N
R N R S T A O N A I N E A A X T C J H I
L I D A R C I B A S A A L S O C A L P
C T A A E P H M E D K T M E N A U E S
U S M L E B B A S E L A O K A N U E S N
O Q I G P A T E R A S L M A R T L S N E
Z N H N I M A A S T I L M R A A L U N E
A M E K G A A T E E R C E I L R E A I R C A
O L A I G H A H Y R V A O B S R I W I P
N L B O D E A X C M G C I A E O R G P O T Y
E S I E R A C I H U R O N N A A S V U
G K P G R G T U N G T I N G Q H A A S A V
A M E O T T U M I C H I G A N M B C W G
G W B N O T A L A B A K N A H K U M Y A
```

National Parks

```
S T J N U N O Y N A C E C Y R B R A A K
R D R Y T O R T U G A S E N Y A C S I B
G F I K E N A I F J O R D S Y R Y U P
N O Y N A C S G N I K A L A K A E L A H
N Z Y E L L A V K U B O K A R C H E S S
S N I A T N U O M E P U L A D A U G N S
Y T S E R O F D E I F I R T E P C R F E
E R Y G E S R D K A T W S S H E B E D
L O E R D D E E R U Z J S D A V I E E
L C L A R N I V H X E N N A G D V R C
A K L N E A C A H T R A N C T N A A L S
K Y A D V L A L V P L E D H E Z I C O A
A M V C A S A G C I B C G O Z H A N I T
G O H A C A S A G C I B C G O Z H A N I T
O U T N E B G N S S K I N X R L C I P T
H N A Y M I L L E B Q X H D N A W A R
A T E O B G A R T L A K E C L A R K D
Y A D N R N A M O U N T R A I N I E R N
U I H I D C G R E A T S A N D D U N E S
C N V S L A S S E N V O L C A N I C Y U
```

Sea

```
A A E W A Y I P N I Y L M S V Z V B R L
M Q I F H T O P I A B F N C V C X Y E Y
L W T V U K E N O Z Y P C V P O V P A
L U U Q W S O D E C B E X A J Q O P A
E T K D W I U V E Q E U D S C H J S I V
S B T C O S X G L S J R S T H N K L W I
S P M U T O Z D A C A T Y J T A W E C I
E O S T I Z C I L O J Z N D C T A T U N
V R L T W N K X B F W A U I A O V C I D
X T O E N X Z R R D R V T O H J E H Y J
Y M O R C K A W N A J U B M H K S B G A
A A P Z T T D Y M A A R E N O O H C S M
S W W S S X R A H N Y E L L A G H F N M
B M I D K T A M G S E T E T L K E N E
J Y Y M D A M S D E N R K S G N B C R
A H J U C P A H E D F A A A A N V B B
C J B L R R N I R M O M D E L Y Y X R
B G Z E J N Q P P G R S C B E Q X O S I
N B W V O W Q N I D E O E T O K X K V G
C K A X Q Y C E A N N M S M G W L V V S
```

Desert

```
Z C M F H R P P A O H I S S M S T I R
P S S O B E R L N E K U O O S H E S B
Q S C H Q P E U A G T N I E I M S A O J
M N L O B I C X K C O S L R P P K N G O
A A I N M D I L A R T N S E D A D D Y
K R M L Q O P C A U I T R U D T C Y X
W O A T T F I N R A Y A S I Y A L G L X
E J T R O B T E B W T T R H G G D S I
C V E Q H H A L L U B A H R P O O Z A
M T A B X R T J R O W Z W W L N E O Y T
A O H P N R I E W B A R R E N I H Q H A
O R J G O N O L S N A K E S Y A U P T L
E U A A U R N N A F L A I V U L L A A O
M A N H V O A D Z A L R U M C I Y O E S
E R X E A E R T W A S T E L A N D R E
R R L V S S H D C R Q X O O D M N O D
T O A Q W X R R R R N X N Q Z Z Q D M S
X Y N Q Z X R R R R N X N Q Z Z Q D M S
E O E S R A P S B A H T K S K G J V F D
T M Q C V H D N D G H L E U B Q D Y P E
```

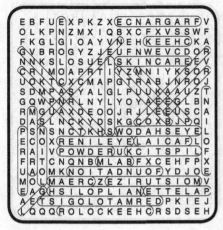

18

Word
Search
Adventures

Space

```
D M J U Z E U T Z G F P L A N E T F Z C
O G E U V R N L E U R P W N S M O O N U
Q K Q T P R A M U K Y A K R S E I U K W
U F O I S Q L H J C E F I E S M T O S
V E N U S Y M Q L Q G O P O N R A S B J
E B R B R E S C S E E M B T I E R U V I
E B E K T P X R J G T W S U T V S N E J
P K B E A A M A X X S L P I M F U I
T W O A V E Y A E L O O R P M N J P G A
M R N J O O O L N N O A U E E U I N L H
S L E U N M X A U S F S I W T I D O D
M H D U U F N X T Y J M Y W E N E K E F
R G X U Y O E Y P C R F R W N I E S T
X J C P G E B N E J C K E F S F P A H I
S A O W O A U Z N H C N U A L S P L U L
V T S E U J L N A S A I O O T O U S T L
J N A A N O A Z V N P E H L N E W T E
D K G R S J C T C G X Y G L A C K B S R
B P V O S W H E Z Z X O R J T C Z E A
P K D Z G X O R Y B L D I O R E T S A S
```

Forest

```
B W M F I R E F L Z R P Q U M O G V J H
V U G F I S U Z B I Z X N Y M Z Y A C B
C F S D G F B P X J C Q R G T E V A U Z
R B I O D I V E R S I T Y O P U P H N E
W O X O D Q J P W T S T Q L I L B B D V
Z S R T P E E J A B P S N O N E T D E R
R B A M O R V T Z Z Z X K C E L Q R R E
R E T K U Y I M Q U L X M N N A B S U
T W G T V B C U D R A H C R O O G I R E
U O A N A R E S E R V E D G I D R N U R
E N A H A D E D S J L L L T J N E F S P
X H B E S R W L G W A K B A E O H I
G T H E Y D C G O E V V L H L N R J Z
C C R R E B M U L P R U P L O S E E M S
C C D P N E L W R E G D N L D G Y S A M
A P A P E E O E S D A P I G A L G T N K
G T A R S O B N A T R A I L L N I I W J
H R T N D M O J M D U I N Z E T F N P
K B E K X N H E N V I R O N M E N T S E G
R O O T U G I V W D I Z E O U U K E T O
```

Cruise

```
W R O S S R M Y S G N V L C O B F P A W
A H C A F T F R T N E T U O R O X J Q H
Q Y E L M G M A R I Y X J Y O O T V Q K
L U A X L Z Y R O N L R A D G Y Y J Q L
D R N Q R X C E P I K S E U W B G V P X
Q R Q U Z T L N V D N B E R W E A G I J
A Y P O U V T I I Q O K L A O C Y T H P
H D K B Q J V T X K M Q K I X A Y N N S
C C B Z P K S I S N F W C T A E S I Y X
M M C A E F O R E U T C I A M S K A Q R
T A S T A R B O A R D O R N U Z I T C Y
W R R B O A T S W C N E I W A Q P P I E
O A A L W Z P M V I A C E E A P A N L
K N T V N E R T O J Y J R H Q E C A L A
N W B E E D Y I R H Q A C Y O R X T A
F I D O R L A R E E R U S A E L P Z I G
A E B L A G M T C A R I B B E A N J T D
P P R A E R N H T R E B Z L E S S E V C
Q F L R C E O Z A M O Z E B E O Q T Y
H E Y B Y E U M Y W U I G C E B S G K U
```

Vacation

Rivers

Oregon Trail

```
B K P R H W S W R O D I R R O C E L U M
K Y S K H L Y U S W E S T A L O Q R N W
T N A J E N F E M H Z K M M E L P Q K P
K N A E T P I H S D R A H G W A A Y O D
B O H T S N O N A L R E V O I F C R L N
O W U G I Y A E N L M I U A S F K Y N R
O Y U A R V C R N W C O O A U G W G I
W N J E S E E W G R L T X R N B K N U V
A M C H B E E A E I E O D B U A O E
R M A A T V F N M U M A N G C D A E S R
E H N U M P S B O E F E R N I L E C C S
L S O O J P P M N R J W P A T O A O H
O R R O P E U D Y D P I Q O R G R V W N
H K W H P F R Y K U F Q C X K G Y V A W
C E C N E D N E P E D N I A O E S R O H
M X L X F L S E T T L E R S N B Z G S T
T O L Y E L B D T N O M E R F S V M N R
B A O X U Q V M O U N T A I N M E N U A
W M I S S O U R I R I V E R N O G A W C
V F E J S Q J O T E R R I T O R Y Z T J
```

THE EVERYTHING SERIES!

BUSINESS & PERSONAL FINANCE

Everything® Accounting Book
Everything® Budgeting Book, 2nd Ed.
Everything® Business Planning Book
Everything® Coaching and Mentoring Book, 2nd Ed.
Everything® Fundraising Book
Everything® Get Out of Debt Book
Everything® Grant Writing Book, 2nd Ed.
Everything® Guide to Buying Foreclosures
Everything® Guide to Fundraising, $15.95
Everything® Guide to Mortgages
Everything® Guide to Personal Finance for Single Mothers
Everything® Home-Based Business Book, 2nd Ed.
Everything® Homebuying Book, 3rd Ed., $15.95
Everything® Homeselling Book, 2nd Ed.
Everything® Human Resource Management Book
Everything® Improve Your Credit Book
Everything® Investing Book, 2nd Ed.
Everything® Landlording Book
Everything® Leadership Book, 2nd Ed.
Everything® Managing People Book, 2nd Ed.
Everything® Negotiating Book
Everything® Online Auctions Book
Everything® Online Business Book
Everything® Personal Finance Book
Everything® Personal Finance in Your 20s & 30s Book, 2nd Ed.
Everything® Personal Finance in Your 40s & 50s Book, $15.95
Everything® Project Management Book, 2nd Ed.
Everything® Real Estate Investing Book
Everything® Retirement Planning Book
Everything® Robert's Rules Book, $7.95
Everything® Selling Book
Everything® Start Your Own Business Book, 2nd Ed.
Everything® Wills & Estate Planning Book

COOKING

Everything® Barbecue Cookbook
Everything® Bartender's Book, 2nd Ed., $9.95
Everything® Calorie Counting Cookbook
Everything® Cheese Book
Everything® Chinese Cookbook
Everything® Classic Recipes Book
Everything® Cocktail Parties & Drinks Book
Everything® College Cookbook
Everything® Cooking for Baby and Toddler Book
Everything® Diabetes Cookbook
Everything® Easy Gourmet Cookbook
Everything® Fondue Cookbook
Everything® Food Allergy Cookbook, $15.95
Everything® Fondue Party Book
Everything® Gluten-Free Cookbook
Everything® Glycemic Index Cookbook
Everything® Grilling Cookbook
Everything® Healthy Cooking for Parties Book, $15.95
Everything® Holiday Cookbook
Everything® Indian Cookbook
Everything® Lactose-Free Cookbook
Everything® Low-Cholesterol Cookbook

Everything® Low-Fat High-Flavor Cookbook, 2nd Ed., $15.95
Everything® Low-Salt Cookbook
Everything® Meals for a Month Cookbook
Everything® Meals on a Budget Cookbook
Everything® Mediterranean Cookbook
Everything® Mexican Cookbook
Everything® No Trans Fat Cookbook
Everything® One-Pot Cookbook, 2nd Ed., $15.95
Everything® Organic Cooking for Baby & Toddler Book, $15.95
Everything® Pizza Cookbook
Everything® Quick Meals Cookbook, 2nd Ed., $15.95
Everything® Slow Cooker Cookbook
Everything® Slow Cooking for a Crowd Cookbook
Everything® Soup Cookbook
Everything® Stir-Fry Cookbook
Everything® Sugar-Free Cookbook
Everything® Tapas and Small Plates Cookbook
Everything® Tex-Mex Cookbook
Everything® Thai Cookbook
Everything® Vegetarian Cookbook
Everything® Whole-Grain, High-Fiber Cookbook
Everything® Wild Game Cookbook
Everything® Wine Book, 2nd Ed.

GAMES

Everything® 15-Minute Sudoku Book, $9.95
Everything® 30-Minute Sudoku Book, $9.95
Everything® Bible Crosswords Book, $9.95
Everything® Blackjack Strategy Book
Everything® Brain Strain Book, $9.95
Everything® Bridge Book
Everything® Card Games Book
Everything® Card Tricks Book, $9.95
Everything® Casino Gambling Book, 2nd Ed.
Everything® Chess Basics Book
Everything® Christmas Crosswords Book, $9.95
Everything® Craps Strategy Book
Everything® Crossword and Puzzle Book
Everything® Crosswords and Puzzles for Quote Lovers Book, $9.95
Everything® Crossword Challenge Book
Everything® Crosswords for the Beach Book, $9.95
Everything® Cryptic Crosswords Book, $9.95
Everything® Cryptograms Book, $9.95
Everything® Easy Crosswords Book
Everything® Easy Kakuro Book, $9.95
Everything® Easy Large-Print Crosswords Book
Everything® Games Book, 2nd Ed.
Everything® Giant Book of Crosswords
Everything® Giant Sudoku Book, $9.95
Everything® Giant Word Search Book
Everything® Kakuro Challenge Book, $9.95
Everything® Large-Print Crossword Challenge Book
Everything® Large-Print Crosswords Book
Everything® Large-Print Travel Crosswords Book
Everything® Lateral Thinking Puzzles Book, $9.95
Everything® Literary Crosswords Book, $9.95
Everything® Mazes Book
Everything® Memory Booster Puzzles Book, $9.95

Everything® Movie Crosswords Book, $9.95
Everything® Music Crosswords Book, $9.95
Everything® Online Poker Book
Everything® Pencil Puzzles Book, $9.95
Everything® Poker Strategy Book
Everything® Pool & Billiards Book
Everything® Puzzles for Commuters Book, $9.95
Everything® Puzzles for Dog Lovers Book, $9.95
Everything® Sports Crosswords Book, $9.95
Everything® Test Your IQ Book, $9.95
Everything® Texas Hold 'Em Book, $9.95
Everything® Travel Crosswords Book, $9.95
Everything® Travel Mazes Book, $9.95
Everything® Travel Word Search Book, $9.95
Everything® TV Crosswords Book, $9.95
Everything® Word Games Challenge Book
Everything® Word Scramble Book
Everything® Word Search Book

HEALTH

Everything® Alzheimer's Book
Everything® Diabetes Book
Everything® First Aid Book, $9.95
Everything® Green Living Book
Everything® Health Guide to Addiction and Recovery
Everything® Health Guide to Adult Bipolar Disorder
Everything® Health Guide to Arthritis
Everything® Health Guide to Controlling Anxiety
Everything® Health Guide to Depression
Everything® Health Guide to Diabetes, 2nd Ed.
Everything® Health Guide to Fibromyalgia
Everything® Health Guide to Menopause, 2nd Ed.
Everything® Health Guide to Migraines
Everything® Health Guide to Multiple Sclerosis
Everything® Health Guide to OCD
Everything® Health Guide to PMS
Everything® Health Guide to Postpartum Care
Everything® Health Guide to Thyroid Disease
Everything® Hypnosis Book
Everything® Low Cholesterol Book
Everything® Menopause Book
Everything® Nutrition Book
Everything® Reflexology Book
Everything® Stress Management Book
Everything® Superfoods Book, $15.95

HISTORY

Everything® American Government Book
Everything® American History Book, 2nd Ed.
Everything® American Revolution Book, $15.95
Everything® Civil War Book
Everything® Freemasons Book
Everything® Irish History & Heritage Book
Everything® World War II Book, 2nd Ed.

HOBBIES

Everything® Candlemaking Book
Everything® Cartooning Book
Everything® Coin Collecting Book
Everything® Digital Photography Book, 2nd Ed.

Everything® Drawing Book
Everything® Family Tree Book, 2nd Ed.
Everything® Guide to Online Genealogy, $15.95
Everything® Knitting Book
Everything® Knots Book
Everything® Photography Book
Everything® Quilting Book
Everything® Sewing Book
Everything® Soapmaking Book, 2nd Ed.
Everything® Woodworking Book

HOME IMPROVEMENT

Everything® Feng Shui Book
Everything® Feng Shui Decluttering Book, $9.95
Everything® Fix-It Book
Everything® Green Living Book
Everything® Home Decorating Book
Everything® Home Storage Solutions Book
Everything® Homebuilding Book
Everything® Organize Your Home Book, 2nd Ed.

KIDS' BOOKS

All titles are $7.95

Everything® Fairy Tales Book, $14.95
Everything® Kids' Animal Puzzle & Activity Book
Everything® Kids' Astronomy Book
Everything® Kids' Baseball Book, 5th Ed.
Everything® Kids' Bible Trivia Book
Everything® Kids' Bugs Book
Everything® Kids' Cars and Trucks Puzzle and Activity Book
Everything® Kids' Christmas Puzzle & Activity Book
Everything® Kids' Connect the Dots
        Puzzle and Activity Book
Everything® Kids' Cookbook, 2nd Ed.
Everything® Kids' Crazy Puzzles Book
Everything® Kids' Dinosaurs Book
Everything® Kids' Dragons Puzzle and Activity Book
Everything® Kids' Environment Book $7.95
Everything® Kids' Fairies Puzzle and Activity Book
Everything® Kids' First Spanish Puzzle and Activity Book
Everything® Kids' Football Book
Everything® Kids' Geography Book
Everything® Kids' Gross Cookbook
Everything® Kids' Gross Hidden Pictures Book
Everything® Kids' Gross Jokes Book
Everything® Kids' Gross Mazes Book
Everything® Kids' Gross Puzzle & Activity Book
Everything® Kids' Halloween Puzzle & Activity Book
Everything® Kids' Hanukkah Puzzle and Activity Book
Everything® Kids' Hidden Pictures Book
Everything® Kids' Horses Book
Everything® Kids' Joke Book
Everything® Kids' Knock Knock Book
Everything® Kids' Learning French Book
Everything® Kids' Learning Spanish Book
Everything® Kids' Magical Science Experiments Book
Everything® Kids' Math Puzzles Book
Everything® Kids' Mazes Book
Everything® Kids' Money Book, 2nd Ed.
**Everything® Kids' Mummies, Pharaoh's, and Pyramids
        Puzzle and Activity Book**
Everything® Kids' Nature Book
Everything® Kids' Pirates Puzzle and Activity Book
Everything® Kids' Presidents Book
Everything® Kids' Princess Puzzle and Activity Book
Everything® Kids' Puzzle Book

Everything® Kids' Racecars Puzzle and Activity Book
Everything® Kids' Riddles & Brain Teasers Book
Everything® Kids' Science Experiments Book
Everything® Kids' Sharks Book
Everything® Kids' Soccer Book
Everything® Kids' Spelling Book
Everything® Kids' Spies Puzzle and Activity Book
Everything® Kids' States Book
Everything® Kids' Travel Activity Book
Everything® Kids' Word Search Puzzle and Activity Book

LANGUAGE

Everything® Conversational Japanese Book with CD, $19.95
Everything® French Grammar Book
Everything® French Phrase Book, $9.95
Everything® French Verb Book, $9.95
Everything® German Phrase Book, $9.95
Everything® German Practice Book with CD, $19.95
Everything® Inglés Book
Everything® Intermediate Spanish Book with CD, $19.95
Everything® Italian Phrase Book, $9.95
Everything® Italian Practice Book with CD, $19.95
Everything® Learning Brazilian Portuguese Book with CD, $19.95
Everything® Learning French Book with CD, 2nd Ed., $19.95
Everything® Learning German Book
Everything® Learning Italian Book
Everything® Learning Latin Book
Everything® Learning Russian Book with CD, $19.95
Everything® Learning Spanish Book
Everything® Learning Spanish Book with CD, 2nd Ed., $19.95
Everything® Russian Practice Book with CD, $19.95
Everything® Sign Language Book, $15.95
Everything® Spanish Grammar Book
Everything® Spanish Phrase Book, $9.95
Everything® Spanish Practice Book with CD, $19.95
Everything® Spanish Verb Book, $9.95
Everything® Speaking Mandarin Chinese Book with CD, $19.95

MUSIC

Everything® Bass Guitar Book with CD, $19.95
Everything® Drums Book with CD, $19.95
Everything® Guitar Book with CD, 2nd Ed., $19.95
Everything® Guitar Chords Book with CD, $19.95
Everything® Guitar Scales Book with CD, $19.95
Everything® Harmonica Book with CD, $15.95
Everything® Home Recording Book
Everything® Music Theory Book with CD, $19.95
Everything® Reading Music Book with CD, $19.95
Everything® Rock & Blues Guitar Book with CD, $19.95
Everything® Rock & Blues Piano Book with CD, $19.95
Everything® Rock Drums Book with CD, $19.95
Everything® Singing Book with CD, $19.95
Everything® Songwriting Book

NEW AGE

Everything® Astrology Book, 2nd Ed.
Everything® Birthday Personology Book
Everything® Celtic Wisdom Book, $15.95
Everything® Dreams Book, 2nd Ed.
Everything® Law of Attraction Book, $15.95
Everything® Love Signs Book, $9.95
Everything® Love Spells Book, $9.95
Everything® Palmistry Book
Everything® Psychic Book
Everything® Reiki Book

Everything® Sex Signs Book, $9.95
Everything® Spells & Charms Book, 2nd Ed.
Everything® Tarot Book, 2nd Ed.
Everything® Toltec Wisdom Book
Everything® Wicca & Witchcraft Book, 2nd Ed.

PARENTING

Everything® Baby Names Book, 2nd Ed.
Everything® Baby Shower Book, 2nd Ed.
Everything® Baby Sign Language Book with DVD
Everything® Baby's First Year Book
Everything® Birthing Book
Everything® Breastfeeding Book
Everything® Father-to-Be Book
Everything® Father's First Year Book
Everything® Get Ready for Baby Book, 2nd Ed.
Everything® Get Your Baby to Sleep Book, $9.95
Everything® Getting Pregnant Book
Everything® Guide to Pregnancy Over 35
Everything® Guide to Raising a One-Year-Old
Everything® Guide to Raising a Two-Year-Old
Everything® Guide to Raising Adolescent Boys
Everything® Guide to Raising Adolescent Girls
Everything® Mother's First Year Book
Everything® Parent's Guide to Childhood Illnesses
Everything® Parent's Guide to Children and Divorce
Everything® Parent's Guide to Children with ADD/ADHD
Everything® Parent's Guide to Children with Asperger's
        Syndrome
Everything® Parent's Guide to Children with Anxiety
Everything® Parent's Guide to Children with Asthma
Everything® Parent's Guide to Children with Autism
Everything® Parent's Guide to Children with Bipolar Disorder
Everything® Parent's Guide to Children with Depression
Everything® Parent's Guide to Children with Dyslexia
Everything® Parent's Guide to Children with Juvenile Diabetes
Everything® Parent's Guide to Children with OCD
Everything® Parent's Guide to Positive Discipline
Everything® Parent's Guide to Raising Boys
Everything® Parent's Guide to Raising Girls
Everything® Parent's Guide to Raising Siblings
**Everything® Parent's Guide to Raising Your
        Adopted Child**
Everything® Parent's Guide to Sensory Integration Disorder
Everything® Parent's Guide to Tantrums
Everything® Parent's Guide to the Strong-Willed Child
Everything® Parenting a Teenager Book
Everything® Potty Training Book, $9.95
Everything® Pregnancy Book, 3rd Ed.
Everything® Pregnancy Fitness Book
Everything® Pregnancy Nutrition Book
Everything® Pregnancy Organizer, 2nd Ed., $16.95
Everything® Toddler Activities Book
Everything® Toddler Book
Everything® Tween Book
Everything® Twins, Triplets, and More Book

PETS

Everything® Aquarium Book
Everything® Boxer Book
Everything® Cat Book, 2nd Ed.
Everything® Chihuahua Book
Everything® Cooking for Dogs Book
Everything® Dachshund Book
Everything® Dog Book, 2nd Ed.
Everything® Dog Grooming Book

Everything® Dog Obedience Book
Everything® Dog Owner's Organizer, $16.95
Everything® Dog Training and Tricks Book
Everything® German Shepherd Book
Everything® Golden Retriever Book
Everything® Horse Book, 2nd Ed., $15.95
Everything® Horse Care Book
Everything® Horseback Riding Book
Everything® Labrador Retriever Book
Everything® Poodle Book
Everything® Pug Book
Everything® Puppy Book
Everything® Small Dogs Book
Everything® Tropical Fish Book
Everything® Yorkshire Terrier Book

REFERENCE

Everything® American Presidents Book
Everything® Blogging Book
Everything® Build Your Vocabulary Book, $9.95
Everything® Car Care Book
Everything® Classical Mythology Book
Everything® Da Vinci Book
Everything® Einstein Book
Everything® Enneagram Book
Everything® Etiquette Book, 2nd Ed.
Everything® Family Christmas Book, $15.95
Everything® Guide to C. S. Lewis & Narnia
Everything® Guide to Divorce, 2nd Ed., $15.95
Everything® Guide to Edgar Allan Poe
Everything® Guide to Understanding Philosophy
Everything® Inventions and Patents Book
Everything® Jacqueline Kennedy Onassis Book
Everything® John F. Kennedy Book
Everything® Mafia Book
Everything® Martin Luther King Jr. Book
Everything® Pirates Book
Everything® Private Investigation Book
Everything® Psychology Book
Everything® Public Speaking Book, $9.95
Everything® Shakespeare Book, 2nd Ed.

RELIGION

Everything® Angels Book
Everything® Bible Book
Everything® Bible Study Book with CD, $19.95
Everything® Buddhism Book
Everything® Catholicism Book
Everything® Christianity Book
Everything® Gnostic Gospels Book
Everything® Hinduism Book, $15.95
Everything® History of the Bible Book
Everything® Jesus Book
Everything® Jewish History & Heritage Book
Everything® Judaism Book
Everything® Kabbalah Book
Everything® Koran Book
Everything® Mary Book
Everything® Mary Magdalene Book
Everything® Prayer Book

Everything® Saints Book, 2nd Ed.
Everything® Torah Book
Everything® Understanding Islam Book
Everything® Women of the Bible Book
Everything® World's Religions Book

SCHOOL & CAREERS

Everything® Career Tests Book
Everything® College Major Test Book
Everything® College Survival Book, 2nd Ed.
Everything® Cover Letter Book, 2nd Ed.
Everything® Filmmaking Book
Everything® Get-a-Job Book, 2nd Ed.
Everything® Guide to Being a Paralegal
Everything® Guide to Being a Personal Trainer
Everything® Guide to Being a Real Estate Agent
Everything® Guide to Being a Sales Rep
Everything® Guide to Being an Event Planner
Everything® Guide to Careers in Health Care
Everything® Guide to Careers in Law Enforcement
Everything® Guide to Government Jobs
Everything® Guide to Starting and Running a Catering
    Business
Everything® Guide to Starting and Running a Restaurant
**Everything® Guide to Starting and Running
    a Retail Store**
Everything® Job Interview Book, 2nd Ed.
Everything® New Nurse Book
Everything® New Teacher Book
Everything® Paying for College Book
Everything® Practice Interview Book
Everything® Resume Book, 3rd Ed.
Everything® Study Book

SELF-HELP

Everything® Body Language Book
Everything® Dating Book, 2nd Ed.
Everything® Great Sex Book
**Everything® Guide to Caring for Aging Parents,
    $15.95**
Everything® Self-Esteem Book
Everything® Self-Hypnosis Book, $9.95
Everything® Tantric Sex Book

SPORTS & FITNESS

Everything® Easy Fitness Book
Everything® Fishing Book
Everything® Guide to Weight Training, $15.95
Everything® Krav Maga for Fitness Book
Everything® Running Book, 2nd Ed.
Everything® Triathlon Training Book, $15.95

TRAVEL

Everything® Family Guide to Coastal Florida
Everything® Family Guide to Cruise Vacations
Everything® Family Guide to Hawaii
Everything® Family Guide to Las Vegas, 2nd Ed.
Everything® Family Guide to Mexico
Everything® Family Guide to New England, 2nd Ed.

Everything® Family Guide to New York City, 3rd Ed.
**Everything® Family Guide to Northern California
    and Lake Tahoe**
Everything® Family Guide to RV Travel & Campgrounds
Everything® Family Guide to the Caribbean
Everything® Family Guide to the Disneyland® Resort, California
    Adventure®, Universal Studios®, and the Anaheim
    Area, 2nd Ed.
Everything® Family Guide to the Walt Disney World Resort®,
    Universal Studios®, and Greater Orlando, 5th Ed.
Everything® Family Guide to Timeshares
Everything® Family Guide to Washington D.C., 2nd Ed.

WEDDINGS

Everything® Bachelorette Party Book, $9.95
Everything® Bridesmaid Book, $9.95
Everything® Destination Wedding Book
Everything® Father of the Bride Book, $9.95
Everything® Green Wedding Book, $15.95
Everything® Groom Book, $9.95
Everything® Jewish Wedding Book, 2nd Ed., $15.95
Everything® Mother of the Bride Book, $9.95
Everything® Outdoor Wedding Book
Everything® Wedding Book, 3rd Ed.
Everything® Wedding Checklist, $9.95
Everything® Wedding Etiquette Book, $9.95
Everything® Wedding Organizer, 2nd Ed., $16.95
Everything® Wedding Shower Book, $9.95
Everything® Wedding Vows Book, 3rd Ed., $9.95
Everything® Wedding Workout Book
Everything® Weddings on a Budget Book, 2nd Ed., $9.95

WRITING

Everything® Creative Writing Book
Everything® Get Published Book, 2nd Ed.
Everything® Grammar and Style Book, 2nd Ed.
Everything® Guide to Magazine Writing
Everything® Guide to Writing a Book Proposal
Everything® Guide to Writing a Novel
Everything® Guide to Writing Children's Books
Everything® Guide to Writing Copy
Everything® Guide to Writing Graphic Novels
Everything® Guide to Writing Research Papers
Everything® Guide to Writing a Romance Novel, $15.95
Everything® Improve Your Writing Book, 2nd Ed.
Everything® Writing Poetry Book